1

歷史任意門

老師來不及教的101個唐朝趣史

劉永連等◎著

老師來不及教的101個唐朝趣史

【一】開啟用語任意門

1 「王八」一詞是怎麼來的？／13
知識鏈：唐朝人習慣怎麼取外號？

2 「吃醋」的典故是怎麼來的？／16
知識鏈：唐朝為什麼多「妒女」？

3 「河東獅吼」到底是誰在發威？／19
知識鏈：獅子文化是怎樣傳入中國的？

4 潑水節為什麼要潑水？／23
知識鏈：寒食節為什麼要「寒食」？

5 人們為什麼把第一次出現的事情叫做「破天荒」？／26
知識鏈：唐代的考試卷子為什麼不密封？

6 「一不做，二不休」最初是誰說的？／29
知識鏈：唐代曾經有幾個皇帝被迫逃離京師？

7 人們為什麼說「髒唐爛漢」？／32
知識鏈：唐朝人結婚為什麼總是「亂輩分」？

8 為什麼把遇事不順稱為「倒霉」？／36
知識鏈：人們遇到晦氣或是說錯話時，為什麼要「吐口水」？

【二】開啟飲食任意門

9 「點心」一詞是怎麼得來的？／41
知識鏈：唐朝人都吃什麼副食品？

10 燒餅就是胡餅嗎？／44
知識鏈：唐代的餅都是圓的嗎？

11 民間的油炸丸子是怎麼來的？／48
知識鏈：「餃子」究竟是怎麼出現的？

12 唐代為什麼把教育界最高行政長官稱作「祭酒」？／51
知識鏈：唐代人宴會喝酒時會行酒令嗎？
13 酒店從什麼時候開始有了女招待？／55
知識鏈：酒家胡姬如何產生經濟和社會效益？
14 酒店、飯店門口為什麼要掛幌子？／58
知識鏈：為什麼酒旗能夠成為宋元明清小說中的一道風景？
15 中國人是從什麼時候開始喝葡萄酒的呢？／62
知識鏈：葡萄種植是怎麼傳入中國的？

【三】開啓服裝任意門

16 唐朝女子為什麼流行穿男裝？／67
知識鏈：唐朝女子的地位有多高？
17 唐朝人為什麼愛穿「胡服」？／71
知識鏈：「回鶻裝」為什麼會流行起來？
18 「冠」和「帽」一樣嗎？／75
知識鏈：為什麼把當官叫做「戴烏紗帽」？
19 現代人穿衣服主要看時髦和漂亮，唐朝人穿衣服必須看什麼？／78
知識鏈：唐代人喜歡用什麼腰帶？
20 古人為什麼喜歡用「石榴裙」來指代美女？／81
知識鏈：唐代女性喜歡穿裙子還是褲子？
21 唐代人真的是「以胖為美」嗎？／85
知識鏈：唐代女性為什麼喜歡穿「袒胸裝」？

【四】開啓婚俗任意門

22 為什麼說「千里姻緣一線牽」？／89
知識鏈：唐朝的婚姻圈有多大？

23 唐高宗為什麼敢娶武則天？／93
知識鏈：唐朝少數民族還有哪些婚俗？

24 唐代為什麼公主最難嫁？／96
知識鏈：唐朝婚姻講究或崇尚什麼？

25 新郎官的稱呼是怎麼來的？／99
知識鏈：一些官名為什麼會變成民間百姓的稱謂？

26 「面首」一詞是怎麼來的？／102
知識鏈：為什麼同性戀叫「余桃之好」、「龍陽之戀」、「斷袖之癖」呢？

27 協議離婚是從什麼時候開始出現的？／105
知識鏈：唐代婦女再婚在當時屬於普遍現象嗎？

28 唐朝的戒指是用來表示訂婚嗎？／108
知識鏈：唐人可以自由戀愛結婚或離婚嗎？

【五】開啓風俗任意門

29 唐代為什麼流行火葬？／111
知識鏈：為什麼說唐代佛教已經深入中國人的生活中？

30 維吾爾族人為什麼生孩子要躺在狼皮上？／114
知識鏈：河北、山西等地哭喪為什麼要抓臉？

31 春節給小孩子壓歲錢的習俗是怎麼流行起來的？／117
知識鏈：唐人是怎麼過節的？

32 「泰山」何時成了妻子父親的代稱？／121
知識鏈：「爺」、「娘」本來就是指父母嗎？

33 唐朝為什麼把公婆稱為「舅姑」？／124
知識鏈：唐代新娘入過「洞房」後就成為夫婿家的正式成員了嗎？
34 唐代人彼此之間怎麼打招呼？／127
知識鏈：唐代人為什麼喜歡以行第相稱？
35 「內人」是妻子的雅稱嗎？／130
知識鏈：「連襟」是指妻子姊妹的丈夫嗎？
36 「一個女婿半個兒」是怎麼來的？／134
知識鏈：為什麼隋唐五代人愛養「假子」？
37 中國北方結婚時新娘進洞房前要跨火盆，這是為什麼？／137
知識鏈：火對北方民族為什麼那麼重要？
38 狐狸精的故事是從什麼時候開始盛行的？／141
知識鏈：唐代人贊成胡漢通婚嗎？

【六】開啓競賽任意門

39 舉重在中國是怎麼開始成為競賽項目的？／145
知識鏈：為什麼舉重運動在中國能夠長興不衰？
40 中國跳水競技最早起源於何時？／148
知識鏈：唐代的「水戲」是什麼樣貌？
41 「錦標賽」何時出現在體育活動中？／150
知識鏈：拔河運動是怎麼來的？
42 現代人踢足球，唐代人踢什麼球呢？／154
知識鏈：唐朝人在馬上打的是什麼球？
43 「盲棋」這種棋藝最早出現在何時？／157
知識鏈：第一場中日圍棋賽是何時開戰的？

44 象棋裡面的「砲」為什麼是「石」字旁？／160
知識鏈：古代的「火箭」和現代的火箭有什麼異同？

【七】開啓詩詞任意門

45 唐朝詩歌為什麼能夠繁榮無比？／165
知識鏈：李賀為什麼被稱為「詩鬼」？
46 打油詩是怎麼來的？／168
知識鏈：唐代「傳奇」是什麼文體？為什麼稱作「傳奇」？
47 為什麼說詞牌「菩薩蠻」意思是「蠻菩薩」？它和外國婦女有什麼關係？／173
知識鏈：為什麼說西域文化也影響了中國小說的發展？
48 「泰斗」之說來源於何處？／177
知識鏈：為什麼韓愈又被稱頌為「文起八代之衰」？
49 戲曲界為什麼又稱作「梨園」呢？／180
知識鏈：梨園弟子都是哪些人？
50 為什麼說唐朝已經有了雙人相聲？／184
知識鏈：戲劇的源頭真的是元代雜劇嗎？
51 新疆維族舞蹈和安祿山有什麼關係？／188
知識鏈：胡旋舞為什麼沒有在中原漢族地區流傳下來？
52 舞獅子的藝文活動究竟起源於何時？／192
知識鏈：「呆若木雞」和「鬥雞」有什麼關係？
53 「李白鬥酒詩百篇」，但為什麼說李白算不上海量呢？／195
知識鏈：經過蒸餾的燒酒究竟發明於何時？

54 唐朝女道士也可以涉入男女之情嗎？／199
知識鏈：瑟是二十五弦，李商隱為什麼說「錦瑟無端五十弦」呢？

【八】開啓傳奇怪譚任意門

55 《西遊記》中唐僧取經途中的女兒國真的存在嗎？／203
知識鏈：歷史上的「女兒國」消失了嗎？

56 民間「八仙」中有哪幾位是唐朝人？／206
知識鏈：唐朝為什麼是一個多「神仙」的時代？

57 呂洞賓是怎麼成為神仙的？／209
知識鏈：晚唐時期老百姓為什麼特別信仰宗教？

58 秦瓊和尉遲恭為什麼會變成門神？／213
知識鏈：土地公信仰是怎麼發展起來的？

59 乾陵的石馬為什麼是帶翅膀的？／216
知識鏈：為什麼說中國人的生活裡有著許多西方宗教的因素？

60 基督教最早是什麼時候傳入中國的？／220
知識鏈：唐武宗滅佛的真正原因是什麼？

【九】開啓世界通道任意門

61 玉門關在唐朝人的詩歌裡頻繁出現，玉門關究竟在哪裡？／225
知識鏈：「玉門關」的名稱是怎麼來的？

62 中西海上交通究竟是「絲綢之路」還有「陶瓷之路」？／228
知識鏈：海外中國人聚居的地方為什麼被稱為「唐人街」？

63
李白是漢人還是胡人？／232
知識鏈：李白為什麼壯志難酬？

64
白居易究竟屬於哪個民族？／236
知識鏈：為什麼在唐朝不少名人的身分都難以分辨？

65
唐代俗語中為什麼會有「黑昆侖、裸林邑、富波斯」這樣的說法呢？／240
知識鏈：「富波斯」（胡商）在唐朝社會中受人尊重嗎？

66
唐代中國有黑人嗎？他們是從哪裡來的？／244
知識鏈：唐朝政府對入境外國人的活動加以限制嗎？

67
飼養「哈巴狗」為寵物是怎麼流行起來的？／247
知識鏈：唐人還喜歡養哪些寵物？

【十】開啓發明任意門

68
究竟是誰把紙送到了西方？／251
知識鏈：四大發明是怎麼西傳的？

69
唐代的「飛錢」是會飛的錢嗎？／254
知識鏈：為什麼說古代金融業真正形成在唐代？

70
「爆竹」何時變成了「鞭炮」？／257
知識鏈：春節貼春聯的習俗到底是何時形成的？

71
「唐三彩」真的只有三種色彩嗎？／260
知識鏈：唐三彩是唐朝最名貴的陶瓷嗎？

72
唐朝人為什麼用香料來建造房子？／263
知識鏈：唐朝有哪些建築奇蹟？

73
盜版書最早從何時在市面上氾濫？／267
知識鏈：中國的私人圖書館出現於何時？

74 人類「文明之母」指的是什麼東西？／271
知識鏈：中國古代的書籍是從什麼時候開始講究版本的呢？
75 世界上最早「量地球」的人是誰？／274
知識鏈：唐人眼中的天文學是什麼？
76 唐朝有公園嗎？在什麼地方？／276
知識鏈：為什麼在唐朝寺院也是不錯的遊玩之地？
77 「胡床」是睡覺用的嗎？／280
知識鏈：中國人是怎麼學會坐凳子的？
【十一】開啓學校任意門
78 我們現在常用的「格式」這個詞是從哪裡來的？／285
知識鏈：為什麼說唐朝是中國古代法律的最高峰？
79 「正經」最初是什麼意思？／289
知識鏈：唐代學校只教授儒家經典嗎？
80 為什麼唐代教數學的老師官品最低？／292
知識鏈：中國什麼時候開始有了專門的數學教材？
81 古代的「醫生」是指行醫的人嗎？／295
知識鏈：唐代學校是怎麼進行醫學教育的？
82 中國古代有沒有「大長今」那樣的「醫女」？／298
知識鏈：唐代曾經出現了唯一的女皇帝，那麼其他女性能不能做官？
83 日本為什麼把鑒真和尚奉為「神農」？／301
知識鏈：世界上最早的醫學院設立於何時？

【十二】開啓科舉制度任意門

84 「跳龍門」是哪個朝代的典故？／305
知識鏈：中了進士就能做官嗎？

85 進士第一名為什麼稱作「狀元」或「狀頭」？／308
知識鏈：「榜眼」、「探花」的名號是怎麼演變來的？

86 「連中三元」是哪「三元」？／311
知識鏈：唐朝人做官要經過哪些程序？

87 「同年」就是同齡人嗎？／314
知識鏈：及第的舉子和考官之間是如何相互稱呼的？

88 唐代的秀才和進士哪一個更難考？／317
知識鏈：唐代為什麼會有「三十老明經，五十少進士」的說法呢？

89 為什麼說學士比博士級別更高？／320
知識鏈：唐代文雅與飽學之士受重視嗎？

90 「員外」是對土財主的稱呼嗎？／323
知識鏈：唐朝為什麼會有「斜封官」？

91 唐代官員晉級為什麼要舉辦「燒尾宴」呢？／327
知識鏈：唐代進士宴會為什麼叫做「曲江宴」呢？

92 唐代官員的工作餐為什麼稱作「廊下食」？／330
知識鏈：唐朝的官員每天都要上朝嗎？

93 我們常用「不入流」來說某種東西等級不夠，「不入流」一說是怎麼來的？／334
知識鏈：「三教九流」是什麼意思？是怎麼演化來的？

94 唐朝最大的「人生三恨」是什麼？／338
知識鏈：「人生四喜」又是什麼？

95 為什麼唐代在廣東做官的人多成為「貪官」？／342
知識鏈：中國是從何時開始管理海關的？

【十三】開啓宮廷任意門

96 唐朝國號怎麼來的？／347
知識鏈：古代歷朝是怎樣選取國號的？

97 唐朝皇帝為什麼被稱為「天可汗」？／350
知識鏈：藏族首領為什麼稱唐朝皇帝為舅舅？

98 「東宮」之主究竟是娘娘還是太子？／353
知識鏈：唐朝宮廷的飲食起居？

99 唐朝步兵靠什麼對抗遊牧騎兵？／357
知識鏈：唐王朝靠什麼很快滅掉了當時強大的東突厥？

100 李唐皇族有什麼遺傳病？／361
知識鏈：唐代皇帝多迷戀金丹的真正原因是什麼？

101 太子洗馬和馬有關係嗎？／364
知識鏈：太子東宮裡為什麼要配備龐雜的官僚體系？

【一】開啓用語任意門

1「王八」一詞是怎麼來的？

「王八」一詞可謂中國經典的國罵，「王八蛋」更是極具殺傷力的挑釁罵人詞彙。這一詞彙是怎麼來的呢？

通常的一種說法是「王八」作為罵人的詞，出現在北宋歐陽修編撰的《新五代史•前蜀世家》的記載中：「王建字光圖，許州舞陽人也。隆眉廣顙，狀貌偉然。少無賴，以屠牛、盜驢、販私鹽為事，里人謂之賊王八。」說的是前蜀主王建年輕無賴，又在兄弟姊妹中排行第八，便被人罵作「王八」。這種說法是僅從字面上對照的理解。

也有的說「王八」指妻有外遇的男人，稱為「戴綠帽」，實際上與烏龜有關，因為烏龜一般都為綠色外殼，古人的床底經常用烏龜裝飾，便拿烏龜來形容床第有染之事。《唐史》

及《封氏聞見記》記載李封做延陵令時，手下吏人有罪，不加杖，但是要戴綠頭巾以恥之，隨所犯輕重定日數，吳人便以此服為恥。明朝時更規定伶人穿綠衣，以示其低賤身分。綠帽兒便與低賤如妓女者有了關係。

不過，還有一種說法是：「王八」，即「忘八」的諧音。八是指八項德行：「孝悌忠信禮義廉恥」，都是君子之道，忘八就是無恥，這種解釋多見於明清小說。不過這種說法，就與唐五代文化沒有密切關係了。（劉永連）

【知識鏈】

唐朝人習慣怎麼取外號？

從現在的觀察視角看，在唐朝人的生活中，取外號是一種極常見且有趣的現象。人們經常根據人的容貌、性格、言行舉止等特徵給他們取外號，亦稱「諢名」，其中不乏對人貶斥、譏諷、挖苦的稱謂。比如宰相蘇味道辦事兩端不置可否且有手摸床角的習慣，人稱「蘇模棱」。盧懷慎居宰輔之位，遇事唯唯諾諾，被人戲稱「伴食宰相」。李林甫笑裡藏刀，人稱「李貓」，又稱「肉腰刀」。傅遊藝在武則天時善於溜鬚拍馬，一年之間官服就從綠袍升為紫袍，升官迅速，人稱「四時仕宦」。唐末宰相鄭畋沒有經國之才，卻喜歡說詼諧而又形容到位的歇後語，人稱「歇後宰相」。武宗時的宰相李德裕喜好吃羊肉，人稱「萬羊宰相」。盧從願喜歡田宅，人稱「多田翁」。魯孔丘當了拾遺諫官，卻粗魯得和武人一樣，人稱「鶩入鳳池」。御史郭弘霸說話期期艾艾不清楚，人稱「四其御史」。御史侯思止喜食多肉少蔥的蒸餅，人稱「縮蔥御史」。北燕劉仁恭作戰時，喜歡挖地道攻城，人稱「劉窟頭」。

更為有趣的是武則天時，郎中張元一和魏光乘為人詼諧，愛好給朝中人物取綽號，幾乎所有朝廷文武官員都被他們品評過。比如兵部尚書姚元崇身軀高大，入朝時急行，稱為「趕蛇鸛雀」。黃門侍郎盧懷慎常低頭走路，步行緩慢，則稱「觀鼠貓兒」。殿中監姜皎肥胖而又黝黑，則稱「飽椹母豬」。舍人齊處沖習慣眯著眼看人，稱為「暗燭底虱老母」。舍人呂延嗣，身矮髮稀，稱為「日本國使人」。舍人鄭勉，皮膚白嫩，行走踉蹌，則稱「醉高麗」。殿中侍御史身材矮小且黑醜，稱為「煙熏地木」。御史張孝嵩長相醜陋，稱為「小村方相」。舍人楊仲嗣辦事性急，稱為「熱鏊上猢猻」。此外還稱黃門侍郎李廣是「飽水蛤蟆」，諸多貶損，不一而足。像這種評價已經超出了形容，到了損害人的尊嚴的地步，自然引起人們的大不滿，魏光乘就是因此被貶到偏遠的州縣任官的。（劉永連）

2 「吃醋」的典故是怎麼來的？

「吃醋」一詞通俗之至，大家都明白，它是形容男女之間由於對方一時忽視了自己而產生的一種失落情感，人們會由此嫉妒甚至憤恨情人所關注的對象，有時說起話來都帶著酸味十足的譏諷。這一極為傳神的比喻手法出自何時、來自何種典故呢？

《隋唐嘉話》裡記載，有一次唐太宗賜給管國公任瓌兩位漂亮的侍女，然而任瓌帶回去之後不久就出事了。因為他的妻子很有個性，容不下丈夫身邊再有女人，一時發狠用藥毀壞了兩位侍女的滿頭秀髮。太宗皇帝聽說後很是生氣，馬上召見其妻，指著旁邊準備好的一罈毒酒威脅說：「婦人妒忌，理當七出。如能改行無妒，則勿飲此酒；不爾，可飲之。」這女子也很乾脆，答曰：「寧妒而死。」抱起罈子一飲而盡。可是，飲酒之後人並沒死，沒想到罈中不是毒酒只是美味的香醋而已。太宗皇帝也無奈，當時就說，你們家的事情我這個皇帝也管不著了。結果，「吃醋」一詞便由此流傳開來。

還有一種說法出自《國史異纂》，認為吃醋之典來自房玄齡的故事。房玄齡所娶夫人美麗無雙，但是他年輕時貧寒之至，為此，房玄齡曾經表露害怕妻子看不起他、拋棄他另就高枝的顧慮。當時他妻子二話沒說，抓起剪刀自刺一目，表示永不變心，並且施展其女傑才分，全力支援丈夫成就大業。由於這一經歷，房玄齡非常敬重他的妻子，他妻子也百般呵護和捍衛他們的愛情。房玄齡作為宰相對締造貞觀盛世功勞至巨，唐太宗為了犒勞他，曾經下旨賜給他幾位美人，但是房玄齡卻推託不受。皇帝知道房玄齡顧及夫人的感受，只好央求皇后召見房玄齡的夫人，勸解說，人們納妾本來就有常制，完全符合規矩，而且司空（房玄齡官號）年高體弱，皇帝想用多個女人照顧他以表關心。可是房夫人對這些毫不領情斷然拒絕。皇帝勃然大怒，給出兩個出路讓她選擇，一是改變初衷，不再妒忌，這樣可以安然活下去；二是可以繼續妒忌成性，但必須被處死。房夫人毫不猶豫表示寧可為妒而死。皇帝拿出一罈子毒酒給她，房夫人一飲而盡。皇帝最後只好說：「這樣的女人我這個做皇帝的都害怕，何況是房玄齡呢！」當然皇帝賜給房夫人的也不是毒酒，而是香醋，所以也有人認為這個故事就是吃醋的最早來歷。（劉永連）

【知識鏈】

唐朝為什麼多「妒女」？

唐王朝是在魏晉南北朝數百年民族大融合的基礎上形成的統一國家，其文化容納了北方和西域廣大地區少數民族的觀念和習俗，同時戰爭對士族制度的打擊也大大衝擊了兩漢以來形成的禮教制度，這為唐朝的社會風氣提供了一個特殊的滋養環境。

一方面，廣大少數民族影響中原社會導致兩種變化：一是婚姻形式多樣化，二是婦女地位相對提高。就唐朝史料看，比較注重功利的高層人物通常崇尚更高的門第或豐厚的彩禮；比較注重人情的開放家庭則選擇男女自由戀愛和婚姻；尚為平常的士子或者庶民百姓流行「男人重色，女子愛才」的浪漫情調；自由奔放的藝文娛樂行業甚至時興類似女子群婚、自由交往的時髦婚姻方式，這為人們提供了多種婚姻選擇。不少少數民族社會制度尚且保留著甚至停留在母系氏族社會，婦女可以主事甚至主政。受其影響的唐朝漢人婦女也得到暫時解放，有著在此前此後歷代所不能允許的自由。比如唐朝婦女可以騎馬出行，平時可以穿著男裝胡服。婚姻上女性比較主動，可以自主。尋偶結婚時女子可以選擇自己中意的情郎，而婚姻不如意時也允許女子主動提出離婚改嫁。有關資料在唐人小說甚至敦煌卷子裡非常豐富。

另一方面，戰爭衝擊禮教制度使婦女也獲得很大自由。本來魏晉南北朝士族家庭已經形成了嚴格的禮教規範，女子必須遵此而行，否則難以安身立命。但是數百年的戰爭嚴重打擊了整個士族體系，不少高門士族已經衰微不堪，在社會上無法起到規範人們行為和風氣的作用。而趁機崛起的新貴多是在胡族社會風氣影響下生活的寒門人物，包括出自北魏六鎮軍人的李唐宗室，如果不是深受胡化的漢人，就是稍微漢化的胡人。這樣，唐朝時期敢於衝破禮教，追求自由的人物就非常多。就李唐宗室來看，唐太宗敢納弟媳，高宗敢娶庶母，玄宗連兒媳婦都敢要，而武則天則敢女人稱帝並且公開豢養男寵，件件都是出格之事。在這裡，女

人鼓足勇氣反對男人納妾，捍衛本屬自己的愛情，就順理成章不足為奇了。（劉永連）

3「河東獅吼」到底是誰在發威？

河東獅，通俗講是河東獅子，喻指兇悍妒忌的妻子。河東獅吼，意思是河東的獅子在怒吼發威，由此暗指家中妻子兇悍，發起火來讓人生畏。這個典故既是對女人不講禮儀的嘲諷，同時也是對懼內者的調侃。它有很深的文化淵源，與民俗、宗教以及物種傳播都有密切關係。

此典直接出自《容齋隨筆》，說是北宋人陳慥，字季常，有妻子柳氏，性格兇悍妒忌，季常畏不能制。好友蘇東坡諳熟底細，一次在陳季常裝模做樣大講佛學哲理的時候，順口作詩調侃：「龍丘居士亦可憐，談空說有夜不眠。忽聞河東獅子吼，拄杖落手心茫然。」以後人們便習慣用這個成語來形容悍妻發威。

那麼，為什麼要用河東獅子來暗指兇悍妻子呢？這又有兩層與唐朝文化有關的含義在內。一是人們何以慣用獅子來形容雌威？獅子是生活在熱帶草原上的百獸之王，兇悍毋庸置疑，但由於中國素不產獅，國人無由瞭解獅子的個性。到了唐朝，大量的物質文化包括物種、物品等都在極為頻繁的交流活動中以前所未有的規模湧入中國，不但皇家禁苑的象欄獅山裡獸滿為患，而且民間也能見到異域奇獸。不但皇家陵園到處蹲著石獅雕像，一些權貴之家在門前園內也有獅子圖案或雕像；不但朝廷有「五方獅子舞」等藝文節目，民間也興起了由人披上獅子皮來耍的獅子舞。許多史料表明，獅子開始為中國整個社會包括普通百姓所了解，而獅子的兇悍個性也自然而然地為中國人所普遍知曉了。

二是獅子又何以用「河東」來限定？陳季常妻子姓柳，在唐朝屬於士族高層，為河東（今山西永濟）望族之冠。同時唐代攀比門第之風很盛。在通婚上，上自皇家貴冑下至平民百姓，無不企望與士族連袂結姻。如果自己身為士族，那更是公主不屑去娶，給官可以不做的豐厚資本。因此，姓李必說趙郡李氏，姓柳必稱河東族望，即使你根本沾不上邊為了面子也得這樣介紹自己。由此形成習俗乃至文化習慣，所以即使到了宋代蘇東坡提到柳姓望族的時候也順口帶出河東以表尊重。

再者就是，「獅吼」到底是蘇東坡隨意之語，還是有什麼講究呢？作為唐宋著名文學家，蘇東坡說話是有根有據的。查《維摩經》，獅吼亦稱獅子吼，出自佛家語，用來比喻佛祖、菩薩法力無邊，說法時一語生威，可以震懾一切外道邪說。該經《佛國品》云：「演法無畏，猶獅子吼。其所講說乃如雷震。」正是此意。佛教到唐代得以在中國紮根，許多文化內涵也為普通人所瞭解。因此，像「獅子吼」等本來屬於佛教經典用語的東西，開始為一般人所知曉。唐朝詩人劉禹錫在《送鴻舉遊江西》詩中就吟詠道：「想得高齋獅子吼。」蘇東坡也信佛習禪，自然也熟悉此語，因而在詩中借用獅吼來形容生活事項就不足為怪了。

後來的人紛紛借用這一比喻，如清代《清平山堂話本》之《快嘴李翠蓮記》亦云：「從來夫唱婦相隨，莫作河東獅子吼。」「河東獅吼」就這樣約定俗成，化為經典成語了。（劉永連）

【知識鏈】

獅子文化是怎樣傳入中國的？

在中國，獅子文化具有非常豐富的內涵，包括獅子物種本身，以及與獅子相關的藝文活動、宗教信仰、生活習俗和建築技術等等。但是有一點非常明確，獅子原非中國物產，獅子文化是怎麼傳播到中國來的呢？

首先，獅子文化傳入中國與獅子物種本身的傳播有著直接和密切的聯繫。獅子作為物種傳入中國的最早記載出自《後漢書》，提到在漢章帝章和元年（八十五年），安息國王遣使進獻獅子以及符拔等奇異猛獸。伴隨中外交往的日益頻繁，更多的獅子被使節們帶到中國來。魏晉南北朝也有幾次西域國家進獻獅子的事例，不過仍舊為數尚少。到了唐代，中國古代史上這個最為發達的對外交往時代，獅子才頻繁傳入中國。據大略統計，僅在貞觀短短二十餘年間，就有康國等多個國家多次進獻獅子的例子。在開元天寶年間，進獻獅子的國家更多，包括拂菻、訶毘施、波斯、米國等中亞、西亞乃至歐洲等廣大地區的國家，進獻獅子的數量自然就多起來。正是在這一背景下，中國人開始熟悉獅子，並撰寫詩詞歌賦來描寫這種來自草原的百獸之王。另一方面，雕刻獅子形象的許多物品也傳入中國，如五代後晉年間，回鶻可汗進獻了玉雕獅子獸；後周時期，甚至後蜀也進獻了銀香獅子爐等東西。這樣獅子文化在中國逐漸豐富起來。

其次，異域宗教的傳播大大豐富了中國獅子文化。西域多種宗教與獅子有著密切關聯，佛教以獅子吼來形容佛祖佛法的威嚴，用獅子來充當菩薩羅漢們的坐騎；波斯古代宗教則以獅子為護法神獸，身帶雙翼守護在神壇或殿堂。這些內涵通過宗教傳播影響了中國的民間信仰和生活習俗。借助傳入中國的佛教尤其是祆教、摩尼教等，獅子開始在中國承擔起護法鎮邪的重任，在中國人眼裡成為威嚴尊貴的象徵。從此在皇家陵闕、權貴門前，紛紛樹立起一對對門獅；在宮廷舞臺盛大慶典上，不斷上演氣勢磅礴的「五方獅子舞」；甚至在民間也以獅子為吉祥物，用來驅邪，以至娛樂人們的生活。

經過千百年間外來文明不斷滲透和中國人民想像創造，獅子文化在中國形成一個豐富多

乾陵石獅

彩的文化體系。（劉永連）

4 潑水節為什麼要潑水？

潑水節是傣、阿昌、德昂、布朗、佤等族的傳統節日，也是雲南少數民族節日中影響層面最大、參加人數最多的節日。潑水節是傣曆新年，相當於西曆的四月中旬，節日一般持續三至七天。節日期間要進行潑水、丟包、划龍舟、放高升、拜佛、趕擺等活動。節日清晨男女老少穿上節日盛裝，挑著清水，先到佛寺浴佛，然後開始互相潑水。人們認為這是吉祥的水、祝福的水，可以消災除病，所以不論潑者還是被潑者，雖然從頭到腳全身濕透，都還是非常高興。

潑水節的潑水儀式應起源於佛教的佛誕節。佛誕節為佛教傳說中佛祖釋迦牟尼誕生的日子，又叫「浴佛節」或「灌佛會」。據説佛祖誕生之時，剛出生就在地上自行七步，步步生蓮花，同時九龍吐水，天降香花。浴佛就是為了象徵性地再現佛誕生當日的情景以為紀念。

佛誕節從東漢末年以來就開始在中原流行，到了兩晉南北朝時代，各地普遍流行。在西元五世紀以前，浴佛儀式已經相當盛行了。後趙的國主石勒為他兒子祈福曾舉行過浴佛，以後一直延續到唐代。到了唐玄宗開元年間，佛誕節休假還被正式納入「開元假甯令」中，也就是中國現今的法定假日，表明本來純屬佛教節日的佛誕節已經徹底融入了民間生活。

在這一時期，每逢佛誕節，佛教寺院和一些地區的民間都要舉行浴佛法會，參加法會的人自然不限僧俗，成為全社會的活動。中國浴佛的日期，古來有幾種不同的記載，一是二月八日，一是四月八日，還有一種是十二月八日，後代多沿用四月八日之説。（李曉敏）

【知識鏈】

寒食節為什麼要「寒食」？

所謂寒食節，是一種禁用煙火、只吃冷食的節日。據傳說，它是為了紀念春秋時期晉文公的功臣介子推而興起的。介子推曾經幫助晉文公渡過極其艱難的流亡生涯，並回國奪取了晉國政權。之後論功行賞時文公把他忘在了腦後，而他也不爭執，主動回到綿上之山隱居起來。後來文公想起後悔不迭，極力想把介子推從山上請回來。由於介子推回避不出，文公輕信隨從建議而燒山，結果介子推抱著柳樹被燒死在山上。痛悼之餘，文公下令每年此日不許百姓動火，由此寒食成為傳統節日。不過，據學者考證，寒食習俗淵源於遠古時期的改火之制。當時處於鑽木取火時代，取火所用之木，根據季節氣候四時各異，春用柳榆，夏用桑杏，秋用柞楢，冬用槐檀。改火之際，令有行止。大致魏晉時期，初廢改火之制，到隋代徹底廢棄，但與此同時，寒食節卻大大流行起來。據載唐宋時期寒食禁火很嚴，每當寒食之日，村社甲長要到各家檢查鍋灶，用雞毛伸進灶膛，如果雞毛焦捲就要治罪。為了渡過寒食節，人們要事先準備好各種冷食，舉行紀念活動，由此形成各種習俗。例如，在禁火的三天之內，人們要在門框上插上柳條，用以紀念介之推抱柳之死，也是為了驅邪避災；同時還要拿出預先煮好的雞蛋，既可充飢飽肚，也可比賽取樂。（劉永連）

5 人們為什麼把第一次出現的事情叫做「破天荒」？

「破天荒」是人們用來形容第一次出現的新鮮事兒的一個俗語，經常出現在我們的文學作品和口頭表達當中。細究「破天荒」一詞的來源，可以追溯到唐代。據宋代人孫光憲所作《北夢瑣言》第四卷的記載：「唐荊州衣冠藪澤，每歲解送舉人，多不成名，號曰天荒解。劉蛻舍人以荊解及第，號為『破天荒』。」這裡提到的事情是唐代科舉考試中的一個典故。在隋唐時期確立的科舉制度下，參加科舉考試的舉子要經過逐級的選拔。每年學子們在進京之前，都要先在地方上參加考試，由地方官府選拔出成績合格的，再一起解送入京參加京城的省試。而唐代的荊州雖然是個人才濟濟的地方，文士書生很多，但是解送到京城的舉子卻多年沒有人能夠考中，於是，人們就把荊州稱為「天荒」，又把由荊州解送的考生稱做「天荒解」。「天荒」本來是指混沌未開的原始狀態，用這個詞來形容荊州就是嘲笑這兒從來沒有人中過進士。直到唐宣宗大中四年（八五〇），從荊州進京參加省試的考生中終於有一個叫劉蛻的考中了進士，破了「天荒」。當時，魏國公崔弦鎮守荊州，得知劉蛻考中進士，寫信表示祝賀，並贈他七十萬「破天荒」錢。劉蛻不肯接受崔弦所贈之錢，在給崔弦的回信中寫道：「五十年來，自是人廢；一千里外，豈曰天荒。」

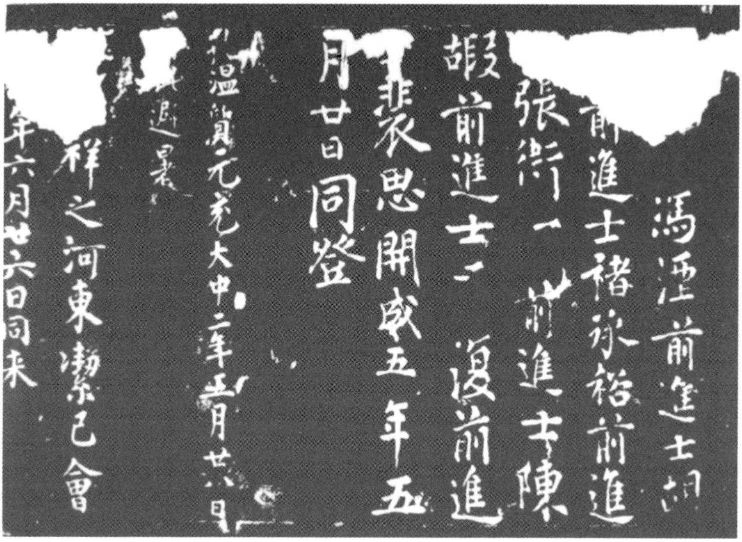

雁塔進士題名帖拓片

之後，文人學士經常用「破天荒」一詞來形容某個人突然之間的得志揚名。宋代蘇軾的「滄海何曾斷地獄，朱崖從此破天荒」、周必大的「絳帷幸得天荒破，日日當為問道人」、元代人柳貫的「會見天荒破，端令士氣粗」等詩句都含有這個意思。不過現代人使用「破天荒」一詞，就僅用來形容創舉或者是頭一次出現的新鮮事了。（王曉麗）

【知識鏈】

唐代的考試卷子為什麼不密封？

在唐代，由禮部主持的科舉考試是不糊名的，也就是說卷子並不密封，主考官在批閱試卷的同時，還可以參考舉子們平日所作的詩賦文章及其聲望高低來決定是否錄取。不僅如此，當時在朝廷和社會上有聲望的權貴名流也都有權向主考官推薦人才。在這種情況下，唐代的舉子們往往在參加考試之前，就要把自己最得意的詩文加以編輯，寫成卷軸，帶到京師，呈送給當時在朝廷和社會上有名望有地位的人，請求他們向主考官推薦，這種舉動在當時被稱為「行卷」。著名詩人白居易就曾因行卷而得益匪淺。據唐代王讜《唐語林》記載：「白居易應舉，初至京，以詩謁顧著作況。況睹姓名，熟視曰：『米價方貴，居亦不易。』及批卷，首篇曰：『咸陽原上草，一歲一枯榮。野火燒不盡，春風吹又生。』乃嗟賞曰：『道得個語，居即易也。』因為之延譽，聲名遂振。」可見，「行卷」的成敗對於舉子們來說是非常重要的。一般來說，行卷以精為要，只要出色的幾首詩、幾篇賦就可以達到目的，但是也有連篇累牘、以大量詩文行卷的，如杜牧用來行卷的詩有一百五十篇之多，而皮日休則用十卷二百篇詩文作為行卷，在當時都是驚人之舉。

「行卷」由於其獨特有效的宣傳作用，在參加科舉考試，尤其是參加進士科考試的舉子們當中形成風尚，為舉子們的順利及第鋪平道路，也為唐詩在社會上的傳播起到了促進作用。由於「行卷」的作用非常明顯，當時就有不少的舉子偷竊抄襲別人的好詩文，冒充為自己的作品，用以沽名釣譽，市面上甚至有人將往屆舉子們的詩文彙編成行卷出售，這也可以算作是「行卷」的副作用了。（王曉麗）

6「一不做，二不休」最初是誰說的？

「一不做，二不休」是我們現在經常使用的一個成語，意思是不做則已，既然已經做了，就索性做到底。但是已經很少有人知道，這個成語是來自於唐代人張光晟的臨終遺言。

張光晟在新舊《唐書》中都有傳。根據史書記載，他從少年時開始從軍，安史之亂爆發的時候，他還是一名騎兵。在安西節度使哥舒翰兵敗潼關的戰役中，張光晟把自己的戰馬送給戰馬被打死的大將王思禮，從而得到王思禮的賞識，把他作為自己的心腹，不斷加以提拔。唐代宗大歷年間，張光晟被任命為單于都護、兼御史中丞、振武軍使，帶兵抵禦吐蕃。張光晟因為貪圖邊功，設計誘殺了多名吐蕃貴族，但是唐代宗害怕得罪吐蕃，不但沒有給他期望中的獎賞，反而任命他為閒職，剝奪了他的兵權。從這時候開始，張光晟就一直怏怏不得志，對朝廷的不滿逐漸積累，以至萌生了叛意。

唐德宗興元元年（七八四），原本奉命防秋（唐時突厥、吐蕃等常於秋日入寇，故於其時調兵守邊）的涇原藩鎮軍隊發生譁變，擁立在長安閒居的原盧龍節度使朱泚為帝，賦閒在家的張光晟參與其中，被任命為偽節度使。唐德宗委派神策行營都知兵馬使李晟帶兵討伐，張光晟帶兵駐守九曲。張光晟看到李晟大軍氣勢浩大，知道朱泚大勢已去，便派心腹與李晟聯絡，想要投降。李晟接受了張光晟的歸降，並替他向唐德宗上書求情，但是沒有得到允許，唐德宗下旨認定張光晟罪不可赦，理應處死。不得已，李晟只好將張光晟斬首。據唐代趙元一《奉天錄》記載，張光晟臨死前對自己反叛朝廷的行為以及反叛之後又投降朝廷的舉動都很後悔，囑咐行刑的人說：「傳話後人：第一莫做，第二莫休。」

就是說不該做的事情就不要做，既然做了，就不要停止，一直堅持到底。（王曉麗）

【知識鏈】

唐代曾經有幾個皇帝被迫逃離京師？

唐玄宗統治時期，唐代開始由盛轉衰，尤其是安史之亂以後，境內藩鎮林立，境外吐蕃稱雄，內憂外患接踵而至，皇帝甚至連龍座都坐不穩了，據史書記載，先後曾有五位皇帝被迫離開京師避難。

第一位從長安逃跑的皇帝就是唐玄宗。天寶十四載（七五五），安史之亂爆發，安祿山帶領大軍南下，號稱二十萬，所到之處勢如破竹，直逼長安。第二年，唐玄宗眼見長安不保，不得不帶領楊貴妃、楊國忠兄妹、太子李亨等皇子皇孫、幾個重要的大臣，半夜出城西逃。除了禁軍六軍士兵以外，隨行的官員、親友不過一百多人，成為唐朝歷史上第一個逃離京師長安的皇帝。

第二位逃出京師的皇帝是也曾親身經歷過安史之亂的唐代宗，不過把他逼出京師的不是藩鎮，而是吐蕃軍隊。唐代宗廣德元年（七六三），安史之亂平定不久，吐蕃和黨項的軍隊又入侵中原，來勢兇猛，很快就到達邠州、鳳翔一線，長安告急。唐代宗下旨任命郭子儀出任副元帥，帶兵禦敵，然而由於宦官專權，貽誤軍機，郭子儀還沒有到達長安，吐蕃軍隊就已經兵臨城下，唐代宗被迫倉皇出逃。吐蕃軍隊攻入長安，大肆劫掠，百姓紛紛出逃，長安幾乎成了一座空城。這場浩劫持續了十五天之久，吐蕃不戰而退，唐代宗才得以回到長安。

唐德宗是唐朝第三位逃離長安的皇帝。建中四年（七八三），藩鎮節度使李希烈謀反，攻打襄城，唐德宗從西北抽調涇原（治所在今甘肅涇川縣北）的兵馬前去救援。涇原節度使姚令言帶了五千人馬經過長安，由於朝廷犒賞不足，導致軍士譁變，攻入長安城。叛軍入城以後，衝擊皇宮，禁軍無人抵抗，唐德宗被迫帶著太子、諸王、公主從宮苑北門倉皇出走，一路被叛軍追殺，狼狽不堪，直到平叛後才能夠返回。

第四位被迫逃出京師的皇帝是唐末的唐僖宗，而把他趕出長安城的是黃巢的農民軍。廣明元年（八八〇），黃巢起義軍攻入長安，藩鎮軍隊都不出兵，只有宦官田令孜率領五百神策兵保護唐僖宗和少數皇子妃嬪出金光門往西逃亡，一直逃到成都。黃巢起義失敗以後，唐僖宗回到長安，田令孜也因為護駕有功，把持大權，唐僖宗成了一個傀儡皇帝。光啓元年（八八五），由於對以田令孜為首的朝內宦官不滿，河東節度使李克用攻入長安，剛剛回到長安不久的唐僖宗再次被迫出逃，直到光啓四年（八八八）才再次回到長安。

唐昭宗是第五位被迫逃離京師的唐朝皇帝，而且他被迫離開京師的次數也是最多的。乾寧二年（八九五），鳳翔節度使李茂貞和邠寧節度使王行瑜、華州節度使韓建率兵攻入長安，唐昭宗逃到終南山。第二年，唐昭宗回京之後，招募軍隊，李茂貞藉口朝廷對鳳翔用兵，再次率兵進逼京師，唐昭宗又一次被迫出逃。天復元年（九〇一），為躲避朱全忠的軍隊，唐昭宗被宦官劫持到鳳翔。天祐元年（九〇四），朱全忠强迫唐昭宗和百官以及長安居民遷往洛陽，唐昭宗這次再也沒能回到長安，最後被殺死在洛陽。（王曉麗）

7 人們為什麼說「髒唐爛漢」？

漢唐兩個朝代有許多違背正統儒家學說的性道德和性風俗，被後代的理學斥為「髒唐爛漢」。「髒唐爛漢」特指漢唐這兩個朝代宮闈穢亂，荒淫奢靡。但是顯然漢唐的價值觀裡絲毫不覺得他們當時的行為有什麼不妥。

漢唐兩代社會風氣相對開放和多樣化，這時有鬆散可變的婚姻制度，一夫一妻制和上層社會的一夫多妻雖然都已確立，但並不嚴格，還給個人意志留有較多的餘地。在社會生活中男女交往也比較自由，青年男女有一定權力選擇對象，即使雙雙私奔，處罰也很輕。女性還沒有淪為三從四德的奴隸，因此才可能出現花木蘭、武則天等人物。對女子的貞操要求並不嚴格，女子再嫁，社會上並不認為有什麼不好。「守節」一事雖然也是社會輿論的導向，但是並不嚴格。唐代墓誌當中對於守節女性的大力讚美似乎更加從反面襯托出「守節」的珍貴和稀少。

中國古代的倫理觀念是一直反對寡婦再嫁的，但是這一道德戒律的約束力在漢唐時代並不强。漢代寡婦再嫁之事十分普遍，漢景帝的王皇后、漢武帝的姑母館陶公主、漢武帝的姐姐平陽公主都是再嫁。平民百姓中寡婦再嫁更是司空見慣絲毫不受社會輿論的譴責。

由於魏晉南北朝時期北方異族文化和中原文化在這之前幾百年間的交融，北方民族重視婦女地位、婚姻自由結合的傳統在很大程度上得以保留。唐朝初年，社會輿論和官方立法對婦女再婚的問題顯得非常寬容。據《新唐書》的記載計算，唐代中前期的公主中改嫁者即有二十四人，其中有五人甚至三嫁。著名的襄城公主、太平公主都曾改嫁。皇室如此，民間更是家常便飯，房玄齡、韓愈的夫人或女兒都曾改嫁，主張道德文章的正統知識分子們也不以改嫁為非。楚王李靈龜的妃子上官氏在丈夫死後，她的兄長們對她說：你年紀還輕，又沒有孩子，「改醮異門，禮儀常範」。這說明當時年輕又無子的孀婦改嫁是社會的常例。

與此相對應，男子，甚至是貴族男子娶再婚婦女，也不認為是什麼丟人的事情。眾所周知武則天原為太宗才人，是正式的嬪妃，結果被高宗立為皇后。楊貴妃本是唐玄宗子壽王妃卻改嫁玄宗。這些在後人看來屬於亂倫的行為，卻在唐代皇室中公開地存在。至於朝廷大員、知名人物娶再嫁之婦更是司空見慣。因此後世的道學先生才會罵這個時代是「髒唐爛漢」。（李曉敏）

【知識鏈】

唐朝人結婚為什麼總是「亂輩分」？

所謂的「亂輩分」，實際上主要指的是「收繼婚」、「異輩婚」。南北朝時，北方少數民族入主中原，將落後的子納父妾、弟納兄妻的收繼婚風俗也帶進來，於是中原婚俗發生了變化。在唐朝立國的一百多年間，人們生活習俗受西域和北方少數民族的風俗習慣的影響較深，許多遊牧民族的生活習俗和觀念在社會上廣為流傳。唐代皇室婚姻中的不計同輩現象，也有可能源於唐代皇室的鮮卑族血統。

唐朝皇室的亂倫事件非常多，據《舊唐書》載，唐高祖的寵妃張婕妤、沈德妃曾與高祖的兒子李建成、李元吉有不正當關係。玄武門之變後，李世民殺掉太子李建成及其弟李元吉後，收娶了李元吉之妃楊氏，而且生了十四皇子李明。他還欲立楊氏為后，被魏徵諫止。此後唐高宗娶了太宗才人武媚娘當皇后，後來唐玄宗又娶了他的兒媳婦壽王妃楊玉環作貴妃，淮南王李茂嗣在父親徐王李元禮去世後，霸占了李元禮的侍妾趙氏。這些都是嚴重違反封建倫理道德的。唐代皇室中父妃與子、子妃與父、姐妹共事一主等亂人倫行為比較嚴重地存在，還有女皇帝、公主公開養男寵而為整個社會所接受，所表現出的性觀念、性倫理與漢以來及唐以後的正統漢族皇室差別較大。正因為如此，後人說唐朝「髒」。但是應該注意到有記載的亂倫行為，多發生於玄宗及以前時期。

不論是「髒唐爛漢」，還是異輩婚、亂倫，都不是簡單的道德倫理的問題，更是種族和文化的變遷。國學大師陳寅恪先生在他的《唐代政治史述論稿》中開篇即引用《朱子語類》一一六《歷代類》三條的記述：「唐源流出於夷狄，故閨門失禮之事不以為異。」隨後他又說，「朱子之語頗為簡略，其意未能詳知。然既簡略之語，亦含有種族及文化二問題，然此二問題屬李唐一代史事關鍵所在，論唐史者不可忽略也。」（李曉敏）

8 為什麼把遇事不順稱為「倒霉」？

「倒霉」一詞在我們現代的生活裡使用率極高，經常出現在大家無奈的歎息之中。每當運氣不佳，碰到挫折，特別是遭遇意外損失時，我們就會不由自主地痛呼「倒霉透了」。那麼，這個詞彙是怎麼出現的？為什麼把遇事不順稱為「倒霉」呢？

其實，「倒霉」原來寫作「倒楣」。所謂「楣」是指堂屋正門上方的橫木或墊於房梁之下用於支撐和妝點門庭。所以唐史談到楊貴妃入宮受寵，使得楊氏姊妹兄弟全家都得到無限好處的時候，就引用民間歌謠說：「生男勿喜女勿悲，君今看女作門楣。」隨後解釋說，楣是房子構造非常關鍵的部位，「凡人作室，自外至者，見其門楣宏敞，則為壯觀。言楊家因生女而宗門崇顯也。或曰門以楣而撐拄言生女能撐拄門戶也。」門楣在民俗上還有一個重要作用即插、掛辟邪之物以防鬼怪邪魔闖入房間。《武林舊事》記述，唐宋時期每逢清明要在門楣插柳；端午節則用青蘿做成「赤口白舌貼子」和艾草做成的人像，「並懸門楣，以為禳禬」。無論從建築結構還是從民俗角度講，門楣正則安全，門楣倒斜則出危險，因此，如果門楣倒過來，人們都知道將意味著什麼。所謂「倒楣」，不祥之兆或禍事之標誌也。後來雖然字面變為「倒霉」，但意思保留下來。

還有一種說法非常有趣，即認為該詞與科舉制度密切相關。說是自從唐代科舉興起以來，在民間便形成了這樣的習俗：每當考試之時，有學子參加考試的人家會以門楣裝飾昭示考試結果。如果考中了，就大書「捷」字高懸門楣前的旗杆上，以示榮耀和慶祝。相反如果考試不中，就把旗杆倒放，稱之為「倒楣」。久而久之，「倒楣」漸漸訛傳為「倒霉」，意思也由單純表示落第轉化為運氣不佳，遭遇不良了。（劉永連）

【知識鏈】

人們遇到晦氣或者說錯話時，為什麼要「吐口水」？

生活中我們也常見這種現象：當一個人遇到晦氣之事或者說錯話時，會「呸！呸！呸！」連吐三次口水；當他與所鄙視甚至仇恨的人碰面之後，也會回身對著這人的背影重重地吐口唾液。為什麼要吐唾液呢？

也許有人會說，這是表達感情的一種方式，遇到晦氣或說錯話吐唾液是想挽回事情，而對著某人的背影吐唾液則是表示鄙視和憤恨。這種說法有它的道理，但深究起來卻不是根本原因。

民國時期，江紹原先生對唾液文化進行了非常有趣的探討。透過他所搜集的諸多史料可以看出，唾液在古人眼裡具有許多神奇的功效。不過江先生沒有說明，如果從民俗學中原始思維和巫術原理的角度看，唾液出自人口，與人常念誦的咒語經常同下，所以也就具有了神奇的效果。與咒語一樣，唾液可以制鬼辟邪，可以治病救人，也可以實施傷害。

關於唾液制鬼，宗定伯捉鬼的故事是個典型。據說當宗定伯知道同行者是個容易對付的新鬼時，他將其用力挾住，新鬼情急之下變為山羊，他又馬上吐口唾液使其定型難逃，竟然牽到市場上賣了個好價錢。同時，《搜神記》記述，崔少府妻子懷孕尚未分娩就死了，但四年之後仍把生育的兒子送回崔家。當時賓客滿座，都知道是鬼來了，於是「遙唾之」。大業《拾遺記》也提到，隋煬帝遊江南吳公宅時忽遇陳後主鬼魂，仍稱殿下，敘述舊事。煬帝突然醒悟遇鬼，馬上唾之云：「何今日尚目我為殿下，復以往事訊我耶！」至於辟邪，《清異錄》卷二記述：「梟乃天毒所產，見聞者必罹殃禍，急向梟連唾試三口，然後靜坐存北斗一時許，可禳。」現在民間也常有這種做法。江先生就提到，杭州人認為人坐久了腿腳發麻，吐口唾液擦在眉毛上就可解除；馬其頓夏天有種傳染瘧疾的蟲子，人們見了都要連吐三口唾液才可去病；印度人認為看見流星也是不祥之兆，必須連吐三口唾液才能免災。其實我們遇到晦氣或說錯話吐唾液，就有以上民俗內涵在裡面。

唾液在制鬼驅邪的同時也可以攻擊和傷害他人。《千金翼方》禁經部分云：「老君之唾，唾殺飛梟，唾河則竭，唾木則折。」再如非洲有儒盧部族，巫師想要除害時就常用朝仇人所在方向吐唾液的巫術。李時珍介紹，唾液可以治療「毒蛇螫傷」及腫痛、長瘤等病，據說這是以毒攻毒。看起來，朝著仇人背影吐唾液其實也有攻擊傷害的巫術含義在裡面。還有人討論「國罵」時提到，人們對罵的同時往往也憤憤地吐唾液，其含義大致類似。（劉永連）

【二】開啓飲食任意門

9 「點心」一詞是怎麼得來的？

日常生活中，我們在三餐以外，有時還要吃些小點心來補充體力。那麼，「點心」從何而來呢？

「點心」一詞最早出現於唐代。宋人吳曾在《能改齋漫錄》中記載：「以早晨小食為點心，自唐時已有此語。」在唐代，「點心」最初作為動詞使用，意思是隨意吃點東西。《新唐書》記載，鄭傪做官升為江淮留後。一天，家人為他的夫人準備了早餐，夫人正在化妝，便說：「治妝未畢，我未及餐，爾且可點心。」在《幻異志‧板橋三娘子》中記載：「三娘子先起點燈，置新做燒餅於食床上，與客點心。」莊季裕《雞肋編》卷下記載：「上微覺餒，孫見之，即出懷中蒸餅云：『可以點心。』」

「點心」後來作名詞使用。《入唐求法行禮記》記載：「衆僧上堂，吃粥、餛飩、雜果子。」這裡的「果子」就是指點心。一九六六至一九七二年間，在新疆吐魯番阿斯塔那唐代墓葬中發現了精美的花式點心，為我們研究唐代點心提供了實物資料。《東京夢華錄》一書記錄了北宋都城汴梁（今河南開封）的繁華，其中也有關於「點心」的記載。每天早晨四五點鐘，一些酒店便開門營業，賣「灌肺及炒肺，飯、粥、點心」。（劉永連）

【知識鏈】

唐朝人都吃什麼副食品？

唐代物質生產較前代有了很大發展，同時也匯總融合了周邊各族的飲食風俗，因而副食品呈現出琳琅滿目的盛況。

第一，在肉食類裡，唐人多以牛、羊、豬、雞等肉為主原料，同時由於狩獵盛行，鹿肉等野味是富人餐桌上的常見副食。據載有位叫黃升日的人喜歡吃鹿肉，他每天要烹煮三斤鹿肉，從早晨直煮到太陽西落，才認為火候足了，如此生活了四十年。當時還出現了好多美味名吃。如宰相韋巨源喜用鴨肉湯汁做麵條，用田雞、豆英菜做「雪嬰兒」，用羊、豬、牛、熊、鹿五種動物精肉做「五生盤」，還曾做過號稱「箸頭春」的活烤鵪鶉。胡族將軍曲良翰家，用火烤製的「駝峰炙」號稱長安美味。

第二，動物內臟已多為唐人所用，做出許多美味。例如，有一種「升平炙」，其實是用羊和鹿的舌頭拌製而成的。還有一種「生肝鏤」，是用豬肝、豬肚做成的。

第三，南北海味爭奇鬥豔。在北方，蝦、蟹、鱖魚、蛤蜊之類都是桌上常見美食，像光明蝦、蛤蜊湯、魚白鳳凰胎等都是名吃。在南方，松江鱸魚、烏賊、比目、鮑魚等則常在飲食之列。這時候廣東人已經學會用海鮮煲湯。

第四，唐代茶酒點心有所豐富。葡萄酒釀法已經傳入內地，唐朝人也已經開始喝白蘭地；製茶技術大大提高，名茶流行，飲茶日盛；時令小吃上，春節

新疆吐魯番出土的唐代餃子、麵點

有屠蘇酒、「元陽臠」、烹製雞絲、葛燕、粉荔枝等，元宵節有蘆菔、生菜、春餅、春捲等，寒食節有冬凌粥、煮雞子及麻花、饊子等，端午節有各色粽子，重陽節有菊花酒、重陽糕等。

第五，與麵食相結合，唐朝人還製作出各式各樣帶餡的食品。餛飩在唐朝已經流行；而饆饠則是用葷素各色餡料做成，類似包子、餡子、飥子等餡類麵點的新興食品。

如果從副食品製作方法上來分，在唐朝已經有了火烤成熟的炙品類、鮮活細切的膾品、風乾儲存的脯品、酸鹹醃製的菹品、用來澆拌麵食的臛、魚肉素菜煲製的羹以及乳酪、灌腸、麵菜混合製作的包子之類。（劉永連）

10 燒餅就是胡餅嗎？

一般認為胡餅就是最早的燒餅。漢代以來，胡餅傳播於中原各地，進入了百姓的家庭生活，日漸成為一種最常見的食物。

張騫通西域後從西域引進了「芝麻」，當時叫做「胡麻」，胡餅的特點就是在餅上灑著胡麻。十六國後趙石勒因為避「胡」之嫌而改為「博爐」，石虎的時候又改為「麻餅」。魏晉時期南方也普及了胡餅，著名書法家王羲之小時候就曾經「坦腹東床齧胡餅」。唐代胡餅更加流行是當時社會各階層的重要食品之一。城市裡有很多胡餅店，人們隨處都可以買到胡餅。唐代文獻中關於胡餅的記載也隨處可見。

安史之亂時唐玄宗與楊貴妃出逃到咸陽集賢宮，肚子餓了，宰相楊國忠就去市場買了胡餅來充飢。西元八八〇年，黃巢起義，逼近長安，唐僖宗倉皇出逃，宮女用宮中帶出的一點麵粉，用村裡人送的酒，一起和麵，先在鍋內烙，後在爐內烘熟，拿給他吃，僖宗勉强吃了半塊。這種先烙後烤的方法和現在相似。

「此餅本是胡食，中國效之微有改變。」北魏賈思勰的《齊民要術》中已有「燒餅做法」。胡餅本來是西域風格，傳入中原之後，特別是到了唐代，這種餅的形狀和加工方法也有了很大的改變，各地的胡餅大小也有不同。唐代胡餅一般是在爐中或其他類似的器皿中烤熟，還有用蒸製法做的胡餅。當時長安做胡麻餅出名的首推一家叫輔興坊的店鋪。唐代詩人白居易有《寄餅於楊萬州》：「胡麻餅樣學京都，麵脆油香新出爐。寄與饑饞楊大使，嘗看得似輔興無。」說在咸陽買到餅像長安輔興坊的胡麻餅。這首詩就描述出了胡餅的主要特徵，也是唐代胡餅的典型模式。胡麻餅的做法是取麵粉、芝麻、五香、鹽、清油、碱、糖等為原、輔料，和麵發酵，加酥入味，揪劑成型，刷糖色，粘芝麻，入爐烤製，因而白居易說「麵脆油香」了。

一九九五年新疆阿斯塔那墓出土了直徑近二十釐米的麵食，可能是當地流行的大型胡餅。唐代還有一種叫「古樓子」的胡餅，餅中夾有羊肉、酥油、豆豉等一同烤製。（李曉敏）

【知識鏈】

唐代的餅都是圓的嗎？

唐代的「餅」所涵蓋的範圍遠遠大於今天的「餅」，凡是用麵粉做成的都統稱為餅，和今天專指扁圓形麵點的含義有所不同。

早在新石器時代的河南裴里崗遺址就出土了加工麵粉用的磨盤、磨棒，戰國時已經有了關於餅的明確記載，漢代的時候吃餅已經很常見了。

餅的花樣有很多，最普遍的、經常食用的有：

用籠屜蒸製的麵食叫蒸餅，宋仁宗的時候為了避諱改叫炊餅，實際上就是今天的饅頭。當時有蒸餅不蒸出十字就不好吃的說法，類似今天的「開花饅頭」。後來逐漸地在蒸餅裡包餡，是今天包子的雛形。唐代的蒸餅種類很多，是日常用餐的主食，更成為麵食推銷者和購買者都百般垂青的食品。

湯水裡煮熟的麵食叫做「湯餅」，又叫「索餅」、「煮餅」、「水引餅」、「水溲餅」。漢代宮廷有專門的「湯官」，負責湯餅等麵食的供應。東漢漢質帝就是被梁冀在煮餅裡加毒藥毒死的。湯餅是魏晉時期人們非常喜愛的麵食，唐代以後逐步演化成為今天的麵條、餛飩、水餃等水煮麵食。湯餅還有食療保健的功能，如薑汁索餅、羊肉索餅、黃雌雞索餅、兪白索餅等，各有療效。

在專門的烤爐裡烤製的是胡餅，也就是芝麻燒餅，表面灑有一層胡麻（芝麻），鹹香酥脆，傳入內地後，受到社會各階層的歡迎，流行於世，經久不衰。唐代長安的胡餅製作更是成為各地學習的典範。

此外還有髓餅、乳餅、油餅、薄脆、烙餅、煎餅、春餅、月餅、桂花餅等，形成了唐代異彩紛呈的各色麵點，如曼陀樣夾餅是形狀如曼陀羅果的夾餡烤餅，貴妃紅是一種色紅味濃的酥餅，生進鴨花湯餅是一種做成鴨狀花形的湯餅，雙拌方破餅是用兩種原料拌和製成的花形餅，八方寒食餅是用木模製成的八角形餅，素蒸音聲部是七十件包有各種蔬果餡的蓬萊仙女歌舞造型的蒸餅。（李曉敏）

11 民間的油炸丸子是怎麼來的？

據唐代小說《盧氏雜說》記載，一天，馮給事（給事：官名，唐朝官職，官階正五品上，是門下省職官）到中書省等候見宰。他看見一位上了年紀的官吏，身穿淺紅色的官服（屬五品官），在中書門站著，等候通報。馮給事和宰相夏譙公談論事情談了很久，他出來時，天色已經晚了，那個官吏還在那站著。於是他讓手下的人去問那個人是什麼官。那官吏走上前說：「我是新上任的尚食令，有事求見宰相。」馮給事說明那個官吏見到了宰相。那人出來後非常感謝馮給事，便說：「如果不是給事您幫忙，我今天肯定見不到宰相。我是尚食局的鎚子手，請問給事住在哪裡，我一定上門致謝。」馮給事說：「我住在親仁坊。」官人說：「我想給您展示我小小的手藝，但不知您什麼時候在家？」給事說：「你什麼時候來都可以，需要給你提前準備什麼東西呢？」「需要一個大檯盤，三、五十個木楔子和油鍋炭火，一、二斗上好麻油，一些南棗爛麵。」給事本來就很精通烹飪，回到家就讓人把東西都準備好了。然後掛上簾子，準備與家人一起觀看客人展示手藝。第二天一大早那個官吏就來了。喝了一杯茶，他就走出廳堂，開始準備，脫了罩衫、靴子和帽子，換上青色半臂（半臂，類似削肩的一種短袖衣飾）、三幅褲、花圍裙和兜肚、繡花套袖。他從四處比量一下檯面的水平程度，用木楔子把不平的地方填平，然後取出油鍋攤面擺放開來。之後老官吏從兜肚中取出一個銀盒子、一個銀篦子、一個銀笊籬。等油熱了以後，從盒裡抓些䭔子餡，然後在麵裡抓了一把，揉成團，用篦子刮掉指縫中漏出的麵，把揉好的䭔子放到油鍋中，炸了一會，用笊籬撈出來，在新打的水裡放一會，撈出來再放進油鍋裡炸，油開了三五分後取出，倒在檯面上，圓溜溜的䭔子，轉個不停。馮給事和家人嘗了一下，外焦裡嫩，非常美味。

這則故事至今很少有人注意，但是根據文中所描繪的情景，它是至今所能見到的有關製作油炸丸子過程的最早記載。由此可見，至少在唐代中國人已經學會製作油炸丸子，並且這手藝開始由宮廷傳播到民間。（劉永連）

【知識鏈】

「餃子」究竟是怎麼出現的？

餃子，北方民間稱為「餛飩」，是中國節日喜慶時常有的傳統食品。由於其歷史悠久而且背景複雜，人們對其來龍去脈有著不同看法。

餃子因其兩邊有角，在古書中也稱「角子」。北宋孟元老《東京夢華錄》云：「凡御宴至第三盞方有下酒肉、鹹豉、爆肉、雙下駝峰角子。」據說這是關於餃子最早的記載。南宋周密《武林舊事》記錄京都杭州的市井麵食，亦有「市羅角兒」、「諸色角兒」等說法。明代著述已經習慣將「角子」稱為「餃」了，張自烈《正字通》云：「今俗餃餌，屑末麵和飴為之，乾濕大小不一，或謂之粉角。」

有人說，餃子原名「嬌耳」，是中國醫聖張仲景首先發明的。相傳東漢末年，「醫聖」張仲景從長沙太守任上辭官回鄉，正好趕上冬至，看見百姓多受傷寒，兩只耳朵也有凍傷，於是在當地搭了一個醫棚，支起一面大鍋，煎熬羊肉、辣椒和祛寒提熱的藥材，用麵皮包成耳朵形狀，煮熟之後連湯帶食贈送給窮人。老百姓從冬至吃到除夕，抵禦了傷寒，治好了凍耳。從此鄉里人與後人就模仿製作。

也有人說，在春秋晚期的薛國君主墓葬裡，發現了呈三角形的食品，每個長五至六釐米，最寬處三．五至四釐米。考古學家認為，從形制上看應該是餃子。只是年代久遠，現在已經無法判定裡面有無餡料。依此，餃子應該有兩千五百年的歷史了。還有人說餃子在古代也稱「牢丸」。陸游《與村鄰聚飲詩》云：「蟹供牢丸美，魚煮膾殘香。」探究其義，「牢」字的甲骨文的字形為屋下有牛、羊之狀。原義即為馴養牛羊的牲畜圈，後引申為祭祀的牲品和拘禁犯人的牢獄。「丸」即是指肉餡。如此說，古人早就在商代亦即三千多年前就懂得剁肉餡、做餃子了。

其實，餃子屬於麵食的一種，它與麥子的種植及麵食的傳播關係密切。中國遠古時期已有粟、稻、黍、菽等糧食，但是還沒有麥子種植，麵食還沒有出現。大致在兩漢魏晉南北朝時期，麥子和麵食逐步傳入中原地區。以餅為主流的西北胡食一度在中原流行。而中原人民也憑著自己的聰明才智進一步發明創造，推出一些新的麵食品種。餃子就是這些新的麵食品種之一。就考古資料而言，據吐魯番的出土物品可以確定，唐代已經出現了餃子。

餃子的出現明顯具有中國傳統喜慶的色彩。不但因為其麵皮用料精細，內餡可以自由調和，吃起來滋味爽美，而且更重要的是人們把它做成「元寶」亦即古代金角銀角的形狀，其中寓以「富貴吉祥」的祈求和希望。（劉永連）

12 唐代為什麼把教育界最高行政長官稱作「祭酒」？

唐代，國家管理教育事務的最高機構是國子監，而國子監的最高領導者是國子監祭酒。祭酒，本意是指古代饗宴時斟酒祭神的長者，後亦以泛稱年長或位尊者。這跟古代的風俗有關。清人趙翼《陔餘叢考‧祭酒》：「祭酒本非官名，古時凡同輩之長，皆曰祭酒。蓋飲食聚會必推長者先祭。胡廣曰：古禮，賓客得主人饌，則老者一人舉酒以祭，示有先也。」意思是說古代人在舉行宴會的時候，一定推舉一名德高望重的老人先舉酒以祭，所以說祭酒的本意是指在宴會上斟酒祭神的長者，後來也用來泛稱這些有資格在宴會上以酒祭神的長者，這是一種尊稱。

在古代，特別是教育並不發達的上古時代，知識的傳承往往就靠部族中的長者，這些長者成為知識的擁有者以及傳承者，最有資格擔任教書育人的教師之責。因此，在戰國時期，齊國設立的學術機構稷下學宮的領導者就被尊稱為祭酒。而能夠擔任祭酒者無不是當時被認為最有學問的人，如著名的儒家大師荀子五十歲時始遊學於齊，至襄王時代「最為老師」、「三為祭酒」。後來，西漢時設立五經博士負責當時國家的教育，而到了東漢時以博士祭酒作為五經博士之首，祭酒正式成為官名。到西晉時，晉武帝設國子祭酒為國子學的最高長官。後歷代沿置。北齊國子寺，隋、唐國子監都以祭酒為長。唐代設立國子監，作為全國的最高教育機構，設祭酒一員，作為最高長官，從三品。同時設置司業一人，從四品，作為祭酒的副手，他們的職責是掌管國家的儒學教育教學工作，並負責每年在春分和秋分分兩次祭奠孔子，祭酒為初獻，司業為亞獻。並在每年年末，負責考察評比學官的工作績效。（徐樂帥）

【知識鏈】

唐代人宴會喝酒時會行酒令嗎？

酒令作為宴會喝酒時的一種娛樂活動，早在先秦時期就已經出現了，到唐代的時候取得了進一步的發展，逐漸成熟起來。這一時期出現在文獻中的酒令大致有二十多種，據宋《蔡寬夫詩話》記載：「唐人飲酒必為令，以佐歡樂。」唐人李肇《國史補》中提到，酒令到了唐代「大備，自上及下，以為宜然。大抵有律令，有頭盤，有拋打」。

據中國歷史學者臧嶸先生解釋，律令是一種依次巡酒、按規定行令的酒令。它產生於初唐，一般包括文辭類、言語類的酒令。唐人牛僧孺《玄怪錄》中記載了一則「急口令」的故事，「令曰：『鸞老頭腦好，好頭腦鸞老。』傳說數巡，因令翠綏下坐，使說令，翠綏素吃訥，令至，但稱『鸞老鸞老』」。籌令也是律令的一種。行令時輪流抽取酒籌，按酒籌上的要求飲酒。籌令盛行於唐、五代時期，一九八二年在江蘇省丹徒縣出土了一件「論語玉燭」酒籌筒和五十枚酒令籌。每根酒籌上，上段刻《論語》

唐代鎏金銀質龜負酒籌筒

一句，中段是附會其義指出在座應飲酒之人，下段則是有關罰則的具體內容。這套「論語玉燭」酒籌用具為研究唐代酒令提供了十分珍貴的材料。

骰盤令也叫「頭盤令」、「投盤令」，產生於初唐。這是利用拋彩決定飲酒次序的一種形式，往往在其他酒令之前進行，起著活躍筵席歡樂氣氛的作用。骰盤令在唐、五代非常流行，白居易「鞍馬呼教住，骰盤喝遣輸。長驅波卷白，連擲采成盧」，「醉翻衫袖拋小令，笑擲骰盤呼大采」等詩句生動地描繪了行骰盤令的情形。

拋打令是一種歌舞化的酒令，約在盛唐時出現，是由豁拳、抵掌、弄手勢等發展而成的。拋打令常用香球、花盞。白居易詩「香球趁拍回環匝，花盞拋巡取次飛」，「柘枝隨畫鼓，調笑從香球」等詩句描繪的就是行拋打令的場面。《太平廣記》引《冥音錄》記載，崔氏女「每宴飲，即飛球舞盞，為佐酒長夜之歡」。

酒令在唐代盛行的各種宴會上是必不可少的，一方面給宴會增添了歡樂的氣氛，另一方面也反映了唐代酒文化的高度發達。（王曉麗）

13 酒店從什麼時候開始有了女招待？

一般酒店招待有迎送顧客、侍候酒菜乃至歌舞娛人等職。史料反映，中國酒店開始有女招待應該是在西域商胡的引領下流行起來的。其中特別是來自中亞的粟特商胡，由於在中亞故國就流行釀酒、賣酒與飲酒、歌舞完美結合的習俗，他們來到中原後開設了比較早期的酒店，同時也把酒店配有女招待的做法帶到中原來。在唐代史料包括詩詞裡面，有不少資料在描繪酒家胡的同時還描繪了一種在酒店勸酒娛人的「胡姬」——來自西域，善以笑容招攬顧客，更能歌舞勸酒娛人的漂亮女子。說到招攬顧客，長安就有許多這樣的「當壚胡姬」。李白《前有樽酒行》云：「胡姬貌如花，當壚笑春風。」其《送裴十八圖南歸嵩山》又云：「胡姬招素手，延客醉金樽。」可見，一旦經過酒家胡的門口就會受到當胡姬的熱情召喚。

說到侍候酒菜和歌舞表演，楊巨源《胡姬詞》站在胡姬的角度描繪侍酒情節云：「妍豔照江頭，春風好客留。當壚知妾慣，送酒為郎羞。」李白《醉後贈朱曆陽》則描寫胡姬侍酒促動自己詩興大發的場景云：「畫禿千兔豪，詩載兩牛腰。筆縱起龍虎舞，曲拂雲霄。雙歌二胡姬，更奏遠清朝。舉酒挑朔雪，從君不相饒。」（劉永連）

【知識鏈】

酒家胡姬如何產生經濟和社會效益？

超出當時一般漢人的習俗，胡家酒店配備女招待成為一種極有價值的創意，產生了良好的效益。

唐都長安，在西市附近，還有城東春明門外，一直向南到曲江池一帶，散布著許多胡家酒店。由於酒家胡姬的存在，這些地方便成為人們經常光顧的熱鬧去處。李白多有描繪酒家胡姬的詩句，其中《少年行》云：「五陵少年金市東，銀鞍白馬度春風。落花踏進遊何處，笑入胡姬酒肆中。」《白鼻詩》又云：「銀鞍白鼻，綠地障泥錦。細雨春風花落時，揮鞭直就胡姬飲。」可見喜歡遊樂的長安少年們是這些酒店的常客。前述李白等人的詩還說明，需要乘興賦詩的騷人墨客們也喜歡到這裡來宴聚。有了這麼多穩定的客源，這些酒家胡獲得盈利，甚至發家致富都是順理成章的。

那麼多年輕人三天兩頭泡在胡家酒店裡，除了這裡酒好之外還有什麼因素？張祜亦有《白鼻騧》詩云：「為底胡姬酒，長來白鼻騧，摘蓮拋水上，郎意在浮花。」這篇隱喻抒情的短詩巧妙地揭開了這個謎底：這些年輕人為什麼要經常騎著白鼻子的駿馬來這裡喝酒呢？原來主要並不是因為這裡酒好，而是醉翁之意不在酒，在於看到漂亮的胡姬愛意濃厚。在胡家酒店裡也確實有才子佳人故事產生，如家喻戶曉的《西廂記》故事，其原型是原創作者元

狩獵紋高足銀盃

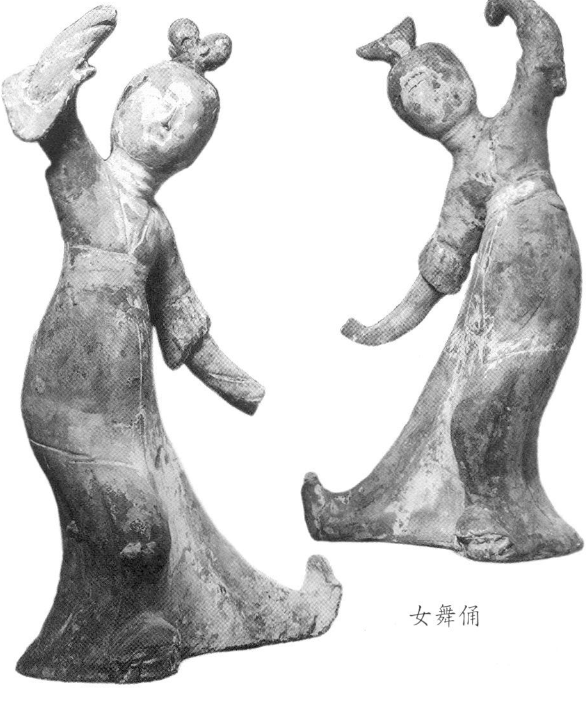

女舞俑

稹回憶自己的親身經歷，不過據陳寅恪、葛承雍諸位史家的考證，他那過去的情人並非出自崔姓的大家閨秀，而是能歌善舞、熱情奔放的酒家胡姬。

騷人墨客常到胡家酒店來，還促進了文化效益的產生。試想，如果沒有這些人對胡家酒店的光顧，我們今天哪裡能讀到這麼多美麗的詩篇呢？（劉永連）

14 酒店、飯店門口為什麼要掛幌子？

唐朝詩人杜牧《江南春》云：「千里鶯啼綠映紅，水村山郭酒旗風。南朝四百八十寺，多少樓臺煙雨中。」詩中所言「酒旗」俗稱「幌子」一般掛在酒店或飯店的門前。這種做法在唐代社會裡非常流行，為什麼呢？

有人引用一個傳說，據此認為在酒店、飯店門口掛幌子是從唐朝開始的。據說在唐太宗貞觀年間，有一位烹調技藝高超的人在京城長安開設了一家飯店。偶然的一個機會太宗皇帝光顧那裡，吃過他親手做出的菜肴後大為欣賞，回去後馬上做了四個漂亮的幌子賞賜該店，作為一種褒獎。皇帝恩顧，這家飯店當然覺得榮耀，其他各店也豔羨之至，於是紛紛仿效，在門口爭相懸掛幌子，由此形成習俗。

其實，幌子作為一種重要的商業民俗事項，具有更為悠久的歷史和豐富的內涵。如果從嚴格意義上講，幌子與一般的商家招牌和買賣標誌不同，它屬於飯店、酒店門前懸掛的買賣標誌，往往標誌著該商戶經營的手段和水準，形成歷史較晚，在懸掛上很講究規矩。一般懸掛一個幌子的是那種最低等級的鄉村店鋪，只是經營煎餅、包子、豆腐腦之類的早點；兩個幌子等級稍高，經營比較豐富的一般小吃；四個幌子的飯店，就能夠烹調某些山珍海味；八個幌子等級最高，可以承辦各種高級的宴席。中國電視劇《闖關東》中朱開山剛到哈爾濱開飯店的時候，在門口懸掛了四個幌子，結果遭到同街商戶的妒忌，就反映了這種規矩習俗。

如果從廣義上講，幌子與酒旗等標誌類似，一般由布帛縫製，繪寫而成，懸掛在門口窗外或簷邊屋頂，表明店裡所經營的商品內容、經營方式等，類似於後來的字型大小招牌、燈箱廣告等商業標誌物。這種東西早在先秦時代就出現了。如《韓非子》說：「宋人有沽酒者……懸幟甚高。」這「幟」就是後來的酒旗或幌子。不過，這種東西普遍流行起來則是在商業發達繁榮起來的唐代以後。因為唐代以前的史料裡還極少提到它，而在唐詩裡面就多有描述了。諸如「碧疏玲瓏含春風，銀題彩幟邀上客」；「閃閃酒簾招醉客，深深綠樹隱啼鶯」；「君不見菊潭之水飲可仙，酒旗五星空在天」等等，說的就是幌子或酒旗。宋人洪邁

在他的《容齋隨筆》裡專以「酒肆旗望」一條論述該問題。（劉永連）

【知識鏈】

為什麼酒旗能夠成為宋元明清小說中的一道風景？

閱讀宋元明清時期的小說，我們會發現幾乎到處可以見到關於酒店招牌的描寫，所展示的內容也極其豐富。

首先，這些小說裡的酒店標誌並不限於布帛做成的酒旗，還有其他多種形式。如《水滸傳》第四回《趙員外重修文殊院，魯智深大鬧五臺山》描述魯智深下山偷買酒吃，說他一路跑了幾家酒店，見他是廟裡和尚，不敢賣給他酒吃，只好繼續前行，最後才望見「遠遠地杏花深處，市梢盡頭，一家挑出個草帚兒來」，這家竟然也是一個酒店。

其次，酒店的招牌並不是隨意做的，而是表示著不同的內容和含義。如同書第廿九回《施恩重霸孟州道，武松醉打蔣門神》描寫武松和施恩出孟州城門到快活林的一段路上，「行過得三五百步，只見官道旁邊，早望見一座酒肆望子挑出在簷前」。這家位置不錯並把酒旗認真掛放在簷前的酒店門面裝修也還體面，牆壁上還畫著「李白傳杯」、「王弘送酒」、「蘇軾醉酒」等酒仙故事，無疑也起到一種廣告效應。「又行得不到一里多路，來到一處，不村不郭，卻早又望見一個酒旗兒，高挑出樹林裡」。這家順便把酒旗挑出樹林的酒店一看就是「村醪」小店，量酒的是個村童而非司馬相如，當壚的是個少婦也遠遜卓文君。到了快活林中心地方，「早見丁字路口一個大酒店，簷前立著望杆，上面掛著一個酒望子，寫著四個大字道：『河陽風月』。這原來是快活林一霸蔣門神的酒店，果然門面也氣派非凡，只看門前兩杆銷金旗上書寫的「醉裡乾坤大，壺中日月長」兩行大字就足以感覺出這家酒店的高貴檔次。

再者，有些酒店招牌因其書寫內容和懸掛方式等不同而具有特殊作用。例如，《水滸傳》描寫武松打虎一段，提到景陽岡下一家酒店為了顧客安全，懸掛了一幅帶有警示、勸告意義的酒旗，名曰「三碗不過岡」。《歧路燈》描寫開封三月三廟會上一家酒店，則懸掛著提示本店經營方式的酒旗：「現沽不賒。」而《東京夢華錄》裡提到，「中秋節前，諸店皆賣新酒，重新結絡門面彩樓，花頭畫竿，醉仙錦旆，市人爭飲。至午未間，家家無酒，拽下望子」。看來這酒幌子還能起到提示顧客注意酒店是否正在營業的作用。

以上現象都不是偶然的。宋元以來中國民間商業又比以前有了很大的發展，而伴隨釀酒技術的進步，開店賣酒這種本錢可大可小的生意也在民間普及開來，小店沽酒、雅間小酌恐怕已經成為社會各層生活中常有的事情。與此同時逐步發展起來的小說以其細膩、全面的獨特手法不斷深入地反映社會各方面的內容，酒店幌子自然就成為其中一道亮麗的風景。（劉永連）

15 中國人是從什麼時候開始喝葡萄酒的呢？

對於中國而言，葡萄酒是一種舶來品。儘管在地中海沿岸包括埃及、西亞和南歐等地區，葡萄酒早在數千年前就已大量生產了，但是中國人喝到葡萄酒則是比較晚的事情了。

有學者認為，在秦漢時期中國境內已經釀造葡萄酒了。不過它還局限於西北邊疆地區並沒有傳播到中原一帶。《漢武帝內傳》記述，武帝招待西王母時，曾「列玉門之棗，酌葡萄之醴」。說的雖是神話，卻也是現實的反映。這說明，儘管不能肯定中原地區也已學會了釀造葡萄酒的技術，但是中原社會上層確實喝到了葡萄酒了。不過，此後數百年之間中國史籍沒有提及葡萄酒的釀造技術。雖然不時有葡萄酒出現，但是它只是作為成品出現而且局限於宮廷之中和社會上層。到東漢的時候，葡萄酒還非常的珍貴。《後漢書•宦者列傳》注中引《三輔決錄》說孟佗「以蒲陶酒一斛遺讓，讓即拜佗為涼州刺史」。可見當時葡萄酒的價值之高。魏晉南北朝時期，葡萄酒仍然屬於難得之物，《北齊書•李元忠傳》載李元忠「曾貢世宗蒲桃酒一盤，世宗報以百練縑」。這種情況一直持續到唐代。《唐會要》卷一〇〇《雜錄》記載：「葡萄酒，西域有之，前世或有貢獻。及破高昌，收馬乳葡萄實於苑中種之，並得其酒法，自損益造酒。酒成，凡有八色，芳香酷烈，味兼醍醐。既頒賜群臣京中始識其味。」

可見，在唐太宗貞觀十四年（六四〇）破高昌之後，葡萄酒的釀造技術正式傳入中原。此後二百多年內，葡萄酒的釀造和在社會上的傳播都得到了很大發展。史料反映，在唐代，中國人自己釀造的葡萄酒至少出現了兩大品牌。最好的是涼州葡萄酒，產於今天的武威一帶。據載當年李白寫出《清平調》三首之時，楊貴妃就用涼州葡萄酒給予賞賜。另一種河東「乾和葡萄酒」，產於今天的山西一帶為好酒者所讚賞。這時候，詠歎葡萄酒的詩句也在唐人詩集裡層出不窮地湧現。王翰《涼州詞》中的「葡萄美酒夜光杯，欲飲琵琶馬上催」為美味的葡萄酒千古留名；而李白、王維、白居易、劉禹錫、岑參和王績等人的吟詠更使中國的各色葡萄酒璀璨斑斕。由此看，至少從唐代開始，葡萄酒在中國境內廣泛釀製，終於成為中原官吏文人也能嘗到的美酒了。（劉永連）

【知識鏈】

葡萄種植是怎麼傳入中國的？

葡萄種植的傳播是中國人釀製和喝到葡萄酒的基礎，也為學界至今所關注。但是關於葡萄種植究竟何時和傳入中國內地的這一問題，史料留有不少謎團，學界對此爭論不休。

關於傳入時間問題，學界流行著六種觀點。一是西周時期早已傳入。這一觀點主要是憑藉神話傳説故事來判定。二是秦代傳入。持此觀點者認為司馬相如在《上林賦》描寫秦都咸陽勝景，已經提到葡萄種植。三是漢代以前説，憑藉的也是司馬相如的《上林賦》。四是至遲在西漢建元四年（前一三七）。這一年是《上林賦》成文時間，有學者認為司馬相如撰文是在以古諷今，描寫的還是當時現實情況。五是西漢元朔三年（前一二六），即張騫出使西域回來之年。六是西漢太初四年（前一〇一），即李廣利勝利完成遠征大宛之役凱旋歸來。

考察看似眾説紛紜的以上觀點，如果考慮到物種傳播的基本規律和具體情況，我們就會發現其實它們並不矛盾。西周之説姑且不論，但大致在秦漢時期甚至以前已有葡萄種植傳入是基本可以肯定的。

考察葡萄傳播的路線和趨勢可知，葡萄種植在數千年前發源於地中海沿岸，沿著陸上絲綢之路逐步向東傳播，伴隨著每一次西方民族的東遷都會向東伸展。而據人類學和民族學界的考據證明，至遲在西元前一五〇〇年左右塞族部落的東支——吐火羅人已經在中國新疆地區安家落戶，帶去了麥子等糧食，也可能帶去了葡萄等水果。結合葡萄考古和文獻記載，可以確定至少在西元前六世紀咸海以東、錫爾河沿岸已經種滿葡萄；同時至少在西元前二世紀張騫出使西域之前中亞至新疆一帶也已大規模種植葡萄。而在張騫之前，並非沒有人從中原進入西域。西元前十世紀的時候，中國古老的羌族部落早就蔓延到中亞地區，同時周穆王駕車西征，據説到了曠原即錫爾河以北草原，從西域帶回了美玉，也可能帶回了葡萄。至於沿絲路西行的商隊，則不知已有多少支、多少回。正因為早在張騫之前已有不少人沿著絲綢之路往來，帶回了不少西域物產，所以司馬相如才得以早早在咸陽、長安見到種植的葡萄。

至於《史記‧大宛列傳》所載：「宛左右以蒲陶為酒，富人藏酒至萬餘石，久者數十歲不敗。俗嗜酒，馬嗜苜蓿。漢使取其實來，於是天子始種苜蓿、蒲陶肥饒地。及天馬多，外國使來衆，則離宮別觀旁盡種蒲陶、苜蓿極望。」這已經是以非常確鑿的史實證明長安一帶葡萄種植的盛況，不能稱之為最早和開始。

關於葡萄種植的傳入，可以這樣說：古代中西交通不像現代這麼發達，文化交流也沒有現在這麼通暢，每一物種的傳播幾乎不可能做到一蹴而就。葡萄種植的東漸和傳入是在無數人往來所促成的無數次文化變遷的情況下完成的。如果言其最早，可能早在先秦某個時候；如須形成一定規模，則在西漢武帝時期足以完成。

【三】開啓服裝任意門

16 唐朝女子為什麼流行穿男裝？

在唐朝社會裡，有一種非常引人注目的著裝現象——女子流行穿男裝。在禮教制度控制下的封建時代，這種絕無僅有的時代特色發人深思：究竟是什麼原因導致這種奇特的社會潮流呢？

透過史料可知，在遠古母系氏族制過後，女權主義曾經在唐朝這個時代悄悄「梅開二度」。這當然又與唐朝開放的社會、中外文化的交融碰撞、女權意識的崛起以及佛教道教對社會風尚的影響是分不開的。

可以說，數百年民族文化的融合以及戰爭對士族制度和儒家禮教的衝擊，加上大唐帝國無比廣闊的疆域版圖，共同造就了唐朝開放的社會。而開放社會又給唐朝帶來多元的文化思潮以及思想和信仰的自由。同時在中外文化交融碰撞的背景下，異域民族尤其許多女兒國的習俗浸染，直接導致唐人女權意識的再度覺醒。這樣，一方面是前代舊朝禮教的暫時崩壞，另一方面是女權意識的覺醒，順理成章地導致女性地位的提高。據宗教學家們分析，道教經典《老子》在宗旨上認為女權優於男權，佛家信徒一直宣揚和追求「衆生平等」，而儒家也有追求個性自由的一面，這些也都成為女權意識復甦及女性地位提高的影響因素。

女性地位提高的表現有多種，如唐代女妒現象嚴重、女性婚姻自主權加强、女子受教育比例提高，甚至女子做皇帝等等，而女性能著男裝是其重要表現形式之一。這種習俗首先盛行於宮中，太平公主身穿紫衫、玉帶，頭戴皂羅折上巾的打扮，是高宗武后時期的一段佳話；而玄宗主動把自己的衣服讓給貴妃來穿，則是唐朝夫妻平等相待的突出典型。這種風氣很快流入民間，《中華古今注》曰：「至天寶年中，士人之妻著丈夫靴、衫、鞭、帽，內外一體也。」與此相關，身著男裝的女子同時獲得許多參與社會活動的機會，她們不但可以參加各種民俗節日如上元節、端午節、七夕節，還可以在平時參加種種娛樂活動，如《開元天寶遺事》記載：「都人仕女，每至正月半後，各乘車跨馬，供帳於園圃，或郊野中，為探春之宴。」

深入分析女著男裝的性質，儘管她們所生活的唐朝並未整體改變以男性為中心的社會結構，是時代特色激發她們反抗男權、追求女權的勇氣。實質上，女著男裝是女性們以人類第二皮膚與男權社會相抗衡的表現形式，她們以此直抒胸臆，表達自己心中的思想感情，並得

唐代女子男裝（唐墓壁畫）

到整個社會的認可。（劉永連）

【知識鏈】

唐朝女子的地位有多高？

凡是熟悉唐代文化的人，都知道唐朝女子地位相對其他時代較高。那麼唐代社會，女子的地位到底有多高呢？

就家庭地位而言，唐朝女性可以擁有一定的法定繼承權，女性可以單獨為戶主，具有較為獨立的經濟地位，在社會生活的許多方面發揮作用等等。

唐朝婦女敢於「妒悍」——其實是敢於捍衛自己的愛情成果。《酉陽雜俎》中記載：「大曆以前，士大夫妻多妒悍。」所謂「婦強夫弱，內剛外柔」、「怕婦也是大好」，竟成為唐人筆記小說中津津樂道的「題目」。唐朝人懼內之風大盛，是婦女地位較高最易理解的體現。

就婚姻觀念而言，與前後各代不同，唐代婦女婚姻有主動權，離婚極為常見，再嫁不以為非。據《新唐書》統計，唐代公主再嫁者達二十多人，其中三次嫁人的有三人。這說明當時的朝廷對此不以為怪，民間拘束就應當更少了。同時唐朝法律在一定程度上保護了婦女的權益，明文規定了「三不去」條；而唐人對離婚態度也頗為開通，離異書上不乏祝福之語：「願妻娘子相離之後，重梳蟬鬢，美裙娥眉，巧逞窈窕之姿，選聘高官之士……一別兩寬，各生歡喜。」

就貞操觀念而言，唐代女子貞操觀念淡漠，更多追求情感成分，而社會對這方面的要求也相當寬鬆。據筆記小說史料看，才子佳人故事層出不窮，女子私奔之事也不少見。作為《西廂記》藍本的《鶯鶯傳》出自著名詩人元稹自述，實際情況是鶯鶯和張生私通後並未成婚，而是鶯鶯另嫁，張生另娶，但後來兩人還有詩賦往來，而當時人們對此也並不以為怪。至於還妻、贈妾、好聚好散諸種情形，在唐人生活中不知有多少鮮活的實例。（劉永連）

17 唐朝人為什麼愛穿「胡服」？

胡服是指西北地方諸多少數民族以及域外印度、波斯等國的服裝樣式。其通常是頭戴氈皮帽、身著長衣及膝、衣袖瘦窄、領為圓領、翻折領或對襟開領、腰系革帶、下身穿緊身小口褲、腳著皮靴。唐朝時漢人非常喜歡和流行穿著胡服，從唐宮廷、朱門到平民小院處處可見，這是為什麼呢？

漢人流行胡服作為中原胡化的一種表現，當與中原胡化有著密切的關係。略通唐史的人都知道，大唐帝國以其無與倫比的涵量容納了大量邊疆和域外胡人。他們包括內附或被俘的整個部族、慕化或避難的酋長乃至王室貴族、自由逐利的商人和傳教的僧侶、被帶來進貢的貢口和買賣的奴隸等，數量多得驚人。僅就唐初北方民族的流入情況看，可以肯定唐朝早在平突厥之前就容納了來自突厥等地的一百二十萬胡族和胡化人口，而此後流入中原的突厥部眾，可達數十萬人。同時，突厥所控制的鐵勒各部如契苾、薛延陀、回紇、僕固、多濫葛、同羅、拔也古、思結、阿跌、渾部等都有酋長們率領內屬的成批部眾，前後不下數十起。高麗、百濟亡國後也有數十萬人流入中原。此外高昌、龜茲、吐蕃等都有大批民眾遷入中原。在黃河中下游這麼有限的地域空間數十年內好幾百萬胡人如潮水般湧進。而唐初整個中原人

唐代男子胡服陶俑與唐代女子胡服壁畫

口才二百萬戶，算起來不足一千萬人在該地區恐怕最多也不過幾百萬漢人。這一時期，黃河流域胡漢人口數量對比起來，我們無法確定到底是漢人多還是胡人多。

到目前為止，還很少有人能夠意識到唐代胡人在中原社會占有如此之高的比例，因此在說民族融合的時候極少有人認真探討該地區胡化的深度。只有中國史學大師陳寅恪先生一語道破玄機：「唐朝大有胡氣。」當時充斥中原的胡人帶來了豐富的胡族文化，並將其滲透於中原社會的各方面，直接促成了中原胡化色彩的產生。簡言之，它反映在大量胡族物品的流入，胡族習俗在漢人生活裡的滲透（這裡又包括飲食、服飾等方面），胡人生活藝術（包括樂舞等）、生產技術（包括釀酒、養馬、紡織等）在中原社會的流行，婚姻家庭制度和宗教信仰對漢人的影響等諸多方面。從當時漢人角度看，許多胡族的東西具有其獨特的魅力，特別迎合了當時社會强烈追求時髦的心理。就胡服而言，既新奇漂亮，又比寬大的漢裝更適用於勞作等活動，優點極其明顯。在此背景下，漢人喜歡穿著胡服是再正常不過的事情了。（劉永連）

【知識鏈】

「回鶻裝」為什麼會流行起來？

所謂「回鶻裝」，是中國北方和西北重要少數民族之一的回鶻所擁有的傳統民族服裝，後來傳入中原，曾經在唐朝漢人社會流行，漢人稱之為「回鶻裝」。回鶻原名回紇，原來屬於大漠以北鐵勒族群中的一個部族，六至七世紀附屬於突厥，突厥汗國滅亡後興盛起來，到玄宗時期改名回鶻，建立強大汗國。九世紀上半期，回鶻汗國衰落並崩潰，主要部落西遷到天山南北和甘肅西北部等地區，成為後來維吾爾族的主要部分。

那麼，「回鶻裝」是什麼樣子的呢？花蕊夫人《宮詞》描繪道：「明朝臘日官家出，隨駕先須點內人。回鶻衣裝回鶻馬，就中偏稱小腰身。」由此可以看出，「回鶻裝」不像中原漢人傳統的長袍那麼肥大，而是瘦小貼身，特別是腰小，能夠顯示出女性亭亭玉立和婀娜多姿的體型美。

據專家考證，在西北石窟及佛寺壁畫裡，還能尋找到「回鶻裝」的具體形象。敦煌莫高窟壁畫所繪曹議金夫人畫像，因其出身回鶻公主，所以著「回鶻裝」。她頭梳回鶻高髻，戴有鏤刻著精美鳳紋的桃形金冠，兩側橫插一雲頭形簪釵，墜步搖玉珠類飾品，後垂一紅色綬帶；雙耳戴圓環形耳飾，兩條珠寶項鍊繞於頸部；身著上窄下寬的窄袖石榴紅落地裙袍，領部開口呈V形，露出紅色小花圓領錦衣，翻折的青果領和袖口均繡以鳳凰卷草紋，足登翹頭軟錦鞋。從這一壁畫來看，「回鶻裝」不僅包括衣袍，而且也包括頭足裝飾。其基本特點是翻折領連衣窄袖長裙，衣身寬大，下長曳地，腰際束帶，略似男子的長袍；翻領及袖口均加紋飾，紋樣多鳳銜折枝花紋，顏色以暖調為主，尤喜用紅色；頭梳椎狀高挺的回鶻髻，戴珠玉鑲嵌的桃形金鳳冠，簪釵雙插，耳旁及頸部佩戴金玉首飾，腳穿笏頭履。

「回鶻裝」又是怎麼流行起來的呢？據史料記載，自玄宗時期回鶻興起，與中原也加强了往來和聯繫。安史之亂爆發後，肅宗皇帝派太子帶人去回鶻和親求援，回鶻可汗派其世子率領五千回鶻騎兵南下勤王，從西北打到黃河下游，收復了長安、洛陽二京。此後，部分回鶻將士並沒有返回，而是在長安等地長期定居下來。同時，還有不少回鶻百姓遷徙到中原地帶生活。這些人憑藉回鶻騎兵的英名以及新異的裝飾和習俗，給中原社會造成很大影響。在此背景下，「回鶻裝」穿著也成為當時社會的一種時尚而流行起來。（劉永連）

18 「冠」和「帽」一樣嗎？

冠帽始於先秦時期的頭衣。中國古代，人們把繫在頭上的裝飾物稱為「頭衣」。古代「頭衣」包括帽子、巾、幞頭、冠、冕、弁等。

帽子是「頭衣」的一種，並且是最古老的一種「頭衣」，《說文解字》未收「帽」這個字，可見帽是出現於東漢以後的字。

中國古時的「冠」不同於現在的帽子，它只有狹窄的冠梁遮住頭頂的一部分，不像帽子蓋住全部。冠的作用主要是把頭髮束住，同時也是一種裝飾。冠圈的兩旁有絲繩，用來在下巴上打結，將冠固定在頭頂，這兩根絲繩就是纓。戴冠前要將頭髮盤在頭頂上打成髻，用縑帛把髮髻包住然後再戴冠。戴上冠後，還要用笄（簪子）左右橫穿過冠圈和髮髻加以固定。

冠的主要功能不是實用，而是禮儀，沒有身分的人是不能帶冠的。這是冠與帽的根本區別。

冠是貴族成年男子所必戴的，所以也就成了達官貴人的代稱。古代不戴冠的有四種人：小孩、平民、罪犯、異族。冠在古代禮儀中是男子成年的標識。男子二十歲開始戴冠，戴冠時要行「冠禮」，舉行冠禮且有了字號，謂「弱冠」，表示他們已經成年，應對宗族和社會

李勣墓出土的銅帽

負起應有的責任，社會和家庭也應以成人標準要求他們。戴冠出於禮儀需要，古人視戴冠為神聖。凡喪祭、婚儀、朝事、齋戒等重大事件皆須戴冠。該戴冠而不戴是不合禮的。冠，就是貫，表示一以貫之、始終如一的意思。古人把冠看得比生命還重要，即便到死，也不能免冠。《左傳》哀公十五年記載衛國內亂，子路用以繫冠的纓被人砍斷，他放下武器結纓，並說：「君子死，冠不免。」結果被人砍死。

冠的種類有進賢冠、進德冠、籠冠、通天冠、梁冠、鶡冠等，通天冠是級位最高的冠帽，唐代通天冠的基本造型，與宋、明一脈相承。進德冠比通天冠略次，但造型也很華貴為重臣所戴。

古代婦女也帶冠但多為花冠。唐代白居易的《霓裳羽衣舞歌》中有「虹裳霞帔步搖冠，鈿瓔累累佩珊珊」的詩句，形容女子出閣時享受穿戴鳳冠霞帔的殊榮。宋代以後鳳冠被正式定為禮服。

由冠還衍生出許多與之相關的成語。如冠冕堂皇、怒髮衝冠、沐猴而冠、張冠李戴、彈冠相慶、衣冠楚楚等不一而足。成語「衣冠楚楚」意為表示一個人有修養和風度，在禮儀場合一絲不苟、衣冠整潔。古人又有「免冠謝罪」之說、摘去冠、表示自己有過錯、情同罪犯、自降身分。當今社會的脫帽致意就源於這一習俗。（李曉敏）

【知識鏈】

為什麼把當官叫做「戴烏紗帽」？

「冒」是「帽」的古字，其象形含義顯示了帽子的性質：四周像縫綴而成的兜，下部開口，以便套在頭上。

中國戴帽子的歷史很久了，陝西臨潼鄧家莊新石器時代遺址中，曾出土一件六千年前的陶俑，上面繪有戴帽子的人物。早在春秋戰國以前，人們都是戴帽子的，並且是皮帽子，這個時期帽子主要是北方人所戴。秦朝時也以西域少數民族戴得比較多，中原大多是小孩子戴。三國時期帽子開始在中原地區普及開來，凡不做官的士人就可以戴帽子，有名的高士管寧就在家中戴黑布帽子。但在正式場合是不允許戴帽子的，而要按規定戴冠和幘等。

由於帽子有其方便的一面，北魏以後士大夫也逐漸戴起了帽子，成為日常生活中的一般打扮。東晉南朝時，戴帽子的就很多，身分的束縛已經不是很嚴格了。南朝時帝王百官以戴白紗帽為時尚，士庶階層卻戴以烏紗帽相對應。隋朝的時候皇帝也帶烏紗帽，現今我們把當官叫做「戴烏紗帽」，罷官叫做「摘掉烏紗帽」，就是從這裡來的。（李曉敏）

19 現代人穿衣服主要看時髦和漂亮，唐朝人穿衣服必須看什麼？

現代人穿衣服講究漂亮得體，即使穿的與眾不同，也不會引來什麼麻煩，但是古代就不一樣了。在古代，「人服其服」，穿什麼樣的衣服必須要看穿衣者的身分。不同身分的人穿的衣服的顏色、質料甚至是衣服上的紋飾都是不同的。在唐代，最能體現身分特徵的就是服飾的顏色和紋飾了。

在唐代以前，黃色上下通用，並沒有什麼特別的意義。到了唐代，唐高祖曾經穿赤黃袍巾帶作為常服，有人提出赤黃色近似太陽的顏色，「天無二日」，這是帝王尊位的象徵。因此從唐朝開始，赤黃色就成為帝王的專用色，黃袍也被視作帝王的御用服飾，臣民一律不得僭用。確定了皇帝的專用顏色之後，唐太宗貞觀四年（六三〇）又正式規定了百官的「品色衣」。根據這個規定，朝廷官員三品以上服紫，五品以上服緋，六品、七品服綠，八品、九品服青，一般的庶民則穿白色。

到了武則天統治時期，又把帶有銘文和繡飾的銘袍當作官服，賜給大臣。銘袍的形制是右衽、圓領、大袖，胸前有鳥獸的紋飾，後背有根據品級高低和文武職務的不同而有所區別的銘文。如賜給新上任的都督、刺史等官員的銘文是：「德政惟明，職令思平；清慎忠勤，榮進躬親。」銘文的形式是先在袍上繡出一個山的形狀，然後再用金銀線圍繞這個山形繡成回文銘。賜給三品以上文武官員的銘袍上的銘文是：「忠公正直，崇慶榮職，文昌翊政，勳彰慶陟，懿沖順彰，義思寵光，廉貞躬奉，謙感忠勇。」銘文的形式是八字回文，沒有山的形狀。至於繡飾，也各不相同，如宗室諸王的繡飾是盤龍和鹿，宰相的繡飾是鳳池，尚書的繡飾是對雁，左右監門衛將軍的繡飾是對獅子，左右衛將軍的繡飾是對麒麟，左右武衛的繡飾是對虎，左右豹韜衛的繡飾是對豹，左右鷹揚衛的繡飾是對鷹，左右王鈐衛的繡飾是對鶻，左右千牛衛的繡飾是對牛，左右金吾衛的繡飾是對豹等等。這種在官服上用繡飾鳥獸紋來區別文武、尊卑的制度，從武則天統治時期開始實行，改變了唐初單純以服色確定官階的

做法，這種制度後來被明清兩朝所沿襲，形成了獨特的補服制度。（王曉麗）

【知識鏈】

唐代人喜歡用什麼腰帶？

唐代，尤其是安史之亂之前，社會上曾經一度盛行胡服，甚至連腰帶的樣式也深受胡服的影響。在古代，人們的腰帶都是用金銀銅鐵來加以裝飾的，鑲有帶鉤，有固定腰帶和裝飾的作用。從魏晉南北朝開始，受北方少數民族的影響，社會上開始流行環帶，也就是「蹀躞帶」，這種腰帶不用帶鉤而改用帶扣，帶上用玉、金、銀、銅、鐵或犀角、瑜石等製作成方形的裝飾物，叫作「銙」。每個銙下面帶一個環，用來佩物。在唐代，這種腰帶的使用達到極盛，從皇帝到文武百官、庶民百姓都喜歡用，只是不同身分的人所帶的蹀躞帶，上面的數量和質料是不同的。

據《新唐書・車服志》記載，唐太宗時期規定三品以上官員束金玉帶，十三銙；四品官束金帶，十一銙；五品官束金帶，十銙；六、七品官束銀帶，九銙；八、九品官束瑜石帶，八銙；流外官及庶人束銅鐵帶，七銙。在這些銙下環上所佩戴的物件也是受到北方胡人的影響來確定的，稱為「蹀躞七事」。據《舊唐書・輿服志》記載：「上元元年八月又制：一品以下帶手巾、算袋，仍佩刀子、礪石，武官欲帶者聽之。」「景雲中又制，令依上元故事，一品以下帶手巾、算袋，其刀子、礪石等許不佩。武官五品以上佩蹀躞七事，七謂佩刀、刀子、礪石、契苾真、噦厥、針筒、火石袋等也。」到了開元年間，朝廷對官員的服飾實行新的制度，官員們不再佩掛蹀躞帶，但是蹀躞帶在民間仍然廣為流行，只是帶上不再佩戴所謂的「蹀躞七事」了。（王曉麗）

20

古人為什麼喜歡用「石榴裙」來指代美女？

石榴開花，有紅、黃、白三種顏色，而人們特別欣賞紅花。所謂的「石榴裙」指的就是染成石榴紅花顏色的暖調紅裙。

在保存至今的繪畫作品和墓室壁畫中，我們可以很容易地找到這種「石榴裙」。新疆吐魯番阿斯塔那墓室出土的舞伎屏風圖中身材修長、螺髻蛾眉、櫻唇粉腮的姬人，身著紅色菱

《韓熙載夜宴圖》

格紋小袖衫、卷草紋織錦半臂，腰間就繫著一條豔麗的大紅石榴長裙。周昉的《簪花仕女圖》中，中間那位頭戴荷花的峨髻貴婦所繫長裙也是石榴裙。顧閎中的《韓熙載夜宴圖》中「清吹」一段，最右邊那位綠衫紅裙的女子，身上的裙子更是最純正的「石榴紅」色，簡直可以作為「石榴裙」的範本。唐人對石榴裙可謂情有獨鍾，雖然唐代的裙子顏色也極為豐富，但是唯有「石榴紅」流行的時間最長。唐詩《燕京五月歌》中「石榴花發街欲焚，蟠枝屈朵皆崩雲。千門萬戶買不盡，剩將兒女染紅裙」的吟詠把當時千家萬戶買石榴花給家中女子染紅裙的場景描述得極為鮮明，也可見唐代「石榴裙」的普及。

在漢代之前，並沒有「石榴裙」這個名詞。用「石榴裙」來稱呼美女的紅裙，要到石榴傳入中原之後。據明代董斯張《廣博物志》記載：「張騫使外國十八年，得塗林安石榴」，也就是說，到漢代的時候，石榴才開始傳入中原。此後，一直到晉宋年間，石榴都還沒有被普遍地與「石榴裙」相聯繫。直到梁朝，「石榴裙」一詞才被文人學士們寫入詩詞歌賦加以吟詠。到了唐代，從武則天的一首《如意娘》「看朱成碧思紛紛，憔悴支離為憶君。不信比來長下淚，開箱驗取石榴裙」開始，「石榴裙」三個字開始頻繁入詩。李白、杜甫、白居易的詩中都有關於石榴裙的描述。由於石榴裙的普遍穿著，以及詩賦文章中對石榴裙的吟詠，「石榴裙」三個字也就逐漸由對女性衣著的描述轉為專指代美麗女子的代稱，後來更有了用「拜倒在石榴裙下」來表示對女性崇拜的俗語。（王曉麗）

【知識鏈】

唐代女性喜歡穿裙子還是褲子？

唐代由於國力的强盛，社會風氣的開放，女性的服飾也表現得最為燦爛多姿，並且著裝極其自由。從傳統的襦裙裝來看，唐代的女子喜歡穿高腰及胸的長裙，配以窄袖或者寬袖的衫襦，半袒其胸，其中尤以色彩豔麗的「石榴裙」最為流行。同時，唐代的女子因為受到禮俗的束縛較少，女穿男裝也曾一度蔚然成風。據《舊唐書•輿服志》記載：「或有著丈夫衣服、靴、衫，而尊卑內外斯一貫矣。」《新唐•五行志》中更記載了太平公主著男裝的具體裝束：「高宗嘗內宴，太平公主紫衫玉帶，皂羅折上巾，具紛礪七事，歌舞於帝前。」受到上層社會的影響，開元、天寶年間，女穿男裝的風氣在社會上盛行起來。據《中華古今注》記載：「至天寶年中，士人之妻，著丈夫靴衫鞭帽，內外一體也。」從這一時期壁畫和陶俑的形象來看，女子大多是頭戴襆頭，身穿圓領窄袖缺胯衫，腳蹬烏皮六縫靴，腰繫革帶，看上去和男子沒有什麼兩樣。可見當時女穿男裝是相當普遍的。另外，唐代的女子服飾中還有一種較為獨特的，就是胡服。這一時期，北方少數民族與中原的交往頻繁，他們的文化對唐代社會的影響是不容忽視的，而胡服的流行就突顯這種影響。唐代著名詩人元稹就曾作詩描繪這種景象：「自從胡騎起煙塵，毛毳腥膻滿咸洛。女為胡婦學胡妝，伎進胡音務胡樂……胡音胡騎與胡妝，五十年來竟紛泊。」姚汝能的筆記小說《安祿山事蹟》中也記載：「天寶初，貴游士庶好衣胡帽，婦人則簪步搖，衣服之制度衿袖窄小。」唐代女子穿胡服，最常見的形象就是頭帶綴飾珠玉的渾脱帽，也有戴襆頭或者是直接露著髮髻的；身穿折領或者是圓領的窄袖長袍，袍的領或者是襟上還有很寬的繡花緣邊；腰上束著蹀躞帶，帶下垂掛著刀子、佩巾、鞶囊等飾物；下身穿條紋小口長褲；腳上穿著尖頭的繡花軟履或者是半靿軟靴。

（王曉麗）

21 唐代人真的是「以胖為美」嗎？

與現代人爭相減肥的社會風氣大相徑庭，唐代人似乎流行「以胖為美」。唐代流傳至今的諸多繪畫、雕塑、陶俑以及各類藝術作品中所表現的女性形象，留給我們最為深刻的印象，大概就是「豐腴富態，雍容華貴」了。而以「珠圓玉潤」著稱的楊玉環更成為唐人「以胖為美」的典型。不過，唐代人的「以胖為美」可不是一味地追求「胖」，而是體現了當時女性的雍容富態、健康自然。

唐代是中國古代的鼎盛時期。這一時期，相繼出現了「貞觀之治」、「開元盛世」等歷史上為人所稱道的景象，國力強盛。著名詩人杜甫有詩記載：「稻米流脂粟米白，公私倉廩俱豐實。」國家的繁榮昌盛，百姓的豐衣足食，使唐代人具備了「以胖為美」的物質條件，無論男女都得以保持健康豐滿的體格。在國力強盛的前提下，唐代社會風氣開放，兼容並蓄。唐朝是當時世界上的大帝國，都城長安也成為一個國際性的大都市，世界各國的文化在這裡交匯，而唐王朝則採取了海納百川的態度，當時一度盛行的「胡風」即是這種開放態勢的明證。在這樣的社會環境中，唐代女性所受到的束縛較之其他朝代要少得多，健康自然的女性之美也就可以無所顧忌地任意揮灑。這一時期，女性的穿著打扮是中國歷代女性中最為

周昉《簪花仕女圖》局部

大膽和性感的，這在唐代名畫《簪花仕女圖》中即可得到印證。圖中所畫的女子，雲鬟蓬鬆，頭戴碩大的折枝花朵，簪步搖釵，衣著輕薄的花紗外衣，另配輕紗彩繪的披帛，內衣半露，上有大撮暈纈團花，袒胸露臂。這種性感的裝束也只有穿在「胖美人」的身上才顯得相得益彰。另外，李唐王朝的皇族本身還具有少數民族的血統，受到北方少數民族崇尚健康壯碩之美的影響，唐朝幾代君王都寵愛武則天、楊貴妃這樣豐腴富態的美女。其實，唐代人「以胖為美」的審美取向不僅僅局限於對豐腴富態、健康自然美女的欣賞。唐代碑刻上渾厚、圓潤的書法，畫卷裡儀態高貴、花蕾飽滿的牡丹花，墓葬雕塑中膘滿臀圓的駿馬等，無不體現了唐代人建立在强盛國力和開放文化基礎上的獨特審美觀。

（王曉麗）

【知識鏈】

唐代女性為什麼喜歡穿「袒胸裝」？

唐代女子的服裝主要以襦裙為主。而盛唐時期，女性所穿的上襦往往都很短小，襦的領口開得很大，甚至半袒其胸，外面再穿半臂或者是搭上帔帛。這種「袒胸裝」的形象在宮廷當中和歌女舞女中最為常見。在留存至今的唐代墓葬壁畫和唐代畫家的畫卷中，我們都能直觀地看到這種獨特裝束的存在；而唐詩當中「粉胸半掩疑暗雪」，「長留白雪占胸前」等詩句更讓我們對唐代「袒胸裝」的風采生出無盡的遐想。在唐代，袒胸裝不僅在宮裡和舞女中流行，而且還影響到民間，「日高鄰女笑相逢，慢束羅裙半露胸。莫向秋池照綠水，參差羞殺白芙蓉」就是詩人對身穿袒胸裝的鄰家女子的讚美。

唐代女性對「袒胸裝」的喜愛充分體現了唐代婦女思想的開放，她們無視禮法，坦然表現出對人體美的大膽追求。而唐代社會對於女性身體美的欣賞，也表現出唐代人健康的審美觀。當然，這種健康的審美觀是建立在一定的物質和文化基礎上的。盛唐時期，經濟高度發展，人民生活富足；同時，胡風對於唐朝的影響也是唐代女性敢於突破禮法的一個主要因素；另外，唐代「袒胸裝」的出現跟天竺佛教的傳播也有一定的關係。在天竺，也就是古代的印度，佛的藝術造型一般都是裸體的，雖然在佛教傳播的過程當中不斷地進行著它的「中國化」進程，但是在敦煌壁畫的飛天身上，我們還是能夠看到盛唐時期「袒胸裝」的影子。

從這個角度來說，唐代的「袒胸裝」實際上還是中原文化和周邊甚至是域外文化交流碰撞的結果。（王曉麗）

【四】開啓婚俗任意門

22 為什麼說「千里姻緣一線牽」？

「千里姻緣一線牽」的說法來自於唐朝的一個傳奇故事。

唐人李復言《續玄怪錄》有一則《訂婚店》，說的是杜陵有個叫韋固的人，父母早逝，為了延續後代，想早點娶妻生子。但是好事多磨，多次求婚也沒成功。元和二年（八〇七）他要到清河去，途中住在宋城的一所客棧。有人給他做媒介紹前清河司馬潘昉的女兒，並相約次日清早在西龍興寺門口相見。韋固求親心切，天不亮就動身了。途中只見淡淡月光下一個老人靠著布袋，坐在廟門口翻看一本古書，上面的字全不認得。他問老人看的是什麼書，老人笑答：「這是冥中掌管人間婚姻的書。」韋固忙求他告知與司馬之女的婚事如何，老人說：「這可不行，命中不合，去找盜賊屠夫之人也不可得，何況是郡佐之女呢？」韋固求他

點明自己將與何人結婚，老人說：「她現在三歲，到十七歲時才能和你結婚。」韋固又問：「袋子裡面裝的什麼呢？」老人說：「是紅繩，用來繫住夫妻之足。男女生下來，在冥中就有紅繩暗繫在兩人腳上。即使是仇敵之家、貴賤懸殊、天涯海角、吳楚異鄉，紅繩一繫，必成眷屬。」韋固又問他將來的妻子在哪裡，家裡是做什麼的，他要去看看。老人就帶他在市中尋找，看見一個瞎了眼的老太婆在賣菜，懷裡還抱著一個兩三歲的女童。老人對韋固說：「這個女童就是你妻子。」韋固見這個老人和小孩都非常醜陋粗鄙，心中十分不快，就想殺了她們。老人說：「不行。這女童總有一天能吃上朝廷俸祿，因為有做官的兒子而被受封的。」說完老人忽然不見了。韋固大罵老鬼妄言，覺得自己是士大夫之家，怎麼能娶一個瞎眼老婦的醜女兒呢？就磨了一把小刀，交給僕人叫他刺殺此女。日後韋固多次求婚都未成功，直到十四年以後世襲了父親的勳爵，在相州做了官，也很有政績，刺史王泰很賞識他，就把女兒嫁給了他。這女子年紀十六、七歲，容貌華麗十分漂亮。韋固很是滿意，但是覺得頗為古怪的一點是女子眉間常貼著一片花子，就連在沐浴時也從不拿掉。追問原因，妻子潸然淚下：「我本來是刺史大人的侄女，不是他親生女兒。父母早亡，自己靠著乳母陳氏哺養才活了下來。三歲時乳母抱著我在宋城裡賣菜，不料被狂賊所傷，刀痕尚在，只好拿花子把它遮住。」韋固大驚，忙問陳氏是不是只有一隻眼睛，妻子說是。韋固驚歎這真是奇哉怪也，便把以前的事情全和她說了。兩個人也因此更加恩愛。後來他們生了個兒子叫韋鯤，當了雁門太守，被封為太原郡公，母親受封為太夫人，驗證了老人的預言。

人們日後便用「千里姻緣一線牽」來形容有緣分的夫妻始終被一根紅線連在一起，怎麼也分不開。而那個老人也被人們尊稱為「月老」，成為掌管愛情，婚姻之神。（劉永連）

【知識鏈】

唐朝的婚姻圈有多大？

「千里姻緣一線牽」故事的產生不是偶然的，它反映唐朝社會婚姻圈擴大了。但是唐朝的婚姻圈到底有多大？

先從故事講起。某年春天，正是桃花盛開的日子，來自博陵（亦稱定州，在今河北省）的舉子崔護獲知進士及第已定，於是乘興到長安城南郊遊。日頭當中的時候，他感到口渴，就近到一家環境幽雅的莊戶找點水喝。小扣柴扉之後，一位女子出門應答。事隔一年，崔護舊地重遊，但見柴扉緊閉，不由得順手題詩在門：「去年今日此門中，人面桃花相映紅。人面不知何處去，桃花依舊笑春風。」由於放心不下，幾天後崔護又去，這回剛到門口就聽到院內有人哀哭。敲門後一位老人出來，一見崔護就發問：「你就是博陵崔護嗎？」崔護點頭。老人馬上大放悲聲：「哎呀，你可把我女兒坑苦了！自從去年春天她就心神恍惚。幾天前看到院門上有落款博陵崔護的題詩，更是水米不進，現在已經死去無救了。」崔護聞聽大驚，馬上進去探望。奇蹟發生，女子長噓口氣，甦醒過來。天地動容，讓這對才子佳人終成眷屬。

這類才子佳人故事，從唐代開始大量出現於社會上。究其原因，伴隨科舉制度逐步興起，每年科考之時總要在長安、洛陽等考場雲集成千上萬的士子。他們來自全國各地，憑其運氣，或得貴族皇家賜婚，或與心儀佳人相遇，由此成就許多美好姻緣。這意味著，首先讀書人的婚姻圈無形中擴大到全國範圍了。

還有一則故事。貧家子弟鄭六只好拳腳，不求上進，長期混跡街頭。一天偶遇一位豔麗出衆的任姓女子，一見鍾情。鄭六隨其至家，成就恩愛。從此，任氏盡力持家，很快幫助鄭六脱貧，並使其做到果毅將軍。不料上任西行路上，他們遭遇一群獵犬，任氏猝然被噬，現出身形，結果是一隻狐狸。

這則故事很長，只能説其大概。學界研究已經揭示，唐代有至少數百萬計的各族胡人湧入中原。他們有來自中原周邊的少數民族，也有來自遙遠異域的外藩移民（如來自中亞的粟特人，來自東南亞，南亞和非洲的昆侖奴，來自西亞和歐洲的大食人，拂菻人等），近則數千里，遠則數萬里。在中原地區，他們與漢人雜居，充斥社會上下和全國各地。唐代有句諺語：「無狐媚，不成村。」可見當時街坊鄰里之間，普遍不乏胡人居住。唐人以「狐」喻「胡」，既是諧音，又有胡人習多狐臭等相互關聯，因而唐人許多狐怪故事所描摹的都是胡人的奇異習俗和特殊能力。而大量狐怪故事的産生則是胡人充斥唐人社會的真實反映。據故事所透露細節，可知任氏所住的街坊裡，還有擺攤賣餅的一位胡族老人，而任氏性格淳樸奔放，善於經營買賣，這也都是胡族女子突出的個性特點。從這些故事中作為主旋律的人狐婚戀來看，唐人的婚姻圈大得驚人，就遠非我們現在所能想像的了。(劉永連)

23 唐高宗為什麼敢娶武則天？

唐高宗李治登基不久，就從感業寺將武則天迎回宮中，封為昭儀。可能大家都感覺很奇怪，武則天原為太宗的才人，是他父親的妃子，他怎麼會這麼大膽公然迎娶回宮呢？這除了在於當時王皇后在與蕭淑妃爭風吃醋，想用武則天來使蕭淑妃失寵而大力支持唐高宗將武則天迎娶回宮之外，更為重要的則與當時的婚俗有關。

唐朝繼承了魏晉南北朝民族大融合的成果，因此鑄就一個胡漢大同、風氣開放的時代。當時漢人在很多生活領域都深受胡風的影響，包括婚姻習俗也與前後其他時代不盡相同。

就李唐皇室而言，雖為漢人，但都具有胡族血統。李淵之母李昞之妻為獨孤氏，李淵之妻為竇氏，李世民之妻為長孫氏，她們都是鮮卑胡姓，並且與北魏、周等少數民族政權淵源很深。因此在無形之中接受了許多少數民族特別是鮮卑的習俗，其中包括比較重要的婚姻習俗。鮮卑等少數民族盛行收繼婚，也叫「續婚」或「轉房」、「挽親」，也就是妻子的丈夫死了，他的親屬可以收娶她為妻。具體一點就是：兄死，弟弟可以娶嫂子為妻；弟死，兄可以娶弟媳為妻；父親死了，兒子可以娶庶母為妻；叔伯死了，侄子可以娶嬸母、伯母為妻。如果聯繫起來，唐高宗之所以敢娶武則天，其實並不是什麼大不了的怪事，而是遵行收繼婚的規矩而已。（劉永連）

【知識鏈】

唐朝少數民族還有哪些婚俗？

收繼婚是唐時在邊疆諸少數民族都比較盛行的婚姻習俗，除此之外，不同的少數民族還有自己的特色。在突厥還盛行一夫多妻制和一妻多夫制。還有一些民族盛行劫奪婚，也叫「掠奪婚」、「搶婚」、「佯戰婚」，這種婚姻是雙方都同意以後，約定時間和地點，男方將女方「搶」回家，然後再派人說媒，贈送彩禮。服役婚，這種婚姻是男子到女子家中服役一定期限，然後與妻子帶一部分家財離家，這種習俗多見於北方的室韋族，一般是男方家境較為貧窮，無力支付彩禮，以這種方式充當送給女方的聘禮。在西域的吐火羅流行共妻婚，也就是兄弟多人同娶一妻，在這種婚俗下，所生的孩子屬於長兄，其妻子有幾個丈夫就會在所帶的頭飾上紮幾個角，以表示是幾個人的妻子。唐朝時還有一些祆教徒來到中國，他們實行的是族內婚和教內婚，這是一種血親婚姻，他們不論男女老幼，與父母、兄弟姐妹以及兒女之中的異性結婚被認為是最為完善的婚姻。西域的昭武九姓盛行的是族內婚，他們各個姓氏之間互通婚姻，而一般不與外界其他人通婚。

除了婚制以外，人們在婚禮前後的行為習慣以及婚姻理念上也五花八門。例如，馬背民族新娘進洞房時要跨馬鞍。這在唐代東北二蕃（契丹和奚）中極為流行，後來影響了東北滿漢民族。再如，在新郎入洞房前要受女方親戚一頓戲弄甚至棒打，據說是要考驗新郎以後侍候妻子的肚量和耐力。這顯然是母系氏族的遺俗，其實在北朝鮮卑人中非常流行，北齊皇帝高洋就有過類似經歷。突厥人尋偶擇配多在盛大的會葬場所，因為當時有許多人來參加或觀看葬禮，選擇餘地較大；同時更重要的是他們意在利用婚配生育彌補因喪葬而中斷的生命。如此之類甚多，不勝枚舉。（劉永連）

24 唐代為什麼公主最難嫁？

中國有句俗語：「皇帝的女兒不愁嫁。」意思是說：皇帝的女兒仗著門第高貴，要找個駙馬自然是十分容易的事。其實，此說並不完全符合歷史事實。中國古代自漢魏兩晉以下，皇帝女兒的婚嫁比起一般士大夫乃至平民的女兒，不僅不易，反而更為困難，因為士大夫守禮之家對於娶帝室公主大多視為畏途。何以唐人都畏懼娶公主為妻？

一、公主品德問題。李唐皇室的公主們多半驕恣放縱，喜愛逸遊，私生活上亦不檢點。譬如高祖的女兒房陵公主嫁給了竇奉節，卻與楊豫之淫亂私通，竇奉節氣憤不過，擊殺姦夫。於是房陵公主竟與竇奉節離異。唐太宗女兒高陽公主嫁給了房玄齡之子房遺愛但又偷偷與和尚辯機私通。唐宣宗想把永福公主嫁給於琮，但因公主品行不佳只好作罷。唐中宗女兒安樂公主嫁給了武三思之子武崇訓，卻又跟其堂兄弟武延秀淫亂，她還曾在上官婉兒面前脫去武延秀的下裳高談闊論，荒唐行徑極其誇張。

二、家庭禮儀問題。公主身分尊貴，下嫁以後常常不肯用當時的家庭禮儀來拜見公婆，反而要公婆跟她行君臣之禮。這種心態和做法常給公婆和駙馬造成一種委屈感。著名劇碼《打金枝》就是這一現象的真實反映。《資治通鑒》記述，郭子儀之子郭曖娶了升平公主。郭子儀七十壽誕時，其子女、媳婦全去拜壽，唯獨升平公主不肯。郭曖盛怒之下打了升平公主，公主惱羞成怒回宮去告狀。郭子儀聞聽此事，將兒子打入囚籠入朝待罪。皇帝還算明智，勸解並下令讓她回去給公公拜壽。可見，公主不守禮法與駙馬爭執起來還會生出種種糾紛。

三、夫妻地位問題。唐代公主出嫁後都設有公主府，下設諸多邑臣。公主是帶了大量的財產與官吏、僕人一起下嫁的，所以公主府的一切財富、官吏、奴僕，都是屬於公主的，駙馬居住在公主府中，地位類似附庸，缺少男性應有的地位和尊嚴。

四、個人前途問題。在唐代榮升駙馬卻有礙前途。一個男子娶了公主以後，一般會得到一個「駙馬都尉」的官銜，有時還可以加上一個「三品員外官」名號。三品在唐代是很高的職階，但是「員外官」在正式編制以外只是個虛銜。所以駙馬雖然有官銜，根本不能算正式官吏，也沒什麼權力。

基於以上四因素，唐人對駙馬身分毫無興趣敬而遠之。（劉永連）

【知識鏈】

唐朝婚姻講究或崇尚什麼？

唐代處於封建社會的繁榮時期，婚姻上也非常講究，有著自己獨特的崇尚。

首先，唐人通婚十分重視門第和等級層次。仕宦之家，不僅講究門當戶對，而且尤重出身望族。當時無論官宦或百姓擇偶，必先訪查對方族望高下。當朝新貴之家亦以娶得名門之女為榮，多有向之求婚。而求婚高門，須以重金作聘禮，多者達百萬，稱為「陪門財」，意為陪其名望。對此，社會上風聞景從，非但百官士庶都企望攀上高層士族，即使皇家欲為太子，公主選擇高門匹配，亦不得隨心所欲。唐文宗曾有「我家二百年天子，顧不及崔、盧耶」之歎，正是這種無奈的反映。

其次，唐代婦女地位較高，表現為婚嫁比較自由。當時離婚極為常見，再嫁不以為非，貞節觀念的淡薄在整個封建社會都為罕見。據《新唐書•公主傳》載，唐代，公主再嫁者達二十四人，其中三次嫁人的就有五人。這說明當時的朝廷對此是不以為怪的，民間拘束就更少了。除了因違犯法律，禮制而必須實施的強制離婚外，唐朝允許夫妻雙方協定離婚，甚至也允許女方主動提出離婚。有趣的是，敦煌卷子中保存著大量離婚願文，都是離異男女祝願對方再登高枝的禱告內容。可見唐朝人即使面對離婚，也能夠相互寬容，精神實在難得。

再者，唐代婚姻呈現出開放風氣。《唐律•戶婚》規定：子女未徵得家長同意，已經建立了婚姻關係的，法律予以認可，只有未成年而不從尊長者算違律。這條規定，從法律上為青年男女的自由擇配開了先端。同時唐人身為父母者也能民主寬容，多能給女兒提供自由擇偶的條件。因此，青年男女在擇偶上相對自由，敢於大膽追求愛情和幸福，「男子重色，女子重才」成為一種社會風尚。因而，像西廂會真、人面桃花、紅葉傳情等許多「才子佳人」故事在社會上湧現出來。（劉永連）

25 新郎官的稱呼是怎麼來的？

新郎官，按照我們今天的理解，泛指新婚的男子，言行總是「新娘」相對稱，合起來叫做「新人」。然而，最初的新郎官卻不是指這個意思，而是有著特殊的含義。

「郎」是古代社會對官員的一種稱呼，漢朝時就有。《漢書•百官公卿表》中記載：「屬官有大夫、郎、謁者、皆秦官……郎，掌守門戶，出允車騎，有議郎、中郎、侍郎、郎中，皆無員，多至千人。」到唐代，六品以下的官員統稱為郎，成為郎官的略稱。《舊唐書・韋澳附從子盧舟傳》中記載：「季弟盧舟，亦以舉孝廉，自御史累至戶部，司勳，左司郎中……為刑部侍郎……父子兄弟更踐郎署，時稱『郎官家』。」由此可知，百姓往往尊稱這些身居「郎」職的人為「郎君」或「郎官」。

自從開始實行科舉考試以後，凡是中了進士的人，就具備了做官的資格，而他們往往被分配到中央官署裡任校書郎、祕書郎等「郎」職。所以，人們又習慣稱呼新科進士為「新郎官」，這便是新郎官最初的來歷和稱呼。

另外，古代社會人們一般也稱男子為郎，而娶妻結婚（洞房花燭）是其一生中的大事，要一切從「新」，這時侯管男子叫「新郎」也就順理成章了。洞房花燭（男子娶妻）往往與金榜題名具有同等重要的地位，有「小登科」之美稱，故人們喜歡借用「新郎官」這一稱呼來美稱新婚男子。（亓延坤）

【知識鏈】

一些官名為什麼會變成民間百姓的稱謂？

了解到「新郎官」的稱謂原來是起源於唐代一些中下級官員的名號，大家可能會覺得奇怪，這些原本用於政治制度的官名怎麼會轉化成民間老百姓的稱謂呢？

從民俗學的角度來看，其實它代表一種很重要的文化流動現象，即制度術語的民俗化。這種現象早就存在，而且包含了非常廣泛的內容。例如相公，本來是對攝政丞相的尊稱，起源於三國時期曹操以相職攝政，且受封魏公，故稱「相公」。至唐代演化成對宰相的敬稱。再後來（約在明清時期）就成為百姓對富家或朱門子弟的稱呼了。再如郎中、員外郎、隋唐時期原是三省屬下二十四司長官的官號，正職為郎中，副職為員外郎。唐代稍晚，對讀書人也尊稱郎中，員外稱號也泛化到所有「員外同置」（即正額以外，不在編制者）的官員。明清時期，郎中演化成南方人對職業行醫者的專稱，員外則成為民間對土財主的尊稱了。

除了官名之外，還有一些本來屬於社會上層之間的相互稱謂也下移到底層社會。他參軍「大家」一詞，早期是指宮中近臣，以及后妃們對皇帝的暱稱，從唐代開始演化成士林階層對大夥、衆人的稱謂，以後又泛化到整個社會。再如「小生」一詞，本來是官場裡下級官員在上司面前，或新學後進者在前輩面前的自我謙稱，後來轉化為年輕讀書人的謙稱。（劉永連）

26 「面首」一詞是怎麼來的？

「面首」一詞，《辭源》解釋為：「面，貌之美；首，髮之美。面首，謂美男子。引申為男妾，男寵。」該詞在古代多有出現，但是其含義經歷了幾次變化。

最早「面首」只是指頭和臉而已。如東漢文人蔡邕《女戒》云：「夫心猶面首也，一旦不修飾，則塵垢穢之。人心不思善，則邪惡入之；人盛飾其面而莫修其心，惑矣。」意思是，人心就像頭臉一樣，一天不修邊幅，就會被塵垢弄髒。人們如果心不向善，邪惡就會侵入；反之人們如果只是裝飾臉面而不去修養心性，這樣也會誤入歧途。

後來，「面首」引申為頭面可稱或者有頭有臉的人物。如《剡溪漫筆》云：「宋孝武校獵江右，選白衣左右百八十人，皆面首富室。面首，疑俗所謂有頭面人也。」

但是大概就在同時，「面首」也有了另外含義的引申。《宋書・臧質傳》記述，臧質「坐前伐蠻，枉殺隊主嚴祖，又納面首生口，不以送台，免官」。這裡面首是指模樣英俊漂亮的青年男女。

《宋書・前廢帝紀》云：「山陰公主淫恣過度，謂帝曰：『妾與陛下，雖男女有殊，俱托體先帝。陛下六宮萬數，而妾唯駙馬一人。事不均平，一何至此！』帝乃為主置面首左右三十人。」可見，大概就在南朝劉宋末年，「面首」已暗指美男子或男寵之意。

不過，「面首」作為皇帝男寵流行起來，並為世人所熟悉，則是在唐朝特別是武則天在位時期。武則天先後有薛懷義、沈南蓼、張易之、張昌宗兄弟等男寵，還設置控鶴府，以貌美喜諂和善詠歌詩的文士弄臣充斥其內，號稱「北府學士」。後來，她又想選天下美少年以供奉左右。這時候有大臣出面勸諫，當面指出皇帝豢養面首之風過盛，將會物極必反，武則天才總算沒有號令天下美男應徵。（劉永連）

【知識鏈】

為什麼同性戀叫「余桃之好」、「龍陽之戀」、「斷袖之癖」呢？

中國古代對同性戀有許多稱謂，例如「斷袖之癖」、「余桃之好」、「龍陽之戀」等，這些都出自中國歷史上一些著名的同性戀「個案」。

春秋戰國時代，同性戀趨於活躍。古人把男同性戀稱為「余桃之好」、「分桃之愛」，其典故出自衛靈公和他的男寵彌子瑕。據《韓非子》等書記載，彌子瑕有寵於衛靈公，一次私自駕駛靈公的馬車去探母病，論律要砍去雙腿，靈公卻誇讚其孝。又一次彌子瑕吃了一口桃子，把剩下的給靈公吃，靈公又說彌子瑕多麼關心他。

把男同性戀稱為「龍陽之戀」，典出《戰國策‧魏策》。龍陽君是魏王的男寵。某天兩人一起釣魚，龍陽君釣了十多條，可是反而哭了。魏王問其故，龍陽君說，當我釣到第一條魚時，我滿心歡喜；後來我又得到更大的，於是將第一條棄之於海了。我想，我就不過是大王的一條魚啊。現在我受寵於您，與您共枕，人人都敬畏我，可是四海之內漂亮的人那麼多，他們會千方百計地討好於你，而我有朝一日也會如第一條魚那樣，被棄之於海。念及此，我怎能不哭呢？魏王聽了很感動，於是頒布命令，如果有人敢在自己面前提出另一個美貌者，就要滿門抄斬。

到了漢代，人們把同性戀又稱為「斷袖之癖」。據載，漢哀帝十分寵愛一個叫董賢的男子，與其「同臥起」，儼如夫妻。有一天，哀帝和董賢一起睡午覺，哀帝醒後要起來，但衣袖被董賢壓著，哀帝怕抽出衣袖而驚動董賢，竟用劍將衣袖割斷。（劉永連）

27 協議離婚是從什麼時候開始出現的？

在中國古代，夫妻之間離婚的方式基本上有出妻、義絕、和離等幾種，其中，出妻是男子專權的離婚形式，義絕是官府處斷、強制離婚的形式，而和離則是一種夫妻自願離婚的形式，基本相當於現在的協議離婚。

「有義則合，無義則離」的理念在漢代的司法實踐中已經可以看到，在漢代社會中也有女方主動提出離婚的事例，但是並不普遍。到了唐代，由於國力的強盛，北方少數民族的影響等因素，社會風氣比較開放，婦女的地位也相對較高，女方提出離婚以及離婚後再婚的事例都不在少數。特別值得一提的是，和離在唐代被正式載入法規當中，《唐律疏議・戶婚》明確規定：「若夫妻不相安諧而和離者，不坐。」這種夫妻之間由於感情不和而協定離婚的法律規定體現了社會的要求，也代表了社會的進步，因此為後世的歷代法規所沿用。在唐代社會中，由女方提出離異而雙方達成協議的事例也不少。值得注意的是，在這樣的事例中，婚姻當事人不僅不因妻子的離去惱怒，夫妻之間反而相互祝願。

敦煌莫高窟出土的唐代《放妻書》中，結尾都有類似的對妻再嫁的祝辭：「凡為夫婦之因，前世三生結緣，始配今生之夫婦。若結緣不合，比是怨家，故來相對……既以二心不同，難歸一意，快會及諸親，各還本道。願妻娘子相離之後，重梳嬋鬢，美掃峨眉，巧呈窈窕之姿，選聘高官之主。解怨釋結，更莫相憎。一別兩寬，各生歡喜。」這分被稱為最早的離婚協議書的「放妻書」既反映出唐代社會對離婚再嫁的開明態度，同時也透露出夫妻在家庭生活中地位較為平等的情況。（王曉麗）

【知識鏈】

唐代婦女再婚在當時屬於普遍現象嗎？

在唐代，社會風氣相對開放，婦女的社會地位相對提高，在婚姻關係的締結和解除方面，婦女似乎擁有了一定的發言權。尤其是在離婚或者是寡居之後，婦女的再嫁似乎沒有受到過多的限制，特別是以公主為代表的社會上層婦女，再嫁、三嫁的情況也不罕見。根據《新唐書‧公主傳》的記載，唐前期公主改嫁者有二十四人，其中三嫁者多達五人。

但是，這種婦女再婚的現象並不能代表唐代社會的主流，社會的主導輿論還是尊行禮制的精神，鼓吹貞節觀念。據中國歷史學者張國剛先生的考證，從唐代出土的墓誌來看，當時相當多的婦女在丈夫死後都選擇了寡居而不是再婚。在《唐代墓誌彙編》、《續編》收錄的三千餘方墓誌中，再婚和改嫁的婦女只有十例，而明確記載堅守貞節者就達到二百六十四例，其中最長的甚至守寡達八十年之久。大部分的寡居婦女要承擔起撫育子女、侍奉公婆、安排生計、主持家務的責任；也有一部分人回到娘家，與父母兄弟同居度過餘生，或者依靠兄弟的贍養生活。從少數改嫁的婦女的生活經歷來看，孩子年幼、本人年輕是唐代寡居婦女改嫁的一個主要原因。同時，寡婦再嫁也有生理和精神的因素，如有的寡婦無法忍受孤獨而再嫁。不過，一般的寡居婦女即使再婚，選擇的餘地也是比較小。如《太平廣記》裡有一個天生有生理缺陷的五十八歲老光棍田兒，因為某種藥物的力量，「忽思人道，累旬力輕健，欲不制，遂娶寡婦曾氏」。從這後面一句中的「遂」字，似乎透露出，鰥夫老頭要想結束光棍生活，最簡單的辦法就是娶一位寡婦，這也從另外一方面反映出一般寡婦再婚選擇餘地已經比較小的現實。（王曉麗）

28 唐朝的戒指是用來表示訂婚嗎？

在現代社會中，戒指已經成為常見的飾品，更是婚姻儀式中必不可少的道具之一。我們知道，現在的戒指樣式及相關的風俗、儀式都是從西方傳過來的，那麼中國古代的戒指也是用來表示訂婚嗎？

古代的戒指被稱作指環。唐代史籍中有關指環的記載雖然不多，但仍然有幾條，主要出現在筆記小説中。晚唐范攄《雲溪友議》卷中「玉簫化」條記韋皋與玉簫相約，約定五至七年後來娶玉簫，「因留玉指環一枚，並詩一首」。後來韋皋違約不至，玉簫絕食而死。再後來韋皋成為西川節度使，知此事後「廣修佛像」。最後玉簫托生為歌姬又回到了韋皋的身旁。《太平廣記》卷三四〇「李章武」條記唐德宗貞元年間（七八五—八〇五）李章武與華州王氏子婦相愛，臨別時「子婦答白玉指環一，又贈詩『捻指環相思，見環重相憶。願君永持玩，迴圈無終極』」云云。後來李章武再去華州，王氏子婦已死，二人遂神會於王氏宅中。晚唐谷神子《博異志》「楊知春」條記楊知春與群賊盜墓，為取得墓主人指上玉環，「竟以刀斷其指」，結果群賊突然「皆不相識，九人自相砍俱死」。

文獻資料之外，考古文物資料亦有少量戒指出土。河南偃師市杏園村的唐墓出土有金戒指一件，「環體厚重，上嵌橢圓形紫色水晶。水晶上淺刻兩字，文字為中古時期的巴列維語」。墓的年代推測為盛唐墓。遼寧朝陽市雙塔區一號唐墓出土銅戒指五件；三號墓出土金戒指一枚，同墓還出土有東羅馬帝國金幣一枚。墓的年代推測在唐中期以前。江蘇徐州市花馬莊唐墓出土金戒指一件。墓的年代推測為唐前期。從這些資料來看，唐代的指環已經被用來當作是男女之間定情的信物，已經開始與婚姻相關，但並無訂婚之意，如上引詩句「捻指環相思，見環重相憶。願君永持玩，迴圈無終極」中取指環的「循環」之意，似乎更具有中國傳統文化的含義。（徐樂帥）

【知識鏈】

唐人可以自由戀愛結婚或者離婚嗎？

唐朝是中國封建社會的頂峰，這種頂峰不僅反映在物質的繁榮上，更重要的是反映在精神的開放上，這種開放也體現在唐朝的婚俗上。唐朝的法律明文規定：子女未經家長的同意而私自確立了婚姻關係，法律對此予以認可。關於類似的事例，我們在唐代的筆記小說中可以看到很多，這些故事情節大都類似，無非是某對青年男女私定終身，然後經過一番波折，最終兩個人終成眷屬。唐代不僅結合相對自由，離婚也較為自由。唐律對離婚有三種規定：

一種是協議離婚，即男女雙方自願離異，法律對此種行為予以認可。一種是促裁離婚，即所謂「出妻」，有所謂「七出之條」，這主要是保證夫權的。第三種是强制離婚，如果夫妻雙方發現有「義絶」或「違律結婚」的，必須要强制離婚。這條規定中的「義絶」包括夫對妻族、妻對夫族的毆殺罪、奸殺罪和謀害罪，在這種情況下必須離婚，應該説這種規定還是有著一定的人性化色彩。從唐代的法律規定來看，它對婚姻的約束力是相對寬鬆的，特別是對於女性而言，離婚改嫁和夫死再嫁習以為常，並未受貞節觀念的嚴重束縛，它與前朝的「從一而終」和後代的「餓死事小，失節事大」形成鮮明的對照。（徐樂帥）

【五】開啟風俗任意門

29 唐代為什麼流行火葬？

在現代社會中，從節約土地、保護環境等目的出發，政府大力提倡火葬，可是因為與傳統習慣不符，在民間特別是農村往往還是會受到一定的阻力。其實中國的歷史上並非就只有土葬一種傳統，火葬在很長的一段歷史時期也曾經比較盛行過。例如在唐朝，就比較盛行火葬。這主要是受到了佛教的影響。

隋唐時期，佛教僧尼基本上都實行火葬，在火化以後，取骨灰起塔。在他們影響下，一些上層社會中的虔誠佛教徒也模仿這種塔葬的風俗，如唐代宗時期的大臣杜鴻漸在臨死時「遺命其子依胡法塔葬，不為封樹」。另外，唐德宗的兒子肅王李祥年幼早逝，德宗思念不已便命令將其塔葬。唐代塔葬在朝廷君臣中廣泛流行，但由於塔葬的耗費巨大，不是一般人家

能辦到的，所以普通人家的佛教徒死後只能是將屍體火化而不起塔。如根據墓誌資料，唐憲宗時期有一個邊氏夫人留下遺願，希望死後將自己火化，並把「灰燼分於水陸」。在墓誌資料中類似的資料還有很多，明唐代不管是在上層的統治階級中還是在普通百姓中火葬都是非常盛行的。（徐樂帥）

【知識鏈】

為什麼說唐代佛教已經深入中國人的生活中？

唐代佛教盛行，佛教滲入了人們的日常生活中。從隋唐社會的民風民俗裡，我們經常可以看到佛教的影子。例如：

一、到了隋唐時期，一些佛教的節日逐漸世俗化，成為了全民的節日。如四月初八是佛誕節，在唐代，每逢這一天，佛教寺院和一些地區的民間都要舉行浴佛法會，參加法會的人不限僧俗。還有就是盂蘭盆會，是每年的七月十五供養佛祖以及佛教僧人、超度祖先的法事節日。由於這個節日宣揚孝順父母的思想，與中國的傳統文化習俗不謀而合，所以非常受到重視。每年的盂蘭盆會在唐代的朝野官民中普遍風行。皇家的盂蘭盆會的禮儀非常隆重，甚至形成了一套非常完整的繁縟禮儀，規模也是非常龐大。在民間，每到這一天，人們都來到佛教寺院或是求神拜佛，或是遊逛狂歡。隋唐時期，不僅是佛教的節日世俗化，而且一些中國原有的節日也逐漸沾染了很多的佛教色彩，與許多佛教習俗結合起來了。

二、佛教寺院為民眾提供了一個娛樂空間。一方面隋唐時期的佛教寺院大多坐落在天然景色非常優美的地方，所謂「天下名山僧占多」，很適合滿足當時的文人學士們遊寺的興致。另外，佛教寺院還為各種形式的遊藝活動的開展提供了有利的場所。當時，每到歲時節日的時候，寺院裡就要舉行俗講，這種語言通俗、夾雜著故事的佛教宣傳本身就是一種娛樂活動，所以吸引了大量的民間百姓。另外，佛教常常舉行各種齋會，久而久之，就發展成為包含商品交易與各種娛樂活動的廟會。

三、佛教飲食影響了中國的素食文化與茶文化。其實，佛教剛傳入中國的時候，並不要求僧人一定吃素，只是到了梁武帝時期，由於他提倡素食，佛教僧人開始常年吃素。到了隋唐時期，佛教戒律漸漸嚴格，僧人如果不吃素的話，會被認為是犯戒的行為。所以這一時期僧人的飲食是以素食為主的，相應的他們就要在素餐的製作上多有創新，使得素菜的品種逐漸增多，烹飪技藝逐步完善，出現了美味的素席。另外佛教寺院的茶文化，尤其是禪宗的創立對茶文化的發展做出了巨大的貢獻。

總之，隋唐時期的佛教日益滲入中國人的生活中，而就在這一過程中佛教本身也完成了中國化的過程。（徐樂帥）

30 維吾爾族人為什麼生孩子要躺在狼皮上？

維吾爾族是現在聚居在中國新疆地區的少數民族，在古代，這一地區曾經受過突厥汗國的統治，他們使用的維吾爾文，也是屬於阿勒泰語系的突厥語族。古老的突厥文化對維吾爾族歷史的發展產生了深遠的影響。

突厥語族中的各個民族自古就有蒼狼崇拜。據《周書•突厥傳》記載：「突厥者，蓋匈奴之別種。姓阿史那氏，別為部落，後為鄰國所破，盡滅其族。有一兒，年且十歲，兵人見其小，不忍殺之，乃刖其足，棄草澤中，有牝狼以肉飼之。及長，與狼合遂有孕焉。彼王聞此兒尚在重遣殺之。使者見狼在側，並欲殺狼，狼遂逃於高昌國之北山，山有洞穴……狼匿其中遂生十男。十男長大，外托妻孕其後，各有一姓，阿史那即一也。」古代突厥人相信蒼狼與他們的祖先有著血緣關係，因為，在建立政權之後，突厥人還在「牙門建狼頭纛，示不忘本也」。同時，突厥人還相信他們無時無刻都會受到蒼狼的佑護。在日常生活當中，蒼狼崇拜的習俗至今仍然影響著維吾爾人。比如，從事農牧業的維吾爾婦女在生孩子的時候要躺在狼皮上，他們相信有蒼狼的護佑，母子都會得到平安。在新疆喀什地區，孩子出生以後，他們還要在孩子的脖子上掛上一塊狼踝骨，用來驅趕病魔，保佑孩子的健康成長，換言之，狼踝骨，就成了孩子的護身符，有著消災避邪的作用。類似的習俗在哈薩克、柯爾克孜民眾中也都廣為流傳，成了一種民族精神的象徵。哈薩克農牧民中流傳著歌頌蒼狼的民歌，柯爾克孜人則把自己的崇拜英雄稱作青鬃狼瑪納斯。由此可見，蒼狼崇拜的觀念在這些民族的思想意識和生活觀念中是根深蒂固的。（王曉麗）

【知識鏈】

河北、山西等地哭喪時為什麼要抓臉？

河北《涿縣誌》記述當地喪葬風俗時提到一種奇怪現象：「坡民親屬死後，婦女以抓臉表示哀痛之切，甚至有抓成花臉者。」這在漢族喪葬習俗裡是非常罕見的。這不禁讓我們納悶：哭喪為什麼要抓臉呢？

考查先秦「三禮」史料，在中國上古不見類似情況的記載，可見這種抓臉習俗並非漢族傳統文化，而是受到北方遊牧民族的影響形成的。同時考查方志資料，可以發現這種哭喪抓臉的奇怪習俗還流行於山西北部向西直到新疆天山以北哈薩克人所居住的地區。這一東西狹長的地帶位於漠北草原與農業地帶的中間區域，長期為胡漢民族雜居狀態。特別值得注意的是，它曾經是唐代突厥人內附後被安置的地區。而查閱突厥習俗則發現，突厥竟然也有著與此極為相似的喪葬習俗。《周書》卷五十記載：「死者停屍於帳，子孫及諸親屬男女各殺羊馬，陳於帳前祭之。繞帳走馬七匝，一詣帳門，以刀剺面且哭，血淚俱流，如此者七度乃止。」同時《北史》、《隋書》、新舊《唐書》及《通典》等文獻也都有這種「剺面」習俗的記載，並且還有許多事例反映突厥「剺面」之風非常興盛。

突厥是中世紀中國北部最為強盛的遊牧民族，它從六世紀中葉興起，很快在東起大興安嶺，西到中亞北部之間建立起版圖廣闊的強大汗國。到六三〇年，唐太宗平滅東突厥之後，將其內附部落上百萬人密集安置在胡漢邊地，亦即上述狹長地帶。後來東突厥再起、再敗，除了部分流入中原或融入其他少數民族外，其主要部眾基本都在這一地帶紮根居住下來。可見，這種抓臉習俗應該是突厥「剺面」的遺留，只是伴隨文明程度的提高原來用刀子劃臉的慘烈行為演變為以手抓臉的象徵性泣血方式。

縱觀中國民族史，上古時期出自塞人的某些部落以及匈奴流行這種習俗，它們影響了後來的突厥以及中國西北至中亞地區的一些民族，而突厥興起後又影響了它所控制的諸多異族部落如回鶻、黠嘎斯乃至北邊契丹、漢族等廣大民眾。因此時至今日，在東起河北北部，西到新疆北部乃至中亞北部等地，仍有不少民族還沿襲並發展著這一喪葬禮儀形式。（劉永連）

31 春節給小孩子壓歲錢的習俗是怎麼流行起來的？

壓歲錢的前身是「洗兒錢」。這種習俗最早流行於唐朝開元天寶時期。據載，以陰謀發動安史之亂而臭名遠揚的胡人安祿山是一個非常善於偽裝和表現的人物。當年為了得寵，他入朝拜見唐玄宗時表現得乖巧伶俐。由於得悉皇帝寵愛楊貴妃，安祿山尤其刻意討好楊貴妃。剛見面的時候，他故意首先朝貴妃磕頭，皇帝見他禮儀奇怪，問他緣故，他就裝憨說，我是胡人，不懂得朝廷規矩。在我們那兒都是以母為貴，行禮得首先給母親磕頭的。一句看似憨厚的諂媚之語，惹得唐玄宗和楊貴妃頓生歡喜。接著，由於看到安祿山大腹便便，體態特肥，皇帝、貴妃就問他，你那麼大的肚子裡到底裝的是什麼東西啊？安祿山拍著肚子說：沒什麼，只有對皇上、貴妃的一片忠心啊。看到這個胡人如此忠心可愛，楊貴妃就認安祿山作了乾兒子，而安祿山也歡呼雀躍地蹈舞叩拜。為此楊貴妃舉行盛大的得子洗兒儀式，做了一個特大號的肚兜讓一夥健壯的宮女將其穿上，安祿山在宮中遊行慶祝。唐玄宗也很給面子，視同楊貴妃生了兒子，一下子賞賜數萬貫錢作為「洗兒錢」慰勞貴妃。這樣就為「洗兒錢」開了先例成為宮廷習俗流行下來。

宋元時期，這一風俗傳入民間，但本來犒賞母親生子功勞的「洗兒錢」變成了對新生兒的慶祝，同時除了喜慶色彩外還帶上了驅鬼辟邪等民俗內涵，所以又稱「壓勝錢」。每到除夕之夜，長輩將特製的壓勝錢用紅紙包好，在兒孫熟睡時，悄悄塞在他們的枕頭下。這就將原有的送「洗兒錢」的風俗和春節發紅包賀喜的風俗相混合。到了清代，「壓勝錢」演變成了「壓歲錢」依然表達壓伏邪辟、祝小孩子平安的意願。清人錢沃臣在《壓歲錢詩》中注釋說：「俗以五色線穿青錢排結花樣，賚兒童壓勝，曰壓歲錢。」關於壓歲錢還有一個有趣的傳說。相傳，古代有一個叫「祟」的小妖，每到大年三十的晚上就出來害人。它愛摸小孩子的腦袋，被它摸過的孩子會發燒，講胡話，燒退之後就變成了傻子。嘉興府有一對姓管的夫婦，老來得子對孩子特別疼愛。到了年三十的晚上，為了保護孩子不受「祟」的侵害，就一直逗孩子玩，還用紅紙包了八個銅錢放在孩子枕頭下面。半夜「祟」又來摸孩子的頭，不料枕頭下面一道金光把祟嚇跑了。後來這件事流傳開來，大家紛紛效仿，這樣「祟」就不敢再來害人了。於是人們把這種錢叫做「壓祟錢」，因為「祟」和「歲」同音，時間久了，就變成「壓歲錢」了。（劉永連）

〖知識鏈〗

唐人是怎麼過節的？

作為傳統文化的鼎盛時代，唐代的節令習俗文化比現代社會要豐富多彩。

首先可以肯定，唐代平時節日比較多，過得也比後人細緻。在傳統節日上，唐人除夕、正月（即大年初一）分開過，寒食、清明是兩個節，四立、二分、二至等二十四節氣幾乎都是節，其他還有上元、上巳、端午、七夕、中元、中秋、重陽、臘八、祭灶以及春秋兩社等許多節日。此外，唐人所過的不少節日如「千秋節」、「花朝節」、「潑寒節」等為我們所聞及所未聞。元宵、寒食、端午、七夕、中秋、重陽和除夕、春節是當時比較重大的傳統節日，各自活動內容非常之多。例如，除夕之日要去塵穢，淨庭戶，換門神，掛鐘馗，貼春聯，祭祖先，吃「團圓飯」，放爆竹煙火，舞獅子、划龍船等；元宵節除了盛大的觀燈活動外，還有大規模的百戲（即雜技、魔術、遊藝以及類似社火之類的節目）表演、花樣翻新的踏歌等歌舞比賽以及佛道法事活動等；寒食清明除了插柳、冷食、掃墓之外，還有親友相互贈送雕畫精緻的大個雞卵、同伴一起到郊外踏青以及鬥雞、蹴鞠、盪鞦韆、鬥百草等遊藝活動；上巳節現在已為人所忽視，但唐人要修禊洗滌、踏青遊宴，士子文人還要舉行曲水流觴、歌詩比賽等活動；七夕如今也沉寂了，但唐代曾是鄉親父老茶話、閨中女兒乞巧等的熱鬧節日；重陽節關係到人的健康和養生，唐人要登高望遠，插佩茱萸，飲菊花酒，許多抒情詩篇應時

唐人《虢國夫人遊春圖》局部

而生。

值得一提的是，唐朝還有不少具有時代特色的節日。其中最著名的要屬慶祝皇帝生日的「千秋節」了。此節開始於玄宗時代，規定在皇帝的生日——八月五日前後大致三天內舉行。在這時候，朝廷、官府都把做得最拿手、水準也最高的藝文節目展示出來，像盛大的舞馬、鬥象和百戲表演。再就是四月八日浴佛節、七月十五的盂蘭盆節等宗教性的節日。還有在冬至最冷之日舉行的潑寒節，要舉行具有西北胡族色彩的大型群衆遊藝活動，歌舞音樂、儺戲賽神、潑水嬉戲、遊行觀瞻等一應俱全。據説這種節日活動深得社會上下歡迎，唐中宗曾在母親武則天重病將死的日子裡也爬上城門去觀看潑寒舞戲，而廣大百姓更是將其傳播於大江南北。有人認為它就是後來傣族「潑水節」的發源。（劉永連）

32 「泰山」何時成了妻子父親的代稱？

妻子的父親是妻族中至為尊貴的親屬，一般稱為「丈人」為表尊敬有時加上「老」字而稱為「老丈人」。那麼，「泰山」一詞何時成了妻子父親的代稱了呢？這與最初唐代官場文人之間的文雅調侃有直接關係。

查閱文獻可知，在上古時代人們對妻子父親較為正式的稱呼為「外舅」。《孟子》云：「帝館甥於貳室。」注疏曰：「禮謂妻父為外舅。」《爾雅》則明確記述：「妻之父為外舅。」《釋名》解釋這一來歷說：「言妻從外來，至己家為婦，故反以此義稱之，夫妻匹敵之義也。」由於稱妻子為「婦」，故而又稱妻子的父親為「婦翁」。如果按照民間俚俗，人們習稱老年男子為「丈人」、「老丈」有時稱呼自己妻子的父親也照例如此。

至於人們以「泰山」雅稱妻子的父親則出於唐代筆記小說《酉陽雜俎》中的一個典故。據云唐玄宗在開元十四年（七二六）遠赴泰山封禪祭天。在這種至為隆重的慶典儀式上，皇帝為表皇恩浩蕩一般會下令凡是跟從封禪的大小官員一律晉升一級。當時已成名相的大臣張說被任命為封禪使，出於私利他借機把自己的女婿鄭鎰也帶過去，並違反常例將鄭鎰一下子從九品升為五品。事後宴請群臣的時候，皇帝偶然間看到張說的女婿竟然穿上了五品的華麗官服，感到非常奇怪。於是叫過來詢問緣由，張說翁婿二人都非常尷尬和害怕，很久無言以對。這時候旁邊一個善於調侃的伶人靈機一動，回答皇帝說：「這是靠著泰山的神力啊。」言語中暗指鄭鎰之所以青雲直上無非是借助了身為泰山封禪使老丈人的勢力。由此，以「泰山」代稱妻子的父親便沿襲成俗成為中國稱謂文化中的一個有趣現象。（劉永連）

【知識鏈】

「爺」、「娘」本來就是指父母嗎？

現在，「爺」、「娘」連在一起是父母的通俗代名詞，各個階層雅俗共用。然而，如果查閱古代字書，我們就會發現，遲至東漢許慎的《說文解字》裡還沒有這兩個字，說明它們不是中國古代傳統的稱謂。那麼，它們是怎麼產生並演變的呢？

古代，「爺」字寫為「爺」。據查，出於南朝蕭齊的《玉篇》最早收錄此字，並解釋說：「古俗稱父為『爺』。」看來「爺」字大約是南北朝時期的產物。

不過，這個字不是憑空產生的。梁章鉅《稱謂錄》云：「古人稱父為耶，只用耶字，不用爺字。」《漢語大字典》則認為，「耶」和「爺」是一對異體字，「爺」是後起的字形。「耶」字主要用為語氣詞，在古書裡極為常用。但同時還有另外一個少為人知的用法，即代指父親。東晉王羲之《告姜帖》云：「汝母子佳不?力不一一。耶告。」約出於北魏的《木蘭詩》云：「軍書十二卷，卷卷有耶名。阿耶無大兒，木蘭無長兄。」正是基於這一用法，人們用形聲方法造字，由「耶」造出「爺」字，用來指代父親。

不過，此後「耶」字仍在不時使用。如杜甫《北征》詩云：「見耶背面啼，垢膩腳不襪。」大約是在宋元明清，「爺」字逐漸取代「耶」字，其意義也有所變化。明代沈榜《宛署雜記•民風二》云：「祖曰爺。」由此可見，至遲在自明代「爺」字也開始用來稱呼祖父。

「娘」字，產生時期與「爺」相當。不過，《玉篇》卻解釋說：「娘，女良切，少女之號。」看來當時該字並非母親的代稱，而是指年輕女子。作為母親的稱謂，當時慣用「孃」字。著名中國學者段玉裁指出：「唐人此二字分用畫然，故耶孃字斷無有作娘者。今人乃罕知之矣。」意思是，在唐代，人們把兩個字區分得非常嚴格，沒有用「娘」字作為母親代稱的。考查唐代小說詩詞，雖然不盡如此，但確實大概符合。「娘」字基本用於年輕女子的名字，如武媚娘、杜十娘、謝秋娘等。或者用「娘子」等作為年輕女子的泛稱。涉及到母親代稱，則用「孃」字。如杜甫《兵車行》：「耶孃妻子走相送。」不過在敦煌變文中偶有例外，如《敦煌變文•父母恩重經講經文》云：「我現婆娑世界一切眾生，雖具人相，不知耶娘有大恩德，不生酬答，不解報恩。」結合敦煌與吐魯番文書整個情況看，這應該與地方文化和抄錄者文化水準有關。

不過，由於兩字發音相同，後來人們逐漸用「娘」字代指母親。到了明清時期，甚至超過「孃」的用法。新中國建立後，國家對漢字進行簡化改革，乾脆用「娘」字取代「孃」字，「娘」字代指年輕女子的意思便廢棄不用了。（劉永連）

33 唐朝為什麼把公婆稱為「舅姑」？

唐代詩人朱慶餘有一首《閨意》詩流傳甚廣：「洞房昨夜停紅燭，待曉堂前拜舅姑。妝罷低聲問夫婿，畫眉深淺入時無？」從表面上看這是描寫新婦在洞房花燭夜之後等待天明拜見長輩的那種忐忑不安的心情，在這裡舅姑是新媳婦對公婆的稱呼。那麼唐代人為什麼會把公婆稱作舅姑呢？其實這也是從古代延續下來的，並不是唐代人特有的稱呼。《爾雅•釋親》中即曰：「婦稱夫之父曰舅，稱夫之母曰姑。」儒家經典文獻《禮記•昏義》中曰：「夙興，婦沐浴以俟見。質明，贊見婦於舅姑……舅姑入室，婦以特豚饋，明婦順也。厥明，舅姑共饗婦以一獻之禮奠酬。舅姑先降自西階，婦降自阼階，以著代也……婦順者，順於舅姑，和於室人」；《禮記•檀弓下》中亦有句云：「敬姜曰：婦人不飾，不敢見舅姑……」

這種特殊的現象是古代婚姻形式的遺跡。它肇始於原始社會的母系氏族外群婚制，這種被恩格斯稱之為「普那路亞家庭」的族外群婚較之原始社會中的血緣群婚已有極大的進步，它已排除了同一氏族中男女的結合，而是由兩個氏族中的同一代男子互相「出嫁」到對方氏族中，和對方氏族中的同一代女子互相結合。而「出嫁」的男子則仍屬男方氏族的成員，死後要葬在自己原氏族的墓地。在這種母系氏族外群婚的社會中，對兩個氏族中可以互相結合的一代男女而言，對方的父親就是自己的母親的兄弟（即「舅」），對方的母親則是來自對方氏族的父輩的姐妹（即「姑」）。由於那時的人們尚未從「舅」、「姑」這種血緣親屬關係中區分出「公公」、「婆婆」、「岳父」、「岳母」這類親屬關係，所以也就不可能產生「公公」、「婆婆」、「岳父」、「岳母」這樣的稱謂，因而公公、婆婆的稱呼就保存在舅姑之內。到後來，中國的社會婚姻形式進入「一夫一妻制家庭」階段，但社會上仍然大量存在著「女回娘門」（即姑之女嫁舅之子）、「侄女隨姑」（即舅之女嫁姑之子）的「姑舅表親」。在姑之女嫁舅之子這種婚姻形式中，女方的公爹實際上就是她的舅（舅），而男方的岳母實際上就是他的姑（姑）；而在舅之女嫁姑之子這種婚姻形式中，女方的婆婆實際上就是她的姑（姑），男方的岳父則就是他的舅（舅）。在這種情況下，女方在婚後有時仍按原來的習慣稱自己的公公、婆婆為舅（舅）、姑（姑）。（徐樂帥）

【知識鏈】

唐代新娘入過「洞房」後就成為夫婿家的正式成員了嗎？

「拜天地、入洞房」，通常被視為傳統婚禮的關鍵環節。那麼，在古代，是不是說一個新娘「入洞房」之後，就正式被婆家所接受，正式成為其家庭中一員了呢？實際情況並非如此。在唐代，一個新娘入過洞房之後，必須還要經過兩個環節，然後才能正式被接納成為夫家的成員，這就是「拜舅姑」與「廟見」之禮。所謂「拜舅姑」是在舉行婚禮的第二天早上，新婦要盛裝打扮，先後跪拜公（舅）、婆（姑），並向公婆奉上果脯。「拜舅姑」之禮舉行後，意味著公婆對新婦的認可，但只有公婆的認可還不夠，還要行「廟見」之禮。所謂「廟見」是指成婚後的三個月內，必須選擇合適的日子，新郎帶新婦到本家的宗廟，祭告祖先，表示這段婚姻已經得到祖先的認可。只有到這時，新婦才被正式承認為夫家的一員，可以參加夫家的祭祀之禮，死後才可以埋入夫家的墳地，並接受後代的祭祀。如果新婦因去世或其他原因而未能舉行「廟見」之禮，那麼這意味著這段婚姻還未受到祖先的認可，新婦就不能被承認為夫家的一員，死後必須歸葬娘家。到後來，這一禮俗逐步被簡化，先是南宋時朱熹制定「朱子家禮」時，將三月「廟見」改為「三日廟見」，此後到了明代，則把拜舅姑與拜祖先一併在婚禮的次日舉行，儀式進一步簡化了。（徐樂帥）

34 唐代人彼此之間怎麼打招呼？

唐代人彼此之間的稱謂比較複雜，除了稱呼名字、官稱等其他朝代都有的稱謂之外，以行第相稱在當時是極為普遍的一種現象。行第本來是一個家族或者宗族之內子弟之間的排行次第，但是在唐代，卻成為官場民間普遍流行的稱謂。

以行第作為家族或者宗族之內稱呼的現象魏晉時期就已經有了，到了唐代，這種風氣就更加普遍。在唐代，父子兄弟之間、夫妻之間，甚至是主僕之間都可以以行第相稱。《資治通鑑》記載睿宗經常稱呼他的兒子李隆基為「三郎」，而《舊唐書》裡也有唐玄宗稱呼他的父親太上皇睿宗為「四哥」的記載，正是當時家族之內以行第相稱的有力證據。而在高宗武則天之後，以行第相稱的風氣逐漸進入朝廷，尤其是權臣之間開始互相稱呼行第。如安祿山稱呼李林甫為十郎，而安祿山自己也被親近的人稱作三兄。行第相稱的風氣在朝廷官場流行開來之後，進而更加在社會上普及。尤其是文人學士，平時起居享宴、詩歌唱答的時候最喜歡互稱行第。這種稱謂在唐詩當中隨處可見。人們在第一次見面的時候，也往往會先問對方的姓氏行第，此後就以行第相稱，而不觸及名諱，這在當時被認為是互相尊重的表現。

唐代人在以行第互相稱呼的時候，最常見的是連姓氏或者連姓名一起稱呼，如王維的

《送元二使安西》，不過這種稱呼的方法只用於非常熟悉而不拘禮的朋友之間；第二種方式是稱呼行第的同時加上表示關係的兄、弟、叔、伯、姐、妹、姨、丈以及郎、官等稱呼；第三種是把行、第與姓氏官名一起稱呼，或者與對方的其他稱謂一起稱呼，這種稱謂的方式比單稱行第更為鄭重客氣，應用的範圍也最廣，如李德裕送給宰相王播的詩就叫作《奉送相公十八丈鎮揚州》。（王曉麗）

【知識鏈】

唐代人為什麼喜歡以行第相稱？

唐代人喜歡以行第相稱，除了有把行第作為親戚故舊的稱謂所自然具備的感情因素之外，稱呼行第還可以避免觸及對方的名諱，能夠使人們樂於接受。更重要的是，唐代人以行第相稱的風氣反映了當時人們對已經開始走向沒落的門第觀念的留戀。

魏晉以來，門閥觀念盛行於世，士族子弟往往對自己的門望自視甚高，他們甚至把自己的姓氏和行第看得比朝廷授予的官職更高。到了唐代，魏晉士族的勢力雖然已經開始衰微，但是，門閥觀念對世俗社會的影響仍然存在，魏晉沒落士族的家世門第也仍然是世人仰慕的對象。在這種情況下，行第加上舊士族的姓氏，就等於是族望的代名詞，在一定程度上仍然可以反映本人的士族身分、家世淵源。以這種行第互相稱呼，既可以顯得親切，又可以互相炫耀，自然而然地就在舊士族圈內形成一種風氣。由於借助這種稱謂可以大大提高個人和家族的聲望，唐代朝廷官場之中的達官貴人也就競相模仿，並在士人學子之中傳播，進而影響到民間。然而，在唐代，舊士族已經逐漸沒落，社會上的行第相稱不乏魚目混珠之流。據《新唐書．高儉傳贊》記載，這一時期是「士亡舊德之傳，言李悉出隴西，言劉悉出彭城，悠悠世胙，訖無考按，冠冕皂隸，混為一區」。雖然舊士族還企圖通過嚴格的宗法關係維持自己血統的高貴，但是社會上的行第稱謂卻已經成為了單純的對自己和他人宗族姓氏的尊崇，並進而成為全社會的風尚。到了唐末，隨著世家大族的進一步衰落，門閥觀念越來越淡薄，行第相稱便不再具有多少炫耀和尊崇的價值，而只是作為一種社會風氣繼續流傳到五代至宋。到這個時候，行第也就只剩下了宗族內部排行的含義。（王曉麗）

35「內人」是妻子的雅稱嗎？

欣賞古今書牘，看到「內人」常被用來作為對自己妻子的稱謂，既顯文雅又含親情，故而文人雅士尤好如此。但是在古代特別是唐代，「內人」到底是什麼意思？真的就是對妻子的雅稱嗎？

查閱唐代史料，我們發現唐人稱呼自己的妻子確有類似詞彙，不過多稱為「內子」、或簡稱「方位」。《北夢瑣言》卷六記述，唐人樂安孫氏，「是進士孟昌期之內子」擅長寫詩。卷八又記述，唐人尚書張褐，在做晉州長官的時候在外邊養了個自己喜歡的軍營妓女，還生了一個兒子。「其內子蘇氏號塵外，妒忌，不敢娶歸」。簡稱為「方位」多出現在唐詩裡面，習稱「贈內詩」。《太平廣記》卷四二九就記錄下唐人申屠澄的一首「贈內詩」，云：「一官慚梅福，三年愧孟光。此情何所喻，川上有鴛鴦。」親切之情溢於言表。在唐代，「內人」一詞也已經出現，但是並不是對妻子的稱謂而是另有含義。其一是宮女的別稱。這種稱謂淵源甚古，早在先秦時期就出現了。《周禮•天官》對「寺人」即宦官一條職責的介紹中就提到，說他們「掌王之內人及女宮之戒令」。鄭玄注釋道：「內人，女禦也。女宮刑女之在宮中者。」由此看來，「內人」是王侯宮中的低層婦女亦即宮女，比犯了罪在宮中服刑的「女

內人雙陸圖（內人，即指宮中之人）

宮」地位稍高一些。疏文部分還進一步解釋了「內人」此稱的來由，說是為了嚴格區分宮內男女的界限，加以專門化管理，禁止他們「非時出入」以至有傷風化。文中提到當時「住在王宮中有卿、大夫、士等，外人謂男子，內人謂婦女，皆是也。此男女自相對為外人、內人」。《後漢書》卷十和熹鄧皇后傳也有一條史料，說是鄧氏乙太后身分臨朝聽政後，她的從兄鄧康擔心滋生禍患「心懷畏懼，託病不朝，太后使內人問之」。這裡所說漢朝的「內人」亦指宮女。大概一直到唐代，這一習慣基本沿襲下來。例如《舊唐書》載：「先天二年（七一三）上元日夜，上皇（指唐睿宗）御安福門觀燈，出內人連袂踏歌，縱百寮觀之，一夜方罷。」不過，到了唐玄宗創立梨園之後，「內人」的含義有了變化。《教坊記》云：「妓女入宜春院，謂之內人，亦曰前頭人——常在上前頭也。」杜甫《觀公孫大娘弟子舞劍器行》詩序則云：「自高頭宜春、梨園二伎坊內人洎外供奉舞女，曉是舞者，聖文神武皇帝初公孫一人而已。」那麼，可見「內人」這時候已經改為應召入宮從事樂舞服務的藝妓的稱謂，特別是成了宜春院藝妓的專門稱謂。這時候，這些藝妓除了「內人」之外，也有「宮人」。「樓下戲出隊，宜春院人少，即以雲韶添之，雲韶謂之宮人，蓋賤隸也。非直美惡殊貌，居然易辨明。內人帶魚，宮人則否。」宜春院藝妓稱為「內人」，色藝、地位較高；雲韶院藝妓稱為「宮人」，色藝、地位明顯較低。這時候「內人」專指宜春園色藝高超的藝妓，具有特殊的含義，與後世泛指自己的妻子仍有巨大差別。（劉永連）

【知識鏈】

「連襟」是指妻子姊妹的丈夫嗎？

現在，我們一般把自己妻子姊妹的丈夫稱作「連襟」，或者娶了同一家姊妹的男人合稱「連襟」。那麼，「連襟」一詞又是怎麼來的呢？

回溯到唐宋時期，「連襟」一詞已有濫觴，不過與現在相比意思不盡相同並且內涵相對豐富。杜甫《送李十五丈別》詩云：「孤陋忝末親，等級敢比肩？人生意氣合，相與襟袂連。」由此看這時候「連襟」一詞尚未固定，而且據學者考證這位李十五丈只是老杜寓居川東時所結識的一位拐彎抹角的親戚，兩個人性情相合，時常書信往來和過往拜謁，交情比較深厚，所以「連襟」在這裡只指關係比較親密的戚友而已。北宋末年人洪邁在《容齋隨筆》記述，他的堂兄做官不見起色，正好洪邁妻子的姐夫在臨近地區做長官，推薦他做了京官。洪邁代堂兄回復謝意的時候，在書信裡寫道：「襟袂相連，夙愧末親之孤陋；雲泥懸望，分無通貴之哀憐。」這時候的「連襟」作為一種親屬關係的稱謂仍然比較廣泛。在這時期連襟關係是怎麼稱呼的呢？自唐宋往前多稱「僚婿」或「亞」。《爾雅•釋親》曰：「兩婿相謂為亞。」晉人郭璞注云：「今江東呼同門曰僚婿。」《新唐書•蕭嵩傳》記述：「（蕭嵩）始娶會稽賀晦女，僚婿陸象先，宰相子。」大概北方地區較早傾向於把「連襟」一詞向同門女婿稱謂的方向發展。北宋馬永卿《懶真子》已提到：江北人呼友婿為連袂，也呼連襟。清人梁章鉅《稱謂錄》卷七解釋這種關係說：「江東呼為僚婿，北人呼連袂，又呼連夾，亦呼連襟。」看來所謂「連襟」一詞正是從「襟袂相連」這種表示親密關係的做法演化而來。因為同娶一家姊妹，可謂裙帶相連，關係密切，用「連襟」來表示是既簡潔又貼切。（劉永連）

36「一個女婿半個兒」是怎麼來的？

這句俗語出自唐代「半子」之說。《舊唐書・回紇傳》載，唐德宗把成安公主下嫁給回鶻可汗，回鶻可汗非常高興和看重，也對唐廷更加恭敬和親近，他上書給德宗說：「昔為兄弟，今為子婿（當時對女兒的丈夫的通常稱謂）半子也。」什麼意思呢？當年平定安史之亂的時候，回鶻可汗與德宗都是太子，共同出兵對敵，輩分和感情視同兄弟。現在可汗娶了德宗的女兒，又變為翁婿關係，關係更加密切。所以回鶻可汗在感動和喜悅之中自視為德宗的半個兒子，親近之情溢於言表。「半子」之說最初非常形象地反映了回鶻與唐廷之間的政治關係。在當時民族和親活動中，回鶻可汗最早娶得皇帝的親生女兒亦即真正的公主，和親次數也比其他民族為多，同時回鶻帶頭推戴唐朝皇帝為「天可汗」，並作為援軍主力幫助明朝廷平定了安史之亂，可以說雙方關係比唐廷與其他民族之間都要親密與和諧。但另一方面回鶻基本獨立於北方草原，並不甘受朝廷轄制，甚至一度與朝廷對立起來，不斷派兵南下騷擾中原。只是在李泌的努力周旋之下，雙方才又重歸於好。如果說「半子」也是兒子，那是針對回鶻與唐廷比較密切深厚的民族關係；但「半子」又不是兒子，所以唐廷無法像對待兒子那樣來喝令回鶻，如果關係處理不慎，就會出現女婿分庭抗禮的局面。儘管回鶻可汗把自己

回鶻進香人圖

擺在了「半個兒子」的位置上，但主要是出於政治聯盟的目的，有其虛情假意的一面。

出於以上緣由，「半子」之說既可以表示翁婿之間的良好關係，同時又反映了他們不如父子那樣血肉相連，因而往往成為缺乏子嗣人家的無奈自嘲和歎息。也正因為如此，此說一出立刻受到民間普遍歡迎。就在唐朝，人們開始把「半子」作為女婿的別稱。例如，劉禹錫《祭虢州楊庶子文》云：「乃命長嗣，為君半子。誰無外姻君實知己。」意思是劉禹錫因與楊庶子過往密切，成為知己，所以讓自己的長子娶了楊庶子的女兒，成為他的女婿。以後，民間將此說加以俗話，「一個女婿半個兒」的說法就流行起來。（劉永連）

【知識鏈】

為什麼隋唐五代人愛養「假子」？

所謂「假子」，意同義子，不過在隋唐五代人收養「假子」超出了一般意義上的收養義子。他們既不缺少親生兒子，也不是出於憐憫孤幼，而是大量羅致，多多益善。為什麼會這樣呢？

據研究，在隋唐五代時期，收養「假子」成為一種社會風尚，構成當時明顯的時代特徵。如果分析其原因，首先它與改朝換代和士庶變化中某些新興勢力的崛起密切相關。從南北朝以來，中原地區政權變動頻繁，新的統治政權不斷崛起並取代原來王朝，像隋朝楊氏、唐朝李姓儘管拚命想與前代高門貴族掛鉤，但都是起家於邊荒地帶的北魏六鎮軍人。同時原來士族勢力開始衰落，庶族勢力相對增强，這使得不少原來出身寒門的野心家敢於覬覦上層社會地位。不過，與前代帝姓和老牌士族相比，這些野心家缺乏足夠的家族勢力，尤其缺乏幫助自己奪取權力和地位的子嗣精英，因而他們就非常注重在這一方面彌補缺憾。據史載，隋末江淮義軍領袖杜伏威「有養子三十人，皆壯士」；唐初相州長史張亮「養假子五百」。在北方，少數民族中早有此俗，並與這種政治需要結合起來，因而收養「假子」之風更盛。王世充自請作劉太后「假子」，索元禮收薛懷義為「假子」，李寶臣被張鎖高養為「假子」……他們往往出於增强勢力或提高身價的目的而收養或自作「假子」。也確實有不少擁有足夠「假子」或自作強人「假子」的人物後來得勢，如唐朝李寶臣、王廷湊、李克用等當上了軍閥巨頭，而後唐明宗李嗣源、南唐國主李煜等甚至成為一國帝王。為了盡可能壯大自身勢力，他們收養「假子」也毫無節制，只要精壯忠誠，就盡數收攬。典型例子如安祿山，他本人為張守珪養子，同時「慮玄宗年高，國中事變，遂包藏禍心，將生逆節。乃……養同羅及降奚、契丹曳落河（當時蕃語，健兒之意）八千餘人為假子……以推恩信，厚其所給，皆感恩竭誠，以一當百」。到唐朝末年，沙陀人李克用所養「假子」更多，甚至將其組成一支強大的軍隊，號稱「義兒軍」。（劉永連）

37 中國北方結婚時新娘進洞房前要跨火盆，這是為什麼？

在北方特別是東北婚姻習俗中，新娘必須跨過一個預先設置好的火盆進入洞房。翻閱北方民族史資料，可知這個看似簡單的儀式有著非常複雜的淵源。

在北方廣大少數民族中，自古以來就普遍信仰著基本一致的古老宗教——薩滿教。薩滿教奠基於原始的自然崇拜，其中最為重要的一項是火崇拜。早在魏晉時期，就有史料記述鮮卑、烏桓等民族崇拜火，他們舉行喪葬時，一般是把死者屍體、遺物包括坐騎等，都用火燒掉再進行土葬，以求死者魂靈在火神保護下到達安居之地。

到隋唐時期，突厥史料中對火崇拜的細節更多，著名中國學者蔡鴻生先生專門撰寫了一篇精彩的論文加以探討。在突厥人生活中，首先流傳著祖先為火温養的傳説，説是索國部落大人阿謗步愚癡亡國，其「大兒」所率領的一支部落流落到跋斯處折施山上，山上「並多寒露，大兒為出火温養之，咸得全濟，遂共奉大兒為主，號為突厥」。據分析，所謂「突厥」一詞，從語言學角度可以分解為 Typ+k 兩個部分，第一部分 Typ 由 Tyc 變形而來，原來發音「托司」，指「原始神靈」，引申為「爐灶要地」。第二部分 k 由 kyhi 演變而來，意思為「妻」。整體看來，「突厥」本指「火神」，且神為女性當淵源於母系氏族公社時期的突厥崇拜。突厥人十分敬重火及其作用，因為「木中出火」，所以他們就「敬而不居」，從不坐、躺用木質的家具；外人進入境內必須從兩個火堆中穿過，以清除邪氣；薩滿還經常帶人圍火堆繞環巡行，口中念念有詞，以求得火神幫助。

到蒙古人興起後，就有史料更加詳細地記述了他們關於火種來源的神話故事、火神崇拜的禮儀細節以及婚禮中新娘必須跨過火堆、向火堆叩頭、念誦讚美火神的祝詞等內容。他們也認為火神是位女性，名叫「嘎勒嘎勒罕•額赫」，號稱「火神母」，她象徵著光明和聖潔，可以驅除邪惡和骯髒之物，甚至可以保護家庭平安。因此人們要時時祭拜火神或依靠火神來清除邪惡、骯髒之物。婚禮中原屬外人的新娘要進入家門，自然要經過火神檢查並同意才行。蒙古族以及後來的滿族都曾經統一中國並長期影響中國北方廣大地區。久而久之，即使北方漢族人也借用、沿襲了新娘跨過火盆進洞房的婚禮儀式。（劉永連）

【知識鏈】

火對北方民族為什麼那麼重要？

為什麼火神得到北方少數民族如此隆重的崇拜呢？這又與這些民族所依賴的自然環境和長期生活需要密切相關。

考察具有突出火崇拜特點的北方民族，他們大致居住在中國長城以北以蒙古高原為主的廣大地區，向東可以越過大興安嶺到東北，向西越過阿勒泰山、準噶爾盆地直到中亞、東歐北部。從氣候上看，這裡屬於寒溫帶和亞寒帶範圍內的大陸性氣候，所接受太陽照射的時間和熱量都比較少，冬季和黑夜寒冷而漫長。尤其在蒙古高原上，鄰近亞洲寒流的發源地，冬季最低氣溫可達零下四十五度C。從植被上看，這裡主要是廣闊的草原，間有戈壁、沙漠和高山、谷地，可以直接利用的自然資源比較薄弱，因而這裡人煙稀少，蒙古人民共和國平均每平方公里至今不到一．三人。

在這種情況下，火對人們來說比任何自然物都重要。首先漫長的寒冷季節使人們極其需要溫暖。而這裡的人們不能像在低緯度地區那樣可以得到陽光的充分沐浴，而只有依賴可以隨時點燃的篝火或灶火。其次，如果沒有火，人們就很難消化獵獲來的野果獸肉，從而得不到身體必需的食物熱量。再者，這裡人煙稀少但豺狼虎豹時常出沒，如果沒有篝火或火把，就難以防禦牠們的侵襲。可以說，如果沒有火，人們就無法生活。

基於以上需要，火神在人們眼裡威力最大、作用最多，最受人們崇拜。火神能夠帶給人們溫暖和光明，還給人們提供熟食，保護帳內男女平安。同時火神無比聖潔，可以驅散害人的邪魔，淨化人的靈魂。因此火神信仰普遍，甚至身兼帳神、灶神等多種神職。人們平時無論飲食起居，還是治病除魔，特別是婚喪、祭祀等重要禮儀，無不祭拜火神，以求平安和福祉。他們還形成很多禁忌，譬如不能用腳踩火，往火裡潑水、丟雜物，用棍棒捅火，更禁止玩火、扔火。突厥人甚至禁用木質家具和葬具。（劉永連）

38 狐狸精的故事是從什麼時候開始盛行的？

在唐以前，關於狐的描述就已經很多了。先秦兩漢時期，人們曾經把狐看作是吉祥的象徵，狐的機智和從「狐死必首丘」中體現出來的對故鄉的眷戀也曾經是人們所稱讚的。之後，有關狐的傳說發生了一些變化，根據中國歷史學者王青先生的總結，在六朝志怪小說中，狐已經幻化成博學多才的書生，誘人妻女的淫漢、劫掠行人的歹徒、預測吉凶的術士等各種形象，狐的負面形象開始出現，並逐漸深入人心。到了唐代，狐狸精的故事開始盛行，當時的《廣異志》、《宣室志》等筆記小說中關於狐的記錄連篇累牘，截止到宋代的《太平廣記》、有關狐狸精的短篇小說共有八十三篇之多。《太平廣記》中有九卷專門用來記錄有關唐代的狐狸精的故事。在唐代，狐狸精除了以之前六朝志怪小說中的形象出現之外，還突出了其美麗誘人的特徵。其中最為典型的莫過於駱賓王在「討武檄文」中對武則天的指責：「入門見嫉，蛾眉不肯讓人；掩袖工讒，狐媚偏能惑主。」

據王青先生的研究，這一時期志怪小說中的很多描述都與當時大量進入中原的胡人的生理特徵、文化習俗與技能特長有關。而志怪小說中對於狐狸精的褒貶，也是和當時社會上漢人對胡人的看法聯繫在一起的。六朝時期，由於胡漢之間的隔閡帶有歧視性的故事非常多。

而到了唐代，狐的負面形象雖然沒有完全消失，但是已經開始發生了變化。如沈既濟《任氏傳》中的狐女鄭氏、張讀《宣室志》「許貞」中的狐女都是美麗善良的女子形象。這都反映了在唐朝開放的文化氛圍中，胡漢之間的隔閡越來越小。不僅如此，據唐張《朝野僉載》載：「唐初已來，百姓多事狐神，房中祭祀以乞恩，食飲與人同之。事者非一主。當時有諺云：無狐魅不成村。」在這裡，狐甚至以「神」的面目出現已經成為人們供奉的神明。（王曉麗）

【知識鏈】

唐代人贊成胡漢通婚嗎？

唐代是一個開放的社會，胡漢通婚在唐代社會中是比較普遍的現象。唐朝皇族本身就是胡漢通婚的後裔；唐代法律也明確規定允許胡漢通婚，只是不允許胡人把漢人的婦女帶出唐朝。至於社會上胡漢通婚的現象就更多了。據《太平廣記》引唐陳鴻《東城老父傳》載，元和年間「北胡與京師雜處，娶妻生子，長安中少年有胡心矣」。可見胡漢通婚之普遍。然而，對於這種普遍存在的現象，唐代人真的能夠從心底接納嗎？

中國歷史學者王青先生在對唐代筆記小說的研究過程中，發現了唐代人對待胡漢通婚的真正態度以及胡人或具有西胡血統的混血兒在當時的生活境遇。在唐代大量有關狐狸精的小說當中，「狐」「胡」相通，從人們對「狐女」的態度，就可以尋到胡人在唐代社會生活的印跡。據唐戴孚《廣異記》「王苞」條記載：「唐吳郡王苞者，少事道士葉靜能，中罷為太學生，數歲在學。有婦人寓宿，苞與結歡，情好甚篤。靜能在京，苞往省之，靜能謂曰：『汝身何得有野狐氣？』固答云無，能曰：『有也。』苞因言得婦始末，能曰：『正是此老野狐。』臨別，書一符與苞，令含，誡之曰：『至舍可吐其口，當自來此，為汝遣之，無憂也。』苞還至舍，如靜能言。婦人得符，變為老狐，銜符而走，至靜能所拜謝。靜能云：『放汝一生命，不宜更至於王家。』自此遂絕。」透過這些神奇怪異的描述，我們可以看到當時社會上對於異族交往所持的態度。即使是「情好甚篤」，但是一旦知道女方具有胡人血統，就被要求離開男方，永不交往。

就算是已經通婚，胡族女子的境況也不會更好。據《廣異記》「賀蘭進明」條記載：「唐賀蘭進明，為狐所婚。每到時節，狐新婦恒至京宅，通起居，兼持賀遺及問信家人，或有見者，狀貌甚美。至五月五日，自進明已下至其僕隸，皆有續命，家人以為不祥，多焚其物，狐悲泣云：『此並真物，奈何焚之！』其後所得，遂以充用。後家人有就求漆背金花鏡者，入人家偷鏡，掛項緣牆行，為主人家擊殺，自爾怪絕焉。」從這個悲慘的故事，我們可以看到胡族血統的女子試圖融入漢人家庭時那種尷尬、困窘的境遇和她們低下的社會地位。

這種對於胡女的偏見尚不盡於此，據《廣異記》「李麐」條記載：「東平尉李麐初得官，自東京之任，夜投故城。店中有故人賣胡餅為業，其妻姓鄭，有美色，李目而悅之，因宿其舍。留連數日，乃以十五千轉索胡婦。既到東平，寵遇甚至。性婉約，多媚黠風流，女工之事，罔不心了，於音聲特究其妙。在東平三歲，有子一人。其後，李充租綱入京，與鄭同還，至故城……鄭固稱疾不起……久之，村人為掘深數丈，見牝狐死穴中，衣服脫卸如蛻，腳上著錦襪，李歎息良久，方埋之。歸店，取獵犬噬其子，子略不驚怕，便將入都，寄親人家養之。輸納畢，複還東京，婚於蕭氏，蕭氏常呼李為野狐婿……一日晚，李與蕭攜手歸房狎戲，複言其事，忽聞堂前有人聲……因謂李：『人神道殊，賢夫人何至數相謾罵？且所生之子遠寄人家，其人皆言狐生，不給衣食，豈不念乎！宜早為撫育，九泉無恨也。若夫人云云相侮，又小兒不收，必將為君之患。』言畢不見，蕭遂不復敢說其事。唐天寶末，子年十餘，甚無恙。」在這兒，李麐被常呼作「野狐婿」，其具有胡人血統的孤兒遠寄人家，遭受歧視，不給衣食，更給我們展示了胡漢通婚家庭所遭受的不公平待遇。

雖然在官修史書當中我們看不到很多歧視胡人或者是禁止胡漢通婚的史料，但是通過筆記小說的記載，我們仍能看出在唐代社會中，胡漢通婚還是不容易被人們接納的。（王曉麗）

【六】開啓競賽任意門

39 舉重在中國是怎麼開始成為競賽項目的？

舉重運動與體力勞動緊密相關，其實在東西方都有著悠久的歷史。原始社會人們獵取食物時，通常要舉起沉重的石頭狠狠打擊猛獸，於是就有了最為原始的舉重行為。據說在古希臘時代，運動場上專門放置一個沉重的鐵球，人們只有舉起這個鐵球才能獲得資格參賽。但比其較早的中國春秋時代，號稱「舉關」的體育活動已經流行。所謂「關」，就是城門上的門閂，城門巨大，當然門閂也非常結實沉重，一般人不易舉起。據說當時孔子力能舉關，這應是他能夠當上魯國司寇這一緝捕盜賊之官的重要體質條件。同時秦國武王有力好勝，專門與人比試扛鼎贏過他的人可以封官。從此，舉關、扛鼎就成為當時舉重活動的重要項目，而稍後張良所派錘擊秦始皇的俠士、與劉邦爭霸不已的項羽等則都是力舉千斤的猛士。

魏晉南北朝隋唐時期舉重運動在中國獲得重大發展。晉成帝咸和八年（三三三），朝廷下過一道特別選拔令，「令諸郡舉力能舉千五百斤以上者」。唐太宗組建「飛騎軍」的時候，把「翹關」列為一項重要的考試科目和選拔標準。所謂「翹關」，與舉關運動相近，即要把城門門舉到頭頂以上。到長安二年（七〇二）武則天創立「武舉」即定期在全國選拔能夠打仗、領軍的軍事人才。這時候就將「翹關」確定為考試科目，並且在考試中明確規定：「翹關，長丈七尺，徑三寸半；凡十舉後，手持關距，出處無過一尺。」看來，唐代舉重作為選拔技法規定了明確的舉重規格和動作要領，已經成為一種非常正規的競賽項目了。於此同時，以軍營為主要場所，選拔之外也非常盛行翹關、扛鼎活動。從此舉重運動更加重要地開展下去。（劉永連）

【知識鏈】

為什麼舉重運動在中國能夠長興不衰？

自從唐代武舉開設，朝廷以翹關選拔力士，使舉重運動得到正常化管理和更多財力的支援；而群衆中流行翹關扛鼎之戲，則為舉重運動積累了雄厚的群衆基礎。因而舉重運動在中國愈加興盛起來。

武松威震安平寨

不但如此，將舉重作為武科舉人的常規項目，這並非是官府的一時之舉，而是此後各代沿襲下來，並且不斷豐富發展，使舉重項目也不斷增加。如在明朝武舉考試中，增加了要求將三百斤石墩提離地面一尺以上、能舉百斤大刀繞身旋轉而腳跟穩健等項目。戚繼光選拔組建「戚家軍」時，規定必須身扛三百斤鐵人行走千步才能合格錄取為士兵。與此同時，由於受到官府的鼓勵和支援，舉重運動在民間也日益受到重視和歡迎。自明朝以後，舉石鎖以練臂力成為百姓練武的基本功夫，這項運動普遍流行於全國各地。

這樣，舉重運動既有了政府的提倡和管理，又有雄厚的群眾基礎，而且各朝各代如此長期保持下來，所以在中國能夠長盛不衰。（劉永連）

40 中國跳水競技最早起源於何時？

據史料記載，最晚在唐代跳水這種形式的體育活動就已經出現。當時水上體育項目內容豐富，一概統稱「水戲」，其中就包括了跳水。據《因話錄》卷六記載，唐代洪州有個名叫曹贊的藝人，能夠從「百尺檣上，不解衣投身而下，正坐水面若在茵席」。從這段描述來看，當時已經出現了跳水這一水上運動，只是這種跳水競賽的觀點與現代尚有不同，一是比其勇敢，可以臨高百尺而不懼；二是比其從容，不脫衣服即可投身而下；三是比其浮力，可以水上端坐不沉。儘管史料描述的語言可能略帶誇張性，但是足以看出當時跳水項目的難度絕對不亞於現代跳水運動。（劉永連）

古代水戲圖

【知識鏈】

唐代的「水戲」是什麼樣貌？

作為水上運動項目統稱的「水戲」其花樣非常之多。除了高處跳水外，唐代還出現了潛水、游龍門、弄潮等各種刺激性項目，並顯示出了很高的技術水準。《通幽記》裡記載，唐德宗貞元年間，有個叫周邯的人，他有一個十四、五歲的小奴，潛水技術相當之高，因此被周邯稱為「水精」。他曾從四川沿江而下，潛入長江三峽從中撈出許多金銀器物。《新唐書•雷滿傳》裡記載，雷滿在府裡有一個私人游泳池，經常設宴於泳池邊，酒酣時，取各種器皿擲到水中，然後脫衣潛入水底，取回各種寶器，以此為娛樂。許多史料表明，從南海島國來唐的昆侖奴普遍水性極好，可以潛入深海礁石和湍急河流中打撈沉船遺物。

游龍門也是唐代民間壯觀的水戲活動。龍門是指黃河上晉陝交界處的險要地帶，落差大，水流急。但據《唐國史補》記載，龍門人能夠在此處游泳，「與懸水接水，上下如神」。錢塘江入海口處，每到秋季海水升漲時，江潮倒湧，異常兇猛，但當地居民仍能下水游泳，稱為「弄潮」。同時在江南水鄉，許多女子敢於搏擊長流，也是游泳能手。

此外，《因話錄》還記述，曹贊能在水裡「迴旋出沒，變易千狀」；而雷滿本傳也說其可「戲弄於水面，久之方出」，看來當時已出現精彩的「花式游泳」。而曹贊「又於水上靴而浮，或令人以囊盛之，繫其囊口，浮於江上，自解其繫。至於見者，目駭神竦，莫能測之。

恐有他術致之，不爾真輕生也」，這種神奇水戲就不是今人所能揣測的了。（肖仁龍、劉永連）

41 「錦標賽」何時出現在體育活動中？

「錦標」本是錦製的標旗，後泛指授給競賽優勝者的獎品，如錦旗、銀盃等。「錦標賽」是不同地區或競賽組的優勝者之間的一系列決賽之一，現已成為許多體育賽事的組織形式。其實早在唐代，錦標賽就已經出現在體育運動中。

唐代體育蓬勃發展，民間參與熱情空前，賽龍舟可以說是中國古代民間規模最大的體育競技項目了，「錦標」就出現在這一體育運動中。賽龍舟在古代被稱作「競渡」，多在農曆五月初五端午節舉行，在南方水鄉尤為盛行。比賽場地為一片較大的水面，起點用紅旗作標誌，終點樹立起一根長竿，上端纏掛彩色錦緞，以紅色為主色調，非常鮮豔奪目，稱作「錦標」或「彩標」。競渡船被稱作「龍舟」，用獨木做成，船頭建有龍頭，船尾豎起龍尾，兩側船身彩繪上龍鱗，非常輕便。比賽開始前，龍舟都已在起點處待命，岸上已是人山人海。擂鼓三下後，起點處紅旗迅速向兩邊移開，比賽正式開始。龍船猶如蛟龍出水，而後迅速破浪前行，這時管弦齊奏，鼓聲喧天，觀眾歡呼如雷，首先到達終點的龍舟奪得錦標獲勝。

「擊鞠」即打馬球，是唐代盛行的體育活動之一，多出現在社會上層和軍隊中。球手們騎在經過訓練的馬上，用一種頂端成月牙狀的木製球杖擊打馬球，馬球選用質地堅硬，彈性好的木料做成，拳頭大小，中空且在外層塗上紅漆。比賽場地非常寬闊，四周樹上紅旗，比賽雙方各分一半，根據比賽人數設球門一或兩處。裁判員被稱作「唱籌」，進球得分稱作「得籌」。比賽時，參賽者縱馬馳逐，用杖擊球，以進球得分為「得籌」，得一籌即增紅旗一面，失一籌即減紅旗一面。待比賽結束後以比賽雙方得紅旗多少決定勝負。（肖仁龍、劉永連）

【知識鏈】

拔河運動是怎麼來的？

拔河至今仍是民間喜愛的群眾體育運動，然而它最早起源於什麼，又是怎麼發展的，目前學界很少有人深入研究。

如果從「拔河」一詞的出現來看，最早是在唐代，唐人詩詞、歌賦和筆記小說多有涉及。可見這時候拔河運動已蓬勃發展起來，肯定不是萌芽時代。那麼，它到底起源於何時呢？

南朝蕭梁宗懍《荊楚歲時記》云：「施鉤之戲，以緶作篾纜，綿亙數里，鳴鼓牽之。」可見這裡記述的所謂「施鉤之戲」就是拔河。隋人杜公瞻為該書作注，認為這種「施鉤之戲」起源很久，是從春秋時期楚國水師的舟戰發展而來。

考據春秋戰國史籍，《墨子》云：「公輸子自魯南游焉，始為舟戰之器，作為鉤强之備，退者鉤之，進者强之，量其鉤强之長，而制之為兵。」不過，該文比較晦澀，「鉤强」之意難解。查閱《太平御覽》兵部所錄《墨子》史料，文中「强」應作「拒」。清代學者孫詒讓《墨子間詁》也指出：「退者以物鉤之則不能退，進者以物拒之則不得進，此作『鉤强』無義。凡『强』字當從《太平御覽》作『拒』。」由此大意可以明白，最初楚國水軍舟戰，由公輸班發明了一種可以鉤住敵船防其後退，拒住敵船阻其前進的兵器，創造「鉤拒」戰法，大概這種「鉤拒」戰法就是「施鉤之戲」（拔河遊戲）的最早源頭。

不過，「施鉤之戲」是怎麼由軍事戰法演變為體育賽事的呢？《隋書》地理志云：「（襄陽、南郡）二郡又有牽鉤之戲，雲從講武所出，楚將伐吳，以為教戰……鉤初發，皆有鼓節，群噪歌謠，震驚遠近。雲以此壓勝，以致豐穰。其事亦傳於他郡。」以上襄陽、南郡屬於楚國之地，應該早有「鉤拒」戰法。由於可能經常用於軍事演習，近千年之後這種軍事戰法逐漸演變成民間群眾習俗活動，並沾染上驅邪免災和祈求豐收的巫術色彩。

到了唐代，「施鉤之戲」或「牽鉤之戲」創造出新的競賽工具和形式，使其發展到繁榮和鼎盛。這時候已經不用所謂「鉤拒」貨「篾纜」，而是用比較結實的麻纖維撚成粗大的繩子，上面再分出幾百條小繩子，分列兩段，牽引競力。在其大繩中央，繫以彩綢，下面劃地為河，立大旗為界，牽拔過界者為勝，故名曰「拔河」。有唐一代，拔河運動在社會上下都很流行。朝廷不斷組織大規模的拔河競賽，壯觀的場面中參賽者竟至千人，同時用力和吶喊，呼聲地動山搖。皇帝也有興趣組織高規格比賽，中宗時曾讓七宰相二駙馬為一朋，三宰相、五將軍為一朋，兩下較力，趣態百出。至於民間，更是常見拔河場面，特別在清明、中秋、重陽等節日，拔河是每次必玩的競賽活動。軍中為了訓練士兵聽從指揮、齊心協力的組織觀念和鍛煉體魄，也經常舉行拔河競賽。（劉永連）

42 現代人踢足球，唐代人踢什麼球呢？

「蹴鞠」作為現代足球的始祖，早在先秦時期就已經在中國出現了。一般來說先秦時期的臨淄被認為是蹴鞠的發源地。到了唐代，蹴鞠已經相當成熟成為當時人們非常喜愛的一項體育活動。唐代蹴鞠所用的球是充氣球。唐代人仲無顏所作的《氣球賦》描述說：「氣之為球，合而成質，俾騰躍而攸利，在吹噓而取實。盡心規矩，初因方以致圓，假手彌縫，終使滿而不溢。」唐代人在玩蹴鞠比賽的時候，最常採用的方法是設置兩個球門，比賽的人分成兩隊來進行，角逐相當激烈。仲無顏《氣球賦》中對此也有描述，說「苟投足之有便，知入門而無必。時也廣場春霽，寒食景妍，交爭競逐，馳突喧闐，或略地以丸走，乍凌空以月圓」，形象地描繪了寒食節蹴鞠的熱烈場面。除此之外，唐代蹴鞠的玩法還有單球門踢法：在場地中央設置一個球門，用兩個長竿作門柱，在兩柱中段懸空聯結一張網形成球門即為得分區，雙方隊員分別站在球門兩側，按一定的規則將球從得分區踢到對方的場地，最後以得分多者為勝；打鞠，也叫「一人場」，就是不用球門，也不拘人數多少，一人或多人各自獨踢，用頭、肩、背、臀、胸、腹、膝等身體部位支配球，花樣繁多。比賽時，球手們輪流表演以花樣多的為贏。民間也把這種踢法作為個人健身活動的項目；「白打」，也叫「二人場」、「四人場」、「八人場」等，必須是偶數，比賽的時候也不用球門，就是二人或者是多人（偶數）傳接對踢，既講究花樣又需要配合默契；「趯鞠」，是專門以踢高為比賽規則，在軍隊當中很流行；築球鞠，《宋朝事實類苑》裡面提到唐代時候的築球：「球為牛尿泡，貫氣而張之，跳躍性強，民間少年築圍而蹴之，不使墮地，以失蹴為恥，久不墮為樂，曰『築球鞠』。」

在唐代，從皇帝到普通百姓都喜歡蹴鞠，蹴鞠運動風行一時。據說唐太宗和唐玄宗都喜歡踢球，在御園中專門設了打球官，建造了大規模的球場，妃嬪宮女都紛紛下場踢球。尤其是唐玄宗開元天寶年間，蹴鞠之風甚盛，以致引起大臣的不滿，上書勸諫，不過沒有什麼效果。天寶以後，杜甫還寫詩懷念「十年蹴鞠將雛遠」，王維也有「蹴鞠屢過飛鳥上」的詩句，反映蹴鞠時候的盛況。唐代後期，蹴鞠仍然很流行，不少將相大臣都能上場踢上幾腳。正所謂上行下效，在宮廷蹴鞠之風盛行的帶動下，唐代社會上蹴鞠活動也非常流行。據史籍記載，唐代長安城就有永崇坊、光福坊、靖恭坊、平康坊等球場二十二個。在當時，蹴鞠不僅僅是一項重要的體育娛樂專案，人們還意識到它的健身功能。唐代人把蹴鞠叫做「發汗散」，所以當時人們說「蹴鞠成功難盡言，消食健體得安眠」，迷上蹴鞠之後，「肥

南宋蹴鞠紋畫像鏡圖

風瘦癆都罷」。（王曉麗）

【知識鏈】

唐朝人在馬上打的是什麼球？

除了蹴鞠之外，唐代還盛行一種在馬上持杖擊球的球戲，叫做「擊鞠」，又叫「擊球」、「打球」。

擊球最初是從吐蕃傳入的（另有一說從波斯傳入），唐初即開始風行，以至唐太宗曾經焚球以自誡。唐中宗「好擊球，由是風俗相尚」，擊球運動開始在社會上盛行。金城公主出塞和親，吐蕃派使迎親的時候，還專門帶來了一支球隊，與唐朝的擊球隊在宮中舉行了一次精彩的擊球比賽。李隆基在這場比賽中表現非常突出，「東西驅突，風回電激，所向無前」。唐玄宗即位之後，擊球活動更是達到極盛。其後，唐宣宗的擊球技藝，曾使「二軍老手，咸服其能」。唐末的唐僖宗李儇曾經自稱：「朕若應擊球進士舉，須為狀元。」還多次勒令地方官員舉薦球技高超的青年入宮陪他擊球。唐代政府專門設立「打球供奉」，神策兩軍中也有不少的打球軍將。每年科舉之後的曲江宴中，新科進士們也要進行一場擊球比賽。由於皇帝的帶頭提倡，社會上的上行下效，擊球運動在唐代盛極一時，當時的都城長安成了唐代擊球運動的中心，建造了很多球場，社會上還出現了專門製造球杖的行業。

擊球在唐代還被作為訓練兵士騎術的一種方法，在唐軍中被列為訓練專案之一。唐代軍中經常舉行擊球比賽，湧現出一大批擊球能手。德宗初年有一個姓夏的河北軍將，「常於球場中累錢千餘，走馬以擊鞠杖擊之，一擊一錢飛起六七丈」。但是，由於這項運動十分劇烈，在比賽中常有死傷致殘的事情發生，「有碎首折臂者」、「以球喪一目」的情況不時出現，所以經常遭到人們的非難，韓愈就曾經專門寫文章來反對擊球。由於騎馬擊球的危險性太大，從唐中葉以來，社會上開始流行「驢鞠」，也就是騎在驢上打球。由於驢的性情比較溫和平穩，這種球戲在宮中和婦女當中十分流行。（王曉麗）

43 「盲棋」這種棋藝最早出現在何時？

唐朝是圍棋發展到繁榮鼎盛的時期，不但高手雲集，而且人外有人，天外有天。玄宗時期宮廷棋藝大師王積薪就遇到一樁他做夢也想不到的奇事。

據薛用弱《集異記》記述，當年安史之亂突然爆發，王積薪跟隨唐玄宗倉猝向四川一帶奔逃。一次借宿在深山一個只有婆媳兩人的農家小院裡，夜深了他還沒睡著。這時候，屋裡東面忽然傳來一陣老婦的談話：「媳婦，這夜晚沒什麼好耍的，下一盤圍棋，賭賭輸贏怎樣？」西間住著的媳婦答應說：「好啊！」王積薪覺得非常奇怪，屋裡燈火都已熄滅了，婆媳倆又不在一個房間，怎麼下得了圍棋呢？於是附耳靜聽。看來是媳婦先下，就聽她說：「我在東起第五、南起第九這個地方下一個子。」婆婆回應說：「那我就在東起第五、南起第十二處下一個子。」媳婦又說：「我再在西起第八、南起第十處下子。」婆婆又回應說：「我又在西起第九、南起第十處下子了。」……屋裡每下一子，都經過一番熟思，直到快四更天的時候，共下了三十六子，王積薪都暗暗銘記在心。這時候，婆婆收棋了：「你已經輸了，不過我只贏了九枰。」媳婦也表示服輸。

稍懂棋藝的人都知道王積薪是唐代一流國手，他棋藝精深，著述豐富，見識也廣，他所遇到的這件事情既是奇事，但又十分真實。從其下棋情形來看，這種不看棋盤和棋子，只憑著記憶下棋並完成贏棋過程的下棋方法無疑就是「盲棋」下法。應該說，在圍棋史上很少見到的「盲棋」技藝，在唐代就已經出現了。（劉永連）

【知識鏈】

第一場中日圍棋賽是何時開戰的？

圍棋起源於中國，到了唐朝，已普遍使用十九道棋道，比賽規則已日臻完善，與今日幾乎沒有兩樣。唐朝時，圍棋已經是一項非常流行的運動，就連唐宮廷中也有專門負責下棋的翰林院棋待詔。唐代有個著名的棋手叫做顧師言，是唐武宗、宣宗時代的翰林院棋待詔。《忘憂清樂集》中載有其與棋待詔閻景實爭奪「蓋金花碗」對局號稱晚唐第一高手。

唐蘇鶚《杜陽雜編》及南宋王應麟《玉海》等均載：唐宣宗時，圍棋已傳入日本多年。有一位自幼愛好圍棋，在日本國內已經號稱無敵的日本王子來中國朝貢，向唐宣宗提出要與中國棋壇高手對弈的要求唐宣宗答應了他的要求，並派出了顧師言出戰，比賽在集賢殿舉行。到了比賽日，雙方坐定後，日本王子即命隨從取出從日本帶來的棋盤和棋子。棋盤通體光潔如鏡，幾可照人，宛如美玉。棋子則為玉質，晶瑩光亮，大小如一。這時，日本王子炫耀地介紹說：「我國東面三萬里的大海深處，有座集真島，島上有個手潭池，池中出玉石，黑白大小一樣，全是天然生成，而且冬暖夏涼。這些棋子即為手潭池中的玉石，名曰『冷暖玉棋子』。集真島另產一種玉石，叫『如楸玉』，外表看上去，很像楸木。這塊棋盤就是用如楸玉雕琢而成的。」雙方經過一番推讓後，最後還是由顧師言執黑先行，顧師言雖說是有備而來，但心底還是有些緊張，每次都反復思考成熟，才敢落子。日本王子也不敢貿然行棋，每走一步，總要凝思許久，甚至手伸出去又縮了回來。就這樣雙方你來我往，至三十三著還未決勝負；顧「懼辱君命，而汗手凝思，方敢落指，則謂之鎮神頭，乃是解兩征勢也」，使對方瞠目縮臂，中盤服輸。日本王子輸給了顧師言，便向唐朝禮賓官員問道：「這位顧大人是貴國第幾號棋手？」禮賓官員不動聲色地答道：「第三號。」日本王子點點頭，又提出希望會一會唐朝的第一號棋手。禮賓官員笑道：「勝了第三，才能會第二。勝了第二，方能見第一。」日本王子聽後不便再多說，收拾起棋盤棋子，十分感慨地歎道：「沒想到小國的第一，竟勝不了貴國的第三！」這段故事是中日古代圍棋交流中有影響的傳說，此事亦見於《舊唐書．宣宗本紀》，但未記細節，弈棋時間為大中二年（八四八）三月間。（徐樂帥）

44

象棋裡面的「砲」為什麼是「石」字旁？

熟悉象棋的朋友一定知道，在兩軍對壘的陣營裡有著一種類似於現代大炮、必須隔山打擊對方的棋子，但至今仍然書寫為「砲」，這是為什麼呢？這與目前稱之為「炮」的一種武器之發展歷程密切相關。據研究這種可以遠端發射的武器其實在遠古時期就已經發明使用了。不過由於火藥還未創造出來，它所發射的並非可以爆炸的炮彈，而是只能砸人毀物的石頭，所以稱之為「砲」。準確一點說，這其實是一種發石機，主要是靠一種物體張力（如竹、木彎曲時產生的力量）或者靠槓杆旋轉運動而帶動的動力而發射石彈，能在較遠的距離殺傷敵人或摧毀城防設施，是非常重要的攻城武器。相傳發石機初創於三千年前的周代，時稱「拋車」。春秋時資料記述，當時的「拋車」可以將相當於現在十二斤的石頭彈射到一百多公尺遠的距離外。春秋戰國以後，這種稱作「砲」的發石工具廣泛用於古代戰場，並在許多戰役中發揮重大作用。在著名的官渡之戰中，曹操與袁紹對壘時遭到敵人樓車居高臨下的射擊，於是集中工匠改造「拋車」，製造出一種威力極大並且在支架上裝有輪子的武器，號稱「霹靂車」。之後曹軍在夜幕掩護下把霹靂車推進陣地前沿，在黎明突然發起進攻。頓時石彈橫飛，袁軍樓車盡毀而且死傷慘重。唐初秦王李世民攻打洛陽，李攻打高麗，安史之亂時李光弼守衛太原等戰役中，也都顯示出這種武器的巨大威力。唐宋時期，發石機發展到鼎盛狀態，已經發明使用砲樓（相當於四輪高架炮車）、行砲車、單梢砲、五梢砲、七梢砲、旋風砲和旋風五砲等多種武器。其中旋風砲憑藉旋轉的豎軸支援槓杆可以向任一方向發射。單梢砲的石彈重二斤需要四十人拽放。七梢砲的石彈重一百斤，二百五十人拽放。還有一種回回砲，又稱西域砲或襄陽砲，是回族人創製的，石彈重一百五十斤，威力極大。與此同時，火藥已經發明並應用於軍事領域，有些聰明的將領開始用發石的「砲車」發射火藥球等新式炮彈，而真正利用火藥燃燒所形成的爆發力來發射彈丸的火筒也發明出來。於是，「砲車」開始與火藥有了關係逐漸變成現代使用的火炮。（劉永連）

【知識鏈】

古代的「火箭」和現代的火箭有什麼異同？

神州七號的發射大大促進了中國宇宙航空事業的發展，同時也使火箭這種東西為我們所日益熟悉。所謂火箭，是一種以熱氣流高速向後噴射產生反作用而向前運動的推進裝置，主要用於發射人造衛星、載人飛船、太空站以及導彈等。不過，「火箭」一詞古已有之，它與現代火箭有什麼異同呢？根據古書記載，早在西元前三世紀的時候，人們在作戰中就懂得把一種攜帶硫磺、猛火油等易燃物質的箭矢發射出去，用來燒毀敵人城門、城樓、柵欄、營房等木製防守工具。這是最早的「火箭」，也是古代火攻的一種常見方式。唐末五代火藥逐步用於軍事，這時候出現了另一種形式的「火箭」，即把裝有火藥的竹木小筒綁在箭杆上，點燃射出，利用發射慣性的同時也可以借助火藥燃燒向後噴射產生的反作用力向前推進，比一般單用弓弩發射的箭矢要射程更遠。甚至有些「火箭」還攜帶類似爆竹的「火藥球」，射到空中可以爆響，又稱「響箭」。在用途上，除了燒毀敵人防禦工具外，還有報信示警等功能。據史料記述，宋代還有一種「火箭」，即把具有爆炸性能的火藥球裝配在箭杆上，點燃引線射出，可以衝入敵陣殺傷敵人，又稱「萬人敵」。這些「火箭」儘管在技術上與當代火箭還有天壤之別，但從運行原理上來說，它們已初具現代火箭的雛形。(劉永連)

【七】開啓詩詞任意門

45 唐朝詩歌為什麼能夠繁榮無比？

唐代詩歌繁榮基於國家統一、經濟發展、文化繁榮等多種條件，但唐詩達到繁榮無比的境界則與科舉考試和愛詩風尚有著直接的關係。

高宗調露二年（六八〇），朝廷規定進士考試第二場加試詩、賦各一篇（首），要求別出心裁者才算合格。開元年間，進一步規定這場考試專考詩歌，並提高要求水準。這些規定在全國掀起學習詩歌的熱潮。為了榮耀一生的進士及第，天下文人舉子無不以極大熱情學習白居易手跡和創作詩歌。許多史料透露，人們為了順利考中進士，早在童蒙教育階段就開始學習詩歌了。一些著名詩人如白居易、劉禹錫等大家的作品，曾被民間無數次搜求、輯錄，作為教材在里學、私塾裡使用。特別應該指出的是，唐朝皇帝對詩歌考試也特別重視，文宗、宣宗等皇帝每遇新科進士選拔出來，總是詢問有無傑出的詩歌文學之才。他們對詩歌大家尊崇之至。例如，大詩人白居易去世後，宣宗皇帝深切悼念說：「綴玉聯珠六十年，誰教冥路作詩仙。浮雲不繫名居易，造化無為字樂天。童子解吟長恨曲，胡兒能唱琵琶篇。文章已滿行人耳，一度思卿一愴然。」字裡行間，充滿了真摯的推崇和緬懷之情。上行下效，統治者的宣導起到了推波助瀾的作用。唐代留下强盜愛詩的一則奇事：詩人李涉路遇强盜，沒想到强盜說，既然是李博士（時人對李涉的尊稱）駕臨，我們就不搶什麼了，但是求您送給我們一首詩吧。李涉馬上口占一絕：「暮雨瀟瀟江上村，綠林豪客夜知聞。他時不用逃名姓，世上如今半是君。」結果强盜們不但對李涉厚贈禮送，而且自己改邪歸正，做起了良民。

在唐朝，吟詩作賦已經成為整個社會的風尚。士人、學子們見面總以詩歌較量，這自不必說。上自皇帝、高官，下至樵夫、走卒，人人都能口占幾句。據說，白居易每有新作，總得讓鄰居老婦評判一番，聽得順口才成定稿。同時名人們的詩作，往往被民間私自雕版印刷，隨時可以在市面上買到，這樣人們非常方便學習經典詩句，也比較容易提高水準。在當時，嶺南荒蠻之地竟能出現七歲女送別兄長的傑作，而長安小李泌五歲詠詩就能得到玄宗皇帝的好評。據統計，乾隆朝初編《全唐詩》的時候，就收有三千餘名傑出詩人的大約五萬首詩歌佳作。後來從雜史古籍和考古文獻兩大途徑不斷尋揀，今天已經可以看到大約十萬首唐詩以及因遍及各個階層和區域角落而難以估算的龐大詩人群體，這是前後所有朝代都無法見到的奇蹟。（劉永連）

【知識鏈】

李賀為什麼被稱為「詩鬼」？

李賀，字長吉，祖籍隴西，生於福昌縣（今河南洛陽宜陽縣），李唐宗室後裔。李賀雖家道沒落，但志向遠大，平時勤奮苦學，博覽群書，以詩名著於當代。然而，為什麼人們稱之以「詩鬼」呢？

這首先與李賀的詩風直接相關。李賀做詩異於常人，平時善於觀察生活，苦思冥想，因而經常口出奇句。而偶有所得，就書寫成句，投之以隨身攜帶的錦囊。其作品，無不想像奇特，超越常人思維。他的詩多借鬼魅以敘事抒情，如《南山田中行》云：「鬼燈如漆點松花。」《秋來》詩云：「秋墳鬼唱鮑家詩，恨血千年土中碧。」《神弦曲》云：「百年老梟成木魅，笑聲碧火巢中起。」神思奇句造就出一幅幅淒美的意境。即使不帶「鬼」字，由於用語出奇，如《天上謠》云：「東指曦和能走馬，海塵新生石山下。」《楊生青花紫石硯歌》：「端州石工巧如神，踏天磨刀割紫雲。」《李憑箜篌引》云：「昆山玉碎鳳凰叫，芙蓉泣露香蘭笑。」往往起到石破天驚、發聾振聵的效果。從此來看，李賀與「鬼」有緣，也不愧為詩中「鬼才」。

其次，李賀遭遇淒慘，生命短促，其命運似乎也與「鬼」類相近。儘管李賀才能出眾，並且順利通過了河南府試，年紀輕輕就可以衝刺進士考試，但是有嫉賢妒能者譭謗他，說他父名晉肅，當避父諱，不能參加進士考試。當時韓愈非常氣憤，曾撰《諱辯》一文駁斥這種無稽之談，然而當時主考官昏昧至極，聽信謠言，竟將李賀逐出考場。李賀生不逢時，前途坎坷，僅做過三年的九品微官奉禮郎，平時也愁苦多病，到二十七歲就溘然而逝。

與唐代其他著名詩人不同，李賀以其短促的一生，坎坷的命運，卻在詩壇給人們造就一個充滿神奇和精靈的另類意境和世界，因而迥異於「詩仙」、「詩聖」、「詩佛」等稱號，而被推崇為「詩鬼」之才。（劉永連）

46 打油詩是怎麼來的？

打油詩是一種直白淺顯，不講平仄、對仗的詩體。這類詩一般通俗易懂、詼諧幽默，有時暗含譏諷，風趣逗人，頗為一般百姓喜愛。那麼，打油詩的名稱是怎麼得來的呢？通常的一種說法，是因唐人張打油的名字而命名。張打油大致是玄宗、肅宗時期的一位讀書人，名不見經傳。據明代李開先《詞謔》載，在某州衙門裡大廳後面新建了一座粉白的牆壁。這天長官冒雪到大廳辦公，瞧見有人在牆壁上題詩道：「六出飄飄降九霄，街前街後盡瓊瑤。有朝一日天晴了，使掃帚的使掃帚使鍬的使鍬。」見此長官大怒，追問左右下屬：「什麼人如此大膽，竟敢弄髒我的牆壁？」下屬們都認為是張打油寫的。很快張打油被帶到面前，他狡辯說：「我雖然沒什麼才能，但向來很懂得寫詩，何至於這樣胡說八道！您如果不信，就另外出個題目考我吧。」當時南陽被圍，請求中央出兵相救，長官於是以此為題讓他作詩。張打油馬上脫口而出：「天兵百萬下南陽。」長官評價說：「很有氣概！牆上的臭詩肯定不是你做的。」於是讓他再出下面三句。張打油接著說：「也無救援也無糧。有朝一日城破了，哭爺的哭爺哭娘的哭娘。」又和他以前的風格毫無二致了。不過，此詩惹得長官大笑也不再追究他。張打油因此遠近聞名。凡是詩詞寫得俚俗粗鄙者，一概稱之為「張打油語」。明代著名文學家馮夢龍在談論文學作品時也曾提到：「唐人有張打油，作《雪》詩云：『江山一籠統，井上黑窟窿。黃狗身上白，白狗身上腫。』」看來，唐朝確實有張打油此人，並且習慣作些古靈精怪、令人叫絕的歪詩，「張打油語」無疑就是指「打油詩」。

同時，也有人稱此類詩為「覆窠」、「俳體」或「釘鉸」詩體。明人楊慎在《升庵別集》中引用《太平廣記》史料說，唐末有伊用昌（死於天祐年間，即西元九〇四—九〇七年）號伊瘋子，善作此類詩，當時稱之為「覆窠體」，其中題茶陵縣一首云：「茶陵一道好長街，兩邊栽柳不栽槐。夜後不聞更漏鼓，只聽錘芒織草鞋。」他認為這種詩體以及杜甫所稱的

「俳諧體」，都與「打油詩」體裁一樣，所以也可以稱之為「覆窠」或「俳體」。據說創作打油詩的標誌性人物還有一個叫胡釘鉸的。胡釘鉸，在唐人小說裡有身世和事蹟介紹，是「唐貞元、元和間（西元七八五—八二〇年）人，名本能。以釘鉸為業。能詩，不廢釘鉸之業，遠近號為胡釘鉸，其本名傳不著」。釘鉸，類似現在補鍋、修鞋等活，看來這位也是個民間詩人。明清文人品評詩詞總將其與張打油相提並論。如楊慎評張祜詩云：「張祜詩雖佳，而結句『終日醉醺醺』，已入張打油、胡釘鉸矣。」又評韋應物詩云：「『吳中盛文史，群彥今汪洋。方知大藩地，豈曰財賦强。』乃類張打油、胡釘鉸之語。」故「打油詩」還有「釘鉸」一說。

無論以上何說，都毫無爭議地說明，打油詩是唐代興起於民間的一種文學形式。儘管沒有像詞曲一樣從民間走向高層文壇，好像一直未登大雅之堂，但它千百年來長盛不衰，雅俗共賞，可謂唐人在文學史上的一大貢獻。（劉永連）

【知識鏈】

唐代「傳奇」是什麼文體？為什麼稱作「傳奇」？

在唐代文學領域，開始流行一種叫做「傳奇」的文體，很快成為中國文學史上的一個奇葩。那麼，它們為什麼稱作「傳奇」呢？

如果從較大的外延來涵蓋，唐代「傳奇」文體屬於小說，是中國古代小說的一種重要發展形式。但是，它與前後小說在內容形式上又有區別，具有自己的特殊內涵。與普通小說相比，它突出的特點正如同它的名字，主要體現在兩個字上。

一個是「傳」，主要形成於人們的口頭流傳，借某些文人之筆記錄下來的傳聞之作。唐代傳奇，或者記述作者親身的離奇經歷和見聞，或者明確解釋如何聽之於某人之口。例如，張文成的《遊仙窟》敘述他赴任金城縣尉路經積石山時的情感經歷，先傳之於口，繼而錄於筆下。元稹《鶯鶯傳》儘管把主人翁的名號改為張生，但是大家都知道這是他對自己年輕未仕時候愛情故事的追憶。再如，白行簡《李娃傳》云：「予伯祖嘗牧晉州（指任晉州刺史），轉戶部，為水陸轉運使。三任皆與生為代（生即李生，指主人翁。該句意思是白行簡伯祖與李生前後接任），故諳詳其事。貞元中，予與隴西公佐話婦人操烈之品格，因遂述汧國（李娃封汧國夫人）。公佐拊掌竦聽，命予為傳。乃握管濡翰，疏而存之。時乙亥歲（即貞元十一年，亦即西元七九五年）秋八月，太原白行簡雲。」還有些作品雖無注明來源出處，但由時人專門輯錄成集，實屬無暇考證之類，得自別人之口毋庸置疑。另外少數作品更值得注意，如牛僧孺《玄怪錄》等，據考證其中故事全係作者杜撰用來攻擊李黨人物，為了達到聳人聽聞的效果，故事更是以離奇古怪見長。

另一個是「奇」，這些小說不止是多講神仙鬼狐故事，即使敘述凡人俗事也無不出人意料。唐人小說集不再像前代之神怪小說那樣僅以「神」、「仙」命名，而多以「奇」「異」、「怪」、「靈」、「廣」、「幽」等作為題眼，如戴孚《廣異記》、張薦《靈怪集》、牛肅《紀聞》、薛用弱《集異記》、陳邵《通幽記》、鄭還古《博異志》、李玫《纂異記》等。其中記錄神仙之事者自然可以稱奇，記述凡人俗事也以奇見勝。最有代表性的是裴鉶《傳奇》，這本集子所收如《崑崙奴》等基本都是凡人奇聞異說的經典之作，「傳奇」體裁命名恐怕就來源於此。

立足於小說發展史來看，唐代傳奇比前代神怪小說在創作上增加了不少著名文人的構思潤色，因而在情節上更為曲折緊湊，內容上加入凡人生活而更為廣泛豐富，可以說是前代神怪小說新的發展形式。從其影響而言，後世小說如《螢窗異草》、《聊齋志異》等直接繼承了傳奇的主流形式，同時元代和明清雜劇也從這裡汲取了不少文化營養。唐代「傳奇」正如它的名字一樣，至今仍不失其神奇的魅力。（劉永連）

47 為什麼說詞牌「菩薩蠻」意思是「蠻菩薩」？它和外國婦女有什麼關係？

宋人朱彧曾在其《萍洲可談》中說：「樂府有菩薩蠻，不知何物。」樂府是當時宋人對配樂吟唱的詞牌的稱謂。意思是說，他看到詞牌中有《菩薩蠻》一種曲調但不知其來歷。其實該詞流行於唐朝，說起來應該是「蠻菩薩」。

唐朝是詞從民間逐步興起的時代。在從民間走向文壇的過程中，這種東西既帶來了不少原來屬於民間的許多文化內涵，同時也沾染了當時充斥中原的外來文化色彩。有些詞牌如《蘇幕遮》等，就是直接取材於像潑寒胡戲等西域藝文活動，而《菩薩蠻》則是外來移民大量入境中國的真實反映。

唐朝時期中國境內充斥著無數外來移民，由於其民族文化的特殊性，他們以其服裝、化妝等外在文化特色給予中國老百姓極其鮮明和深刻的印象。例如廣州，這是當時中國南方最大的對外貿易港口，設置著市舶使專門管理對外貿易，外來的波斯、阿拉伯和昆侖商人雲集口岸。他們主要聚居在珠江南岸的城郊蕃坊，但經常入城與中國人交易。同時，也不乏散居在廣州城內的外來移民。閒暇之時，常常有些蕃商的家屬在街道、集市上遊玩。這使廣州百姓感到非常好奇和新鮮。但由於他們並不明白這些外來移民的國度和種族差異，只是模糊認識到波斯人（包括西域波斯和南海波斯）是最多的，於是以「波斯」統稱這些移民。不過，廣州百姓對這些「波斯」人的扮相妝飾卻瞭解細膩。莊綽《雞肋編》就記錄史料說：「廣州波斯婦，繞耳皆穿穴帶環，有二十餘枚者。」兩只耳朵能帶上二十多只耳環，在當時中國百姓看來不可思議。另外，唐末人蘇鶚在《杜陽雜編》卷下載：「蠻人類世人所畫菩薩，故名曰菩薩蠻。」而研究海上絲路文化的中國歷史學者陳裕菁也提到，有史料描繪南海諸國中蕃婦、國王多「如佛像之飾」。看來，所謂「菩薩蠻」的說法應該找到出處了。

其說法確實是有根據的。我們可以從佛教傳播的角度來考慮這個問題。出自印度、跨越南洋而來廣州的佛祖、菩薩，確實是最初按照印度人的模子創造出來，後來則添加了一些東南亞的妝飾特色。正因為如此，才有南海諸國人「如佛像之飾」的說法。如此說來，那些俗稱「波斯婦」的外來移民婦女無疑就像在中國剛剛女性化的觀世音菩薩。其實，廣州人稱呼蕃婦為「菩薩蠻」的習俗到宋朝還在流行著。因而朱彧在提到已不知「菩薩蠻」詞牌來歷之後，又說到：「在廣中見呼蕃婦為菩薩蠻，因識之。」

廣州人稱呼「波斯婦」或蕃婦為「菩薩蠻」，這是史料確鑿的客觀事實。可能還有對此編詞譜曲者，加以描繪反映，於是出現了冠以「菩薩蠻」曲牌的詞章。如此以來，就給後人留下《菩薩蠻》這一詞牌。只是包括宋人在內，我們大多數因不清楚唐宋廣州的流俗，已無法瞭解這一詞牌的來歷了。最後還有一點，作為對外來婦女的稱謂，這「菩薩蠻」其實應該說成「蠻菩薩」，是說蠻話的「菩薩」而非「菩薩」說蠻話。廣州一帶說粵語，而粵語向來習慣把主詞和修詞倒過來搭配使用，所以「菩薩蠻」其實就是北方容易理解的「蠻菩薩」。

（劉永連）

【知識鏈】

為什麼說西域文化也影響了中國小說的發展？

小說是中國文學領域裡的一個奇葩，最能反映中國傳統文化。但是與詩詞相比，它接受了更為豐富的西域文化。西域文化的傳入推動了中古時代中國小說的發展，這如何理解呢？

首先，我們考察比較直觀的內容題材，可以發現從漢魏到隋唐在中國小說裡有西域器具、人物乃至生活習俗逐步充斥進來。漢魏小說多涉及西域奇物，如瑪瑙杯、獅子皮、火毛鼠以及香料、珠寶等。《拾遺記》開始參用寫實手法描繪瑪瑙：「瑪瑙，石類也，南方者為之勝……丹丘之野多鬼血，化為丹石，則瑪瑙也。」到了隋唐時期，西域商胡、術士、樂工、女伎等形象日益豐富。在小說裡，商胡通常是慧眼識寶的精明人，術士則類似現代歐洲的魔術師，樂工能以琵琶、箜篌獨步樂壇，女伎舞蹈胡旋則令人歎為觀止。

其次，西域文化的影響也導致中國小說情節的變化。例如《酉陽雜俎》中《葉限》一篇敘述了這樣一個故事：南中一帶有個姓吳的洞主，與正妻先後去世，留下女兒葉限由後母撫養。她的後母極其歹毒，經常逼使她上高山砍柴，下深澗提水，讓她吃盡苦頭。但葉限生性善良，不辭勞苦。她曾經悉心餵養著一條金魚，相互親暱信任。後母聽說後就假意為葉限做新衣服，換上葉限的破衣服誘殺了金魚。葉限慟哭一場，把金魚骨頭收藏在房間裡，此後每有心事對著魚骨訴說。這時神異之事出現了，只要葉限以心願祈禱，總能得到滿足。一年一度的洞民節慶到了，後母及其親生女兒都去慶祝，卻命令葉限看守院裡的果樹。但葉限祈禱獲得翠衣金履，也偷偷去參加慶典活動。在慶典會場，後母和她的親生女兒突然看到一個滿身漂亮衣服的女孩很像葉限，葉限也覺察到被發現了，於是倉惶逃跑，跑丟了一隻金鞋。後母回來後馬上到後院查看，見葉限正身穿破衣抱樹而眠，於是打消了懷疑。但葉限的金鞋被一個洞民進獻到鄰近强大的陀汗國，國王遍試全國少女，竟無一人穿著合適。國王感到奇怪，到處搜求金鞋的主人，最終找到葉限。看到葉限善良而且美麗，於是國王娶她為妻，而葉限的後母及其親生女兒則遭到報應，被飛石擊死了。這一故事情節出自西方「灰姑娘」故事模型，早就在歐洲和近東地區流行，後來被安徒生改編為童話。同時，「天鵝湖原形」故事、智慧和寓言故事等不少情節，也都從印度文學滲透到中國小說裡。再者，由於佛教信仰的影響，中國小說開始流行輪迴轉世觀念及其相關故事，對天國和冥府世界的描寫也更加具體豐富了。西域巫術技巧傳入後，中國小說的思維理念也得到發展，作者的空間概念和想像能力進一步拓展開來。

總之，在中古及其以後的中國小說裡，處處可見西域文化的色彩和影子，從而變得博大

精深，生命力極强，最終成為明清以後中國文學的主要形式。（劉永連）

48 「泰斗」之說來源於何處？

「泰斗」是「泰山、北斗」的簡稱。古人尊泰山為山之首北斗為星之尊。故而人們常用泰山北斗比喻在德行和事業上有成就為衆人所敬仰的人。

「泰斗」一詞的由來與中國唐代著名的文學家韓愈有密切的關係。韓愈是唐代古文運動的宣導者，主張學習先秦兩漢的散文語言，破駢為散，擴大文言文的表達功能；同時又强調學古要在繼承的基礎上有所創新，鍥而不捨「詞必己出」、「陳言務去」。他以此為導向進行文學創作在賦、詩、論、說、傳、記、雜文等衆多領域均有卓越成就。後人推他為「唐宋八大家」之首，並冠之「文章巨公」和「百代文宗」之名。

基於其崇高的文壇地位，《新唐書•韓愈傳》用「泰山北斗」來稱頌韓愈：「自愈歿（死後），其言大行，學者仰之如泰山北斗雲。」是說他的主張及創作在其死後廣為信奉和流傳，後繼者將其喻為泰山、北斗對其無限景仰。後來，「泰斗」之說被人延伸引用，超出文壇之外，多用來比喻在某一方面成就突出，在社會上有名望、有影響的人。例如，現在人們把印度的泰戈爾、俄國的列夫・托爾斯泰、中國的魯迅等，稱為文學泰斗；把愛迪生、愛因斯坦、祖沖之、李四光等稱為科學「泰斗」。（劉永連）

【知識鏈】

為什麼韓愈又被稱頌為「文起八代之衰」？

「文起八代之衰」是宋人蘇軾給予韓愈又一高度的評價，這應該從何說起呢？

蘇軾在《潮州韓文公廟碑》中如是說：「自東漢以來，道喪文弊，異端並起。曆唐貞觀、開元之盛，輔以房、杜、姚、宋而不能救。獨韓文公起布衣，談笑而麾之，天下靡然從公，複歸於正，蓋三百年於此矣。文起八代之衰，道濟天下之溺。忠犯人主之怒，而勇奪三軍之帥。此豈非參天地，關盛衰，浩然而獨存者乎？」

縱觀文學發展史，以司馬相如和揚雄的作品為代表，漢代辭賦形成散文這種體裁繁榮興盛的第一個高峰。然而其後的東漢、魏、晉乃至宋、齊、梁、陳和隋，天道轉衰，文風日弊，最後以南朝駢文為孽胎，片面追求繁縟的辭藻和華麗的形式，最終導致思想狹窄和語言內容的陳舊空虛。文章遠離了現實需要，成為文人矯飾辭藻的玩物。直至唐朝初期，社會的繁榮昌盛以及治世能臣們的努力都無法挽救這種時弊；文壇上，李華、元結、蕭穎士、獨孤及等許多名士的宣導也都沒有產生效果。只有到了中唐這個時代，韓愈作為文壇領袖大手一揮，才掀起聲勢浩大的古文運動。

在這次古文運動中，韓愈宣導學習漢賦古文，力求文道合一，深入並反映社會現實；强調「言必己出」，「務去陳言」，亦即文章的創造性；反對形式主義和淫靡之風，講求實際內容和教化之功。這些主張為整個改革運動樹立了旗幟，使其逐步深入地開展下去，一直到北宋歐陽修、蘇軾等人，終於挽救了散文的頹勢，再次贏得了中國散文的第二次大發展。

因此，蘇軾的評價確切之至，是韓愈帶頭以古文運動消除了散文的積弊，在散文從東漢到隋朝經歷了八個朝代的衰落低迷之後，終於使其再度興起，並繁榮下去。可謂是曠絕古今的不世之功。（劉永連）

49 戲曲界為什麼又稱作「梨園」呢？

現代，「梨園」是戲曲界的雅稱。不過，為什麼戲曲界不稱「桃園」、「杏園」呢？「梨園」到底有什麼獨特含義？這名字是怎麼得來的呢？

清朝學者孫星衍在《吳郡老郎廟之記》中記述：「余往來京師，見有老郎廟（以唐玄宗為祭祀對象的廟宇）之神。相傳唐玄宗時，庚令公之子名光者，雅善霓裳羽衣舞，賜姓李氏，恩養宮中教其子弟。光性嗜梨，故遍植梨樹因名曰梨園。後代奉以為樂之祖師。」這一記載頗為新奇，不過與其他史家考述有矛盾只能聊備一說。

現代學者李尤白《梨園考論》認為，梨園位於長安城北皇家禁苑中，在唐朝初期不過是與棗園、桑園、桃園、櫻桃園並存的一處果木園。園中設有離宮別殿、酒亭球場等，是供帝后、皇戚、貴臣宴飲遊樂的場所。後來該園為唐玄宗李隆基所利用，將其變成一座演習歌舞戲曲的專用場所。這一說法符合史實比較可信。

不過，無論哪一說，把「梨園」演化為戲曲界的代稱，無疑與唐玄宗有直接關係。《新唐書》中《禮樂志》記載：「玄宗既知音律，又酷愛法曲，選坐部伎子弟三百，教於梨園。聲有誤者，帝必覺而正之，號皇帝梨園弟子。」唐代是中國傳統文化繁榮鼎盛的時代，當時歌舞戲劇藝術都有巨大發展。歷史的需要，使唐玄宗——這個最為多才多藝的皇帝，以其無與倫比的身分和地位，承擔起戲曲界最高領袖的重任。在他的遠見卓識和大力宣導下，唐朝政府發展了太樂署的職能，以梨園為場所開辦了中國歷史上第一所專門培養文藝人才的藝術學院。由於李隆基樂舞藝術水準極高，親自作為教師類培訓人才，所以後世戲曲界共同推戴他為鼻祖，並創立老郎廟（李隆基小名三郎，是當年武則天最寵愛的「老疙瘩」）祭祀他。從這一角度看，將戲曲界雅稱為「梨園」確實有著非比尋常的紀念意義。（劉永連）

【知識鏈】

梨園弟子都是哪些人？

儘管屬於初創，在梨園中專業分工已有嚴格的規範。首先，梨園子弟分為樂部和舞部兩大系統。其中樂部以演奏方式和身分地位為標準，可分為坐部和立部兩大層次。坐部一般是資歷較深的優秀演員，共分為六部，通常允許坐在堂上演奏。他們有固定的舞曲，多演奏《長壽》、《天授》、《小破陣》、《龍池》等樂曲；伴舞者大抵為三至十二人，舞姿文雅，用絲竹細樂伴奏。立部是一般演員，共分為八部，只能站在堂下演奏，曲目為《太平》、《破陣》、《慶善》、《聖壽》、《光聖》、《上元》等，舞者六十人至八十人不等，舞姿雄壯威武，

梨園弟子立部伎和坐部伎（唐李靜訓墓墓門石刻線畫）

伴奏的樂器有鼓和鑼等，音量宏大。如果按聲部發音和某些特殊樂曲區分，又有男部、女部和小部之別。小部為兒童演出。

至於舞部，玄宗皇帝按舞蹈風格區分為文舞和健舞，各有專業演員。健舞曲目主要有《破陣舞》等，該舞來自唐朝初期的《秦王破陣樂》，描寫秦王率軍征戰，衝鋒陷陣的場景，需要男性舞蹈演員一百二十八人，皆著銀鎧持長戟，做戰鬥動作，壯觀之至。文舞主要有《九功舞》等，反映高宗時期天下太平的社會狀況，主要設兒童演員六十四人，頭戴進德冠，漆髻皮履，款款而舞，象徵天下安樂氣象。此外還有字舞部分，主要曲目有《聖壽樂》、《鳥歌萬歲樂》等。

從學生來源而言，除了最初應招的宮女之外，玄宗還將太樂署裡面的優秀人才選拔過來。梨園弟子裡以女子為主，但也有男性演員，以應樂舞的全面需要。如聞名於開元年間的黃幡綽，善於表演參軍戲，每寓匡諫，有人說：「黃幡綽，玄宗一日不見，龍顏為之不舒。」平日侍從皇帝，亦常假借戲謔規諫其主，往往能解紛救禍，世稱「滑稽之雄」。與此同時還有張野狐，善弄參軍戲，又擅長觱篥（古代管樂器，用竹作管，用蘆葦作嘴，漢代從西域傳入）和箜篌（古代絃樂器）。安祿山作亂時，隨玄宗入蜀，途中為玄宗制《雨霖鈴》和《還京樂》二曲。咸通年間（八六〇—八七四）有李可及，擅演參軍戲，精通音律，善歌唱，腔調淒婉曲折，京城中的少年，爭相模仿，稱之為「拍彈」，並編《歎百年》等歌舞，獲得唐懿宗的歡心，甚至得授都知、威衛將軍等官。

由於經濟基礎穩固，加上皇帝個人對音樂、舞蹈的嗜好，玄宗時期梨園裡僅樂工就有數萬人。像這樣龐大的皇家藝術學院出現在一千多年前，可以說是世界藝術史上的一大奇蹟。

（劉永連）

50 為什麼說唐朝已經有了雙人相聲？

相聲是當代社會上下喜聞樂見的藝文表演形式，自中國老一輩藝人侯寶林、馬三立等人算起，流行繁榮超過半個世紀。不過，至今人們還不清楚，其實相聲擁有千年以上的發展史，至少在唐代，雙人相聲已經流行起來。考察唐代藝文活動史料，我們發現當時存在著一種「參軍戲」，堪為雙人相聲的早期表演形式。所謂「參軍戲」，又稱「弄參軍」。唐人段安節《樂府雜錄》云：「開元中，有李仙鶴善此戲，明皇特授韶州同正參軍，以食其祿。是以陸鴻漸撰詞，『韶州參軍』蓋由此也。」

唐代參軍戲陶俑

為什麼說「參軍戲」相當於雙人相聲呢？有專家說，它們的表演形式，「則以裝扮人物，用對白來作答，並配合上表情動作」，有時也加入歌舞吟唱。而其演員一般就只有兩個，一個稱為「參軍」，扮演聰明機智的角色；另一個稱為「蒼鶻」，扮演愚蠢遲鈍的角色，兩個人也使用學（模仿人物）、說（敘述故事）、逗（詰難挑逗）、唱（歌舞吟唱）等手段，極盡詼諧幽默之趣，使得妙趣橫生，雅俗共賞。就其內容而言，多取現實中的奇聞怪事，或者模仿某些滑稽的人物言行；表演目的，主要取樂，有時也寓以諷刺或者規諫之意。這些也都是相聲的特點其淵源關係非常明顯。藝文界人士和學術界專家已有撰文都認為參軍戲就是相聲在古代的表演形式。

在唐朝參軍戲的表演並不僅限於朝廷。薛能《吳姬》詩云：「此日揚花初似雪，女兒弦管弄參軍。」可見吳越一帶即今長江下游地區非常流行參軍戲。元稹做地方官時，與一位來自淮甸即今淮河地區的參軍戲藝人劉采春有密切交往，可見淮河流域一帶也流行這種藝文形式。李商隱《嬌兒詩》云：「忽複學參軍，按聲喚蒼鶻。」連小孩子都熟悉參軍戲。可見，參軍戲已經家喻戶曉，婦孺皆知成為社會上下都已熟悉、喜愛的藝文表演了。（劉永連）

【知識鏈】

戲劇的源頭真的是元代雜劇嗎？

戲劇，作為相對歌舞比較複雜的一種藝文表演形式，它的形成和發展也相對較遲。一般認為，戲劇只是在一百多年前徽班進京和京劇形成的時候才引起人們的關注，好像歷史並不長；即使從文學藝術史的學術研究上看，一般也只把元代雜劇視為戲劇藝術的上源。由此看來，戲劇與唐代文化似乎沒有什麼關係。其實，這是一種只觀察表面現象，而忽視了歷史內在聯繫的看法。

其實，無論是僅具某些戲劇要素的前期雛形，還是具備了全面戲劇要素的成形戲劇，在唐代都已經產生了。

據史料記載，唐代出現了許多藝術表演形式，如大面、撥頭、踏謠娘、合生及參軍戲等。前四者可統稱為歌舞戲，但已具有多種戲劇要素。例如，它們都有角色及其化妝手法。其中大面由北齊民眾以歌舞頌揚蘭陵王英勇善戰、衝入敵陣救援守軍的事蹟發展而來，多表演英雄的角色，並且演員上場時要帶面具，裝扮成「衣紫、腰金、執鞭」的貴族將帥模樣；撥頭在唐初從西北少數民族地區傳入，原來是反映一個胡人因父親遭猛獸吞噬而前去鬥獸報仇的故事，演員要打扮成「披髮、素衣、面作啼狀」，表現出服喪且悲哀的樣子；踏謠娘原來是表現北齊時一位農村婦女因常受醜陋無能的丈夫毆打而踩腳訴苦並反抗的狀態，要有一女兩男，女俊男醜三個角色；合生主要以自編自演形式反映時事人情，但在角色上要求有一生一旦，一唱一和，類似於今天的東北二人轉。再如，這些劇種在唐代已經都有豐富的故事情節。其中撥頭反映胡人上山尋父和戰勝猛獸的過程，「山有八折，故曲有八迭」；踏謠娘則有謠娘哭訴、夫妻毆鬥、債主追債等情節，場景自然也有多個。還有，從表演形式來講，這些劇種既有歌舞，還有對白，並要類比戰陣廝殺、人獸搏鬥、夫妻相毆等動作。

一般認為戲劇的前身是雜劇，有專家引證史料提出唐代中晚期雜劇就出現了。其證據有三種：一是雜劇及雜劇演員出現。唐文宗太和三年（八二九）發生了南詔進攻劍南、洗掠成都的事件，為此委任劍南西川節度使李德裕進行調查，上文匯報說有三位藝人被擄走，「其中一人是女子錦錦」，並「雜劇丈夫兩人」。這是古籍史料上最早提到「雜劇」及其演員。二是雜劇班子出現。《酉陽雜俎》記述，西川地區有千滿川、白迦、葉珪、張美、張翺等，「五人為火」組成戲劇班子，曾在監軍院宴上演戲賺錢，結果被逐。元稹鎮守浙東地區時，他所熟悉的劉彩春、周季南、周季崇等男女藝人，也是組成戲班來演出的。三是雜劇劇碼形成。其中《劉辟責買》揭露地方軍閥壓榨百姓的罪惡，《旱稅》抨擊酷吏不顧天下大旱，重稅盤剝百姓的惡行，都是針砭時弊的當代戲劇。《樊噲排君難》則取樊噲勇闖鴻門宴的故事，是一部地道的歷史劇。

總而言之，儘管唐代的戲劇表演形式並不等同於現代戲劇，但從文化傳播角度來說這些劇種無疑是現在戲劇的早期形式，說戲劇從此開啓源頭一點都不為過。（劉永連）

51 新疆維族舞蹈和安祿山有什麼關係？

維吾爾族是一個善舞的民族，其舞蹈表演節奏明快，姿勢健美，深受現代人歡迎。其中某些動作，特別是伴鼓點蹬踏旋轉極有特色，是其他民族舞蹈中所沒有的。說起來這種舞蹈不是維吾爾民族所固有的表演形式，而是有著它自身源遠流長而又輾轉曲折的發展歷程。不過，這種舞蹈與安祿山有什麼關係呢？

據史料記述安祿山也有其多才多藝、滑稽可笑的一面。他體態肥胖，「重三百三十斤」。然而又極善舞蹈，曾在皇家宴會上表演，「至玄宗前，作胡旋舞，疾如風焉」。白居易《胡旋女》詩云：「天寶季年時欲變，臣妾人人學圓轉。中有太真外祿山，二人最道能胡旋。」據考證，安祿山跳的這種「胡旋舞」就是維吾爾舞蹈的早期形式。

唐代胡旋舞在中國境內廣為流傳。白居易《胡旋舞》詩云：「胡旋女，胡旋女，心應弦，手應鼓。弦鼓一聲雙袖舉，回雪飄搖轉蓬舞。左旋右轉不知疲，千匝萬周無已時。人間物類無可比，奔車輪緩旋風遲……」元稹《胡旋女》詩亦云：「胡旋之義世莫知，胡旋之言我能傳。蓬斷霜根羊角疾，竿載朱盤火輪炫。驪珠迸珥逐飛星，虹暈輕巾掣流電。」從兩詩的形象描寫可以輕易看出，胡旋舞以鼓、弦為主要樂器，擊打節拍明顯，因而節奏明快，氣勢奔放，尤以旋轉蹬踏動作為主要特徵，故得名「胡旋舞」。僅就這些來看，可見胡旋舞與維吾爾族舞蹈基本是一致，具有明顯的發源和繼承關係。

那麼，維吾爾族是怎麼學習並獲取了這種舞蹈成果呢？這與安祿山所屬民族密切相關。安祿山出身於粟特，而粟特族人就是胡旋舞的發明者。胡旋舞最早發源於以康國為首的粟特九姓國家。從魏晉南北朝時起粟特諸國就有許多商人東來貿易，六至八世紀強盛的突厥和八至九世紀強盛的回鶻，都是依賴這些東遷的粟特商人來穩定國家經濟基礎和與中原政權進行政治、軍事等方面交涉的。為了結好中國政權，這些國家也不斷贈送能歌善舞的藝文人才過來。特別在開元天寶時期（七一二—七五五），就有康、米、史等國多次進獻胡旋女——精通胡旋舞的女藝人。七至八世紀，阿拉伯帝國開始蠶食中亞地區，粟特九姓胡人亡國失據，大規模東遷中國境內。由於粟特整個民族舞蹈成風，甚至一般人都是能歌善舞的高手，因而胡旋舞在中國流傳開來，致使不少漢人也醉心於胡旋舞了。考察粟特人東遷後情形，他們在回鶻地區（主要是中國西北部）居住最為密集，在回鶻社會中最為重要，也與回鶻人融合最深，因而回鶻人亦即現在的維吾爾族人接受粟特文化最為豐富和徹底，胡旋舞順而流傳下來，甚至成為維吾爾族主流舞蹈。（劉永連）

【知識鏈】

胡旋舞為什麼沒有在中原漢族地區流傳下來？

上文已經提到，胡旋舞在西北地方和草原地帶各少數民族中流傳的同時，也曾在中原地區漢人之中盛行一時。那麼，為什麼它能在維吾爾以及哈薩克等民族中一脈相承地延續下來，卻未能在漢人社會裡流傳下來呢？

這得從異質文化相互碰撞、交流的基本理論和現象來解釋。一般情況下，兩種本質不同的文化個體相遇，在相互交流的同時也會發生排斥，特別是它們在規模和品質上極不相當的時候，較小的一方不是被同化在對方體系中，就是被排斥到對方體系之外，就如同人與食物，食物不是被消化在體內成為身體血肉的一部分，就是被排泄到體外。當胡旋舞等西域文化因素滲入中原漢人社會時，就遇到了以上情況。隋唐時期，中國漢族社會的規模已經非常龐大並且體系穩固、水準極高，一切外來的東西都必須以納入漢文化體系、為漢人社會所用為前提，否則就會遭到排斥。相對而言，胡旋舞等粟特文化無法在漢地社會獨立存在，而只能透過被融入在漢文化中的途徑流傳下來。但是，作為異質文化個體，粟特文化又與漢族文化存在許多差異，當這種差異違背漢族文化體系時，就遭到了漢文化的牴觸和排斥。

從歷史資料看，當胡旋舞流傳中原的時候，它在讓人耳目一新的同時也暴露出不能為漢人所接受的東西。首先，這些胡旋女身著胡服，裝束奇特，其中緊袖直領的胡衫、方便活動的褲子乃至賞心悅目的胡帽革靴都為漢人所吸收，但也有某些在漢人看來非常怪異的妝扮違背了漢民族的審美觀念，如烏唇、赭面、拋家髻之類。於是許多人加以排斥，白居易甚至還提醒世人不要盲從，因為「椎髻赭面非華風」。其次，胡族樂舞本有不少被漢人社會所吸收，如唐「十部樂」中的許多胡樂因素，但由於胡旋舞過於受人歡迎，甚至到了可以蠱惑君主、影響政治的程度，結果引起一些士人的警惕和擔憂。元稹詩云：「天寶之末胡欲亂，胡人獻女能胡旋。旋得君王不覺迷，妖胡奄到長生殿……寄言旋目與旋心，有家有國當共譴。」無疑元稹認為胡旋舞和胡旋女都是胡人用來迷惑漢人以達到侵略目的的煙霧彈而已。白居易在詩裡說：「祿山胡旋迷君眼，兵過黃河疑未反。貴妃胡旋惑君心，死棄馬嵬念更深。」他認為胡旋舞被胡人拿來做煙霧彈，而漢人學會了則貽害更深，楊貴妃罪有應得在馬嵬坡被處置，但她死了卻讓玄宗皇帝更加刻骨銘心地思念。可見其對胡旋舞的排斥心理更為嚴重。儘管把一種藝術形式當作引起國難的禍因不見得正確，但是他們作為漢文化的衛道人士抨擊胡旋舞則反映了異質文明相互排斥的正常現象。（劉永連）

52 舞獅子的藝文活動究竟起源於何時？

舞獅子是現今普遍流行的一種群眾性娛樂活動，在海外華人社區也經常出現在節日、慶典等場合。獅子文化是中華傳統文化的重要組成部分，但其最初是從西域傳播進來的，而舞獅子也不是中國自古就有的。那麼，這種活動是何時變成了中國傳統文化的呢？

據史料記載，大致在東漢末年，獅子開始作為貢品由西域傳入中國，而後逐漸興起模擬獅子形象的表演活動。曹魏時代戲獅子的表演者被稱為「象人」；「獅舞」在南北朝時期得到流傳與發展，到了隋代甚至與其他擬獸舞一起登上了戲場。但是，舞獅子作為獨立的大型藝術表演活動，卻是伴隨著唐代舞蹈藝術的發展而興起的。

唐代的舞獅子活動被稱作「五方獅子舞」最早出現於宮廷。由人扮演的五個高一丈多的獅子各立一方，被裝飾以不同的顏色，表演獅子的各種情態；另有兩人扮演黑人，拿著拂逗弄獅子；此外還有一百四十人隨著獅子歌舞，場面宏大、壯觀。另有記載說，每一獅子周圍有十二個「獅子郎」配合舞蹈，他們戴著紅頭巾，穿著彩衣，手拿紅拂子，伴著樂曲戲獅子。

唐代的「獅子舞」隨後在民間、軍中廣泛流傳成為各民族喜愛的民間舞蹈。透過許多有關的記載可以發現，當時的獅子舞與今天民間流傳的舞獅子活動在內容上幾乎一樣。但是，唐代民間舞黃獅是被禁止的，因為黃獅子只能為皇帝表演。著名詩人王維就是因為要人為他舞了黃獅子而被除官貶職。

獅子是舶來品，獅子形象的中國化，是中外文化交流的產物，也是唐代文化興盛的重要體現。舞獅子的活動自唐以來一直盛行於民間，千百年來廣為流傳。（劉永連）

【知識鏈】

「呆若木雞」和「鬥雞」有什麼關係？

除舞獅子之外，唐代還有不少擬獸技和馴獸技用於文體。「呆如木雞」一詞就與鬥雞活動密切相關，並在這些活動中發揮到極致。

「呆若木雞」，今義是呆得像木頭雞一樣，形容因恐懼或驚異而發愣的樣子。但考查其出處，可知此典最早出自《莊子•達生》。故事講述紀渻子為周宣王馴養鬥雞。當周宣王幾次追問馴養的程度時，紀渻子最後才說可以了，因為這些雞已經處變不驚，「望之似木雞已」。可見這個成語本來是訓練鬥雞時的術語。

鬥雞活動從上古時期萌芽，到唐代發展到最高水平。不少史料反映唐人普遍喜歡觀賞或參與這項活動，並且出現了一些訓練和指揮鬥雞的高手。唐人陳鴻的小說《東城父老傳》就記述鬥雞神通賈昌的高超技藝。故事說玄宗時期宮中，民間鬥雞風氣正盛，玄宗專門設立雞坊，選六軍小兒五百人專門馴養鬥雞。但偶然間又發現賈昌這個孩子。聽說他才剛七歲，就聰明過人，能懂禽獸語言，只要讓他進入雞群，馬上就能與它們親密起來，裡面哪些強壯，哪些弱小，哪些勇敢，哪些怯懦，甚至他們該何時餵養，有了哪些毛病等等，都能瞬間瞭解。在他面前，鬥雞們敬畏温馴，像人一樣聽從命令。玄宗考察如實，任命他做「五百小兒長」，不但平時侍從，即使在非常嚴肅的泰山封禪大典上也沒忘帶上。每年正月十五、清明節以及千秋節等節日，玄宗就在驪山行宮舉行盛大的鬥雞活動。這天六宮畢從，百官助陣，賈昌頭戴雕翠金華冠，錦繡衣褲，手裡晃著鈴鐺，甩動拂塵，「顧眄如神，指揮風生」；而群雞像百官朝會一樣按位次整齊排列開來，「樹尾振翼，礪吻磨距」。進入準備狀態，群雞馬上聚精會神，虎視對手，呆若木雞；比賽正式開始，鬥雞們根據賈昌的命令「進退有期」，「低昂不失」。勝負結果出來了，群雞又在賈昌的指揮下，强者在前，弱者在後，「隨昌雁行，歸於雞坊」。（劉永連）

53 「李白鬥酒詩百篇」，但為什麼說李白算不上海量呢？

我們都熟悉的大詩人李白是個多才而又嗜酒之人，有「李白鬥酒詩百篇」之說。然而就當時情況而言，李白還算不上海量，這是為什麼呢？

鎏金伎樂紋八棱銀盃

在中國，酒的歷史和文化源遠流長。早在遠古時期，一些含有糖分的水果、獸乳等自然發酵而形成酒，傳說中的「猿猴造酒」其實就是猿猴吃剩的水果自然發酵而成的酒。之後，人們開始自覺地人工造酒。大概在距今四五千年以前，就已經出現了用穀物和水果釀成的酒，其中穀物酒占的比重比較大。仰韶文化、龍山文化時期的古人用發了芽的穀粒（稱為櫱）釀造穀物酒。秦漢時期，用櫱造酒的技術仍然沿用，但是人們已經開始大量地使用酒麴。《漢書•食貨志》記載：「一釀用粗米二斛，麴一斛，得成酒六斛六斗。」可見人們用麴作酒已經非常熟練了。在文獻當中，一般把用櫱釀造的「酒」稱為醴，把用麴製作的「酒」稱為醴。宋應星在

《天工開物》一書中說道：「古來麴造酒，蘖造醴。後世厭醴味薄，遂致失傳，則並蘖法亦亡。」可見醴是比酒更淡的一種飲品。到了魏晉南北朝時期，製作酒麴的工藝日益完善。北魏賈思勰所著的農書《齊民要術》中記載了十二種製麴的方法，這些酒麴的基本製造方法現在仍然應用於高粱酒的釀造當中。

實際上，不管是用蘖釀成的「醴」還是用酒麴釀成的「酒」，度數都是很低的。這是因為酒精是酵母菌糖代謝的產物，對酵母菌的發酵有一定抑制作用，在單純的酒麴發酵過程中，當酒精的成分達到一定程度時，酵母菌就會停止繁殖，發酵的過程也就隨之放慢。據估計，傳統酒麴發酵工藝釀造出來的酒，酒精度僅在百分之十左右，大概相當於我們現今喝的啤酒的酒精濃度。這樣看來，唐代的「李白鬥酒詩百篇」和宋代的武松連喝十八碗打死老虎這樣的驚人酒量也就不那麼令人咋舌了。與釀造酒相區別，跟我們今天喝的白酒更為接近的是蒸餾酒，也就是民間所說的燒酒。這種酒的製作工藝，簡單地說，就是把酒麴發酵釀造的酒用蒸餾器再蒸餾一下，以得到度數更高的酒。（王曉麗）

【知識鏈】

經過蒸餾的燒酒究竟發明於何時？

那麼，我們何時才有了像現在這樣經過蒸餾的白酒呢？

有專家列舉唐詩數首和李肇《唐國史補》以為證據，認為在中國經過蒸餾的燒酒是唐宋時期開始出現的。白居易云：「荔枝新熟雞冠色，燒酒除聞琥珀香。」雍陶亦云：「自到成都燒酒熟，不思身更入長安。」李肇《唐國史補》也提到「酒則有劍南之燒春」。但是另有專家認為，這些不足以說明問題，因為從四川燒酒的資料看，當時的燒酒應與吃火鍋類似，喝的是一種額外加熱的米酒，而非現代蒸餾的燒酒。還有人憑藉考古中發現的一套金代的銅製蒸餾器（一九七五年發現於河北青龍縣）來證明「唐宋」說。但測量後有人認為，這套器皿儘管確屬蒸餾器，不過卻無法用於實際的釀酒生產，所以不能認定這時候的酒是蒸餾加工的燒酒。

目前學術界認為「蒙元」說比較可信。李時珍《本草綱目》云：「燒酒非古法也，自元時創始。其法用濃酒和糟入「甑」（古代蒸煮食物的瓦器，底部有許多小孔，放在鬲上，有如現代的蒸籠。），蒸令氣上，用器承滴露。凡釀壞之酒皆可蒸燒。近時唯以糯米或粳米或黍或秫（帶有黏性的穀物。）或大麥，蒸熟和麴釀甕中七日，以甑蒸取，其清如水，味極濃烈。」這些敘述已頗準確可靠。同時考古上有江西李渡燒酒作坊、成都水井街酒坊等元末明初考古遺跡發現，爐灶、晾堂以及蒸餾設施一應俱全。可見這一時期有蒸餾燒酒生產確鑿無疑。

其實，一種東西的傳播不見得能夠一蹴而就，歷史上許多的技術乃至簡單的物種、物品都有多次傳播、多次發展的過程。我們不能武斷否定經過蒸餾的燒酒在唐代就確實沒有，不過李白等大多數人所喝的酒絕非這一類酒，因為很可能這時候燒酒只是初步傳入，還沒有獲得人們適應和較大規模生產。即使到了宋、元時期，儘管甚至已可明確有了這種釀酒技術，但是也還是逐步推廣。因為《水滸傳》中描繪武松打虎的情節，說他喝了十八碗酒，按古代碗具的容量算，起碼也有十幾斤，此酒不可能是燒酒。蒸餾燒酒普及中國，恐怕確實要到李時珍時代甚至更晚，這並不意味著中國進步太慢，因為米酒作為不勝酒力者的飲品比燒酒更是美味，完全可以兩種酒類同時發展。就像今天，我們既有蒸餾過的白酒，也有啤酒、葡萄酒，其實米酒在陝西、浙江等許多地方照舊流行著。（劉永連）

54 唐朝女道士也可以涉入男女之情嗎？

據已有研究可知，道教除了清修派之外，在男女清規上一般不如佛教嚴格。道士們雖屬出家，但允許男女往來甚至允許與家室一起住在道觀。尤其在唐朝時期道士、女冠與異性的交往比世俗男女還要自由。儘管各道觀也有清規戒律，但基本是一紙空文，道長觀主對道士、女冠的男女私情多是睜一隻眼閉一隻眼。有人統計過，在《全唐詩》所收錄的二百一十首女冠詩中，敘寫愛情故事和抒發思春、相思之情者竟有一百零八首，達百分之五十以上。可見唐代女冠涉入男女之情應該是很普遍的現象。

還有學者考查分析，由於唐朝皇帝崇道，不但道觀，道士規模膨脹，女冠人數也非常可觀。從其來源種類上看，她們或是貴主宮女，或是豪門姬妾，或是貧家女子，此外還有離異之妻、色衰妓女等，都是單身女性。她們出家之後，不像道士那樣可以攜帶家屬，但仍懷有追求愛情和幸福的願望。其中高貴的公主本來多已放縱情欲，姬妾出女多因被遺棄、被冷落而入觀，色衰妓女無不具有被玩弄的經歷，而寒門女子則是被貧窮壓倒，無法成家的抑鬱女性。進入道觀之後，她們擺脫了世俗禮教的束縛，「平時被壓抑的戀情欲念就如同阻遏不住的江河流水，她們開始熱烈地追求真正的、專一的愛情」。在這種情況下，女冠涉入男女之情是再正常不過的事情。

基於以上情況許多公主、仕女積極要求加入道籍。做了女冠後大大方方地與文人士子交遊，甚至放縱自己談情説愛。唐朝有許多這類內容的故事，如嵩山任生夜讀，有一女子掀簾而入，自詠詩云：「葛洪還有婦，王母亦有夫。神仙盡靈匹，君意合何如？」可見這是一位道籍中人，而其表露求偶之意也大膽直白。再如書生文簫遊玩中陵西山館，見一妙齡女郎顧盼有情，二人互對山歌，之後相從登上絕頂。忽然風雨大至，一位仙童手持天判宣讀（有學者認為應該是道觀觀主侍從宣布觀主命令）：「吳彩鸞私欲，謫為民妻一紀。」於是這位女郎跟從書生下山，結為夫妻。這是女冠私結姻緣的故事。

不過，當時大多男性並不真情對待女冠們，而只是把她們看作風花雪月、逢場作戲的生活點綴而已；或者怯於「女冠半娼」的惡名，不敢與她們結為夫妻。因此，女冠們的愛情理想往往只是一時泡影終歸破滅。大多女冠與男子的戀情都在一夜之間，比較悲慘的甚至被逼入邪路，變得名為道士，實為娼妓。著名的才子女冠魚玄機就是典型的例子。她先被李億拋棄，後遭李近仁疏遠，最後自暴自棄，半道半娼，終因爭風吃醋，誤殺婢女而被處死。（劉永連）

【知識鏈】

瑟是二十五弦的，李商隱為什麼說「錦瑟無端五十弦」呢？

李商隱是以描摹內心情感世界而著名的詩人，幾乎每首詩歌都可以視作經典，千百年來傳唱不已。然而與其他詩人不同的是，李商隱句句用典，情感隱祕，留下許多謎團，以至於人們好奇之至，猜測不已。譬如《錦瑟》一詩，到底在詩句背後隱藏著李商隱什麼樣的思想感情呢？

《錦瑟》詩云：「錦瑟無端五十弦，一弦一柱思華年。莊生曉夢迷蝴蝶，望帝春心托杜鵑。滄海月明珠有淚，藍田日暖玉生煙。此情可待成追憶，只是當時已惘然。」

這是一首充滿淒迷和絕望的七律。許多人曾經仔細剖析，企圖理解它，但是除了能夠體會其中悲涼之外，沒有誰能夠準確詮釋背後來由。首句「錦瑟無端五十弦」就是一個難解的謎。熟悉樂器的人都知道，瑟向來都是二十五弦的，怎麼會變成五十弦了呢？

縱觀古今眾多詮釋，多傾向於認為這是一首深沉的愛情詩。宋人劉攽《中山詩話》云：「李商隱有錦瑟詩，人莫曉其意，或謂是令狐楚家青衣名也。」中國歷史學者蘇雪林《李商隱戀愛事蹟考》認為該詩是追憶與宮女飛鸞和輕鳳的愛情故事。清人朱鶴齡、何焯等許多人則認為它是李商隱悼念愛妻的感情流露。何焯《義門讀書記》云：「此悼亡之詩也。首聯借素女鼓五十弦之瑟而悲，素帝禁不可止以發端，言悲思之情，有不可得而止者。次聯則悲其遽化為異物。腹聯又悲其不能複起之九原也。」李商隱是一位風流倜儻的才子，愛情經歷非常豐富。他不但是豪門姬妾和官私女伎的心中偶像，而且時常與道友女冠以詩定情。李商隱《月夜重寄宋華陽姊妹》一詩，記述了李商隱在玉陽學道時與一宋姓的女道士所產生的愛情。不過，李商隱一生經歷坎坷，他出身寒微，幼年喪父，生活流離失所。儘管很年輕就中了進士，但是不久就被捲入牛李黨爭的漩渦，遭到兩派官僚的排擠，一生僅能作幕府小吏。他的愛情故事儘管豐富，其實多為曇花一現，迅即消失。即使娶到家的妻子，也很年輕就去世了。這使得他的身世無比淒涼。到其晚年，就只剩下一些殘破的愛情記憶，滿腹才華的李商隱將其編織成一首首淒美詩章，而這首「錦瑟」就好像他的絕命之筆。（劉永連）

55 《西遊記》中唐僧取經途中的女兒國真的存在嗎？

《西遊記》中關於「女兒國」的描述令人難忘，根據史書記載，「女兒國」在歷史上是確實存在的，唐代稱之為「東女國」。《隋書‧女國列傳》中提到東女國在「蔥嶺之南」，也就是現在的新疆境內。玄奘在西行途中也確實曾經經過此地，停留了大約一個月的時間。在此期間，他曾在雀離大寺講經，隨後考察了那裡的社會風貌和地理概況。在《大唐西域記》當中，玄奘是這樣描述東女國的：「東女之地，東西長，南北狹。」另外，《舊唐書》也記載東女國：「境東西九日行，南北二十日行。」東女國內有很多的河流，《西遊記》裡面提到的子母河也就是現在的庫車河。由於這些河流的河水大多為鹼性，人們長期喝河裡的水，就改變了人體內決定性別的染色體，致使出生的孩子中以女孩居多，男孩很少，並由此而造成了東女國的人口性別比例失調。

在唐朝統治期間，東女國正處於從母系社會轉向父系社會的過渡時期。最初，東女國的女性是家庭的中心，掌管財產的分配和其他家庭事務，年歲最大的老母親主宰家中的一切。東女國的國王也由國中年老的、德高望重的女性擔任。隨著社會的發展，東女國逐漸由母系社會過渡到父系社會，男子的地位得到提高。雖然國中女多男少的狀況沒有改變，但卻出現了由男人當國王的新情況。據《新唐書》記載，東女國「後乃以男子為王」。在唐代，東女國的國王多次遣使到朝廷朝見並屢次被唐朝廷冊封為官。據《冊府元龜》記載：「唐玄宗天寶元年正月，封女國王趙曳夫為歸昌王，授左金吾衛大將軍。」（王曉麗）

【知識鏈】

歷史上的「女兒國」消失了嗎？

玄奘取經途中的女兒國在他口述的《大唐西域記》和官修正史新舊《唐書》等史料中都有記載，但是唐代以後，有關女兒國的記載就幾乎中斷，神祕的女兒國似乎從歷史上消失了。

而在中國的四川和雲南瀘沽湖地區，近年來被人們普遍關注的摩梭文化，為我們展現了一個現代「女兒國」的活範本。在摩梭人的生活模式中以女性為中心，女性控制家族資源，做出重大決定，並負責傳承姓氏。摩梭人實行走婚制，很多婦女都不結婚，一生住在母親家中，走婚生出的小孩也和她們同住。摩梭語中有「母親」這個詞，但是沒有代表「父親」的詞。和瀘沽湖相近似，四川省甘孜藏族自治州道孚縣境內的一個大峽谷——扎壩又被稱為「全世界第二個母系社會走婚習俗的地區」、「人類社會進化的活化石」。絕大多數扎壩人的家庭都是以母系血緣為主線而構成，在這些家庭中，女性是家庭的中心，掌管財產的分配和其他家庭事務，男性是家中的舅舅，女性是家中的母親，最高的老母親主宰家中的一切。中國歷史學者任新建認為，歷史上的東女國就處在今天川、滇、藏交匯的雅礱江和大渡河的支流大、小金川一帶，也是現在有名的女性文化帶。而紮壩極有可能是東女國殘餘部落之一，因此至今仍然保留著很多東女國母系社會的特點。而母系社會文化的保留，也是適應了當地生產環境的需要。這個地區處於高山峽谷之中，生產條件差，土地、物產稀少，如果實行一夫一妻制，兒子娶妻結婚後要分家，重新建立一個小家庭，以當地的經濟能力根本無法承受，生產資源分配不過來。而且這一地區地處封閉的深山峽谷，和外界交流幾乎隔絕，不容易受到其他文化的影響。

然而，隨著近年來人們對現代「女兒國」探究熱情的高漲，旅遊事業的發展以及當地經濟的轉型，使當地人們的生活方式甚至觀念都受到了較大影響，「女兒國」能否繼續保持其傳統本色，恐怕沒人能夠預料。（王曉麗）

56 民間「八仙」中有哪幾位是唐朝人？

八仙是民間廣為流傳的道教八位神仙，分別代表男、女、老、少、富、貴、貧、賤。八仙之名，明代以前眾說不一。有漢代八仙、唐代八仙、宋元八仙，所列神仙各不相同。至明吳元泰《八仙出處東遊記》始定為：李鐵拐、鐘離權（漢鐘離）、呂洞賓、張果老、曹國舅、韓湘子、藍采和、何仙姑。那麼在這八位神仙中，除呂洞賓外還有哪幾位是唐朝人呢？

據《兩唐書》所傳，張果老原名「張果」，因在八仙中年事最高，故得此尊稱。歷史上實有張果其人。武則天當朝時，他隱居中條山，據稱有長生祕術，年齡至數百歲。武則天曾派使者前去召見，但他佯死不赴。唐玄宗開元二十一年，恆州刺史韋濟將其奇聞上奏皇上，玄宗召之，張果再次裝死。《太平廣記》還說張果老自稱是堯帝時人，唐玄宗向術士葉法善問張的來歷，葉法善說：「臣不敢說，一說立死。」後言道：「張果是混沌初分時一白蝙蝠精。」言畢僕地而亡，後經玄宗求情，張果才救活他。

何仙姑是八仙中唯一的女性。《太平廣記》引《廣異記》稱有「何二娘」者，是位以織鞋為業的農婦，後因嫌家居太悶，遊於羅浮山，在山寺中住下，經常採集山果供眾寺僧充齋。《續通考》說何仙姑為唐武則天時廣東增城縣人，出生時頭頂出現六道毫光，天生一副

河南省寶豐縣白雀寺大殿「八仙過海」故事壁畫

「仙科」，十三歲時在山中遇一道士，吃了道士一只仙桃，從此不飢不渴，身輕如飛，並可預見人生禍福。宋人筆記中還記載了何仙姑一些為人占卜休咎、預測禍福的事蹟，一時士大夫及好奇者爭先前往彼處占卜，可見她不過是一位精於占卜的民間女巫。

南唐沈汾《續仙傳》記述，藍采和是唐末至五代時人。他行為怪僻，手持三尺有餘的大拍板，一邊打著竹板，一邊踏歌而行，沿街行乞。這個仙人的人物原型本是一江湖流浪漢，僅由於他的行為癲狂，又好救濟窮人，因此深得人們喜愛而被神化成仙。

據《新唐書・宰相世系表》等載，韓湘子是唐代著名文學家韓愈的侄子（一說侄孫）。在歷史上韓愈確有一個叫韓湘的侄孫曾官大理丞。韓愈《左遷至藍關示侄孫湘》詩云：「一封朝奏九重天，夕貶潮陽路八千。欲為聖朝除弊事，肯將衰朽惜殘年！雲橫秦嶺家何在？雪擁藍關馬不前。知汝遠來應有意，好收吾骨瘴江邊。」（劉永連）

【知識鏈】

唐朝為什麼是一個多「神仙」的時代？

唐代社會多「神仙」，是與其所處的社會歷史背景分不開的。唐代是李姓王朝，而唐初門閥士族的傳統勢力還很强大，若非系出名門，就很難得到社會的尊重。唐朝皇帝為提高自己的門第出身，便利用道教始祖李聃姓李、皇室也姓李的巧合，附會自己是太上老君李聃的後代，是「神仙之苗裔」，道教因而也就成為李唐王朝信奉的重要宗教。可見，道教盛行是有其牢固的社會基礎的。

首先是皇帝對道教的熱情。唐高宗、唐睿宗、唐玄宗都對道教寵愛有加。士大夫對宣揚長生不死的道教的嚮往也絲毫不比皇帝差。初唐四傑中的王勃、盧照鄰，革新人物陳子昂，詩仙李白等都不同程度地信仰道教。唐代道教在民間的流傳也是相當普及的。這一方面是有上層統治者大力提倡，另一方面民間本來就有濃厚的迷信氛圍。據《太平廣記》卷三〇三

《紀聞》說，吳俗畏鬼，每個州縣都有城隍。《道門定制》卷二載，這個城隍本是管給死魂靈發「路引」的，但唐代有了水災，有了蟲災也請城隍消災解厄。據統計，盛唐時，道教有一千六百八十七座宮觀，並有數以萬計的道士，他們的存在無疑影響著百姓對道教的信仰。這樣，唐朝成為一個多「神仙」的時代也就不足為奇了！（劉永連）

57 呂洞賓是怎麼成為神仙的？

在中國民間，呂洞賓是一位與觀音菩薩、關公一樣婦孺皆知、香火占盡的人物，他們被合稱為「三大神仙」。唐宋以來，他與李鐵拐、漢鐘離、藍采和、張果老、何仙姑、韓湘子、曹國舅並稱為「八洞神仙」。呂洞賓本是一介凡人，卻得道成仙。那麼，他是怎樣成為神仙的呢？

據《呂祖全傳》卷一《呂祖本傳》記載，呂洞賓，原名呂岩，故鄉在河中府永樂鎮（今山西芮城縣，現芮城縣有紀念呂洞賓的道觀——永樂宮）。他出生於世代官宦之家，祖輩都做過隋唐官吏，呂洞賓自幼熟讀經史，有人說他曾在唐寶曆元年（八二五）中了進士，當過地方官吏。後來，他因厭倦兵起民變的混亂時世，拋棄人間功名富貴，和妻子一起來到中條山上的九峰山修行。他和妻子各居一洞，相對可望，遂改名為呂洞賓；「呂」，指他們夫婦兩口，兩口為呂；「洞」，是居住的山洞；「賓」，即告訴人們自己是山洞裡的賓客。

民間傳說他在修煉過程中，巧遇仙人鐘離權而拜之為師。修仙成功之後，下山雲遊四方，為百姓解除疾病，從不要任何報酬。他死後，家鄉百姓為他修建了「呂公祠」，以示紀念。到了金代，因呂洞賓信奉道教，於是將「祠」改成了「觀」。元朝初年，忽必烈知道呂洞賓信奉的道教在群衆中頗為流傳，就想利用宗教和呂洞賓的聲望鞏固自己的統治，派國師丘處機管領道教，拆毀「呂公觀」，大興土木，修建了「永樂宮」。從修建大殿到繪完幾座殿堂的壁畫，歷時一百一十年，幾乎與整個元朝共始終。

呂洞賓本是一個名不見經傳的普通人物，而在民間長期流傳中，卻像雪球的滾動一般，故事愈來愈豐富，成為一個具代表性的傳奇人物。這與當時社會的歷史背景有關。一是儒、道、佛三教交融。衆所周知，唐代社會道教信奉盛行，上至皇帝大臣，下至平民百姓，無不對道教寵愛有加。呂洞賓修習方術，得道成仙，這是道教的出世思想。他成仙之後則要「度盡天下衆生」，這又體現了儒家「兼濟天下」的入世思想。而那長生於人世、樂於施捨的所作所為，又是佛教思想的反映。二是不斷增加的世俗化內容，如呂洞賓時常出現於酒樓、茶館、飯鋪等處吃吃喝喝，走後留下仙跡。《逍遙大仙呂洞賓》裡有「呂洞賓三戲白牡丹」的記載，這使得呂洞賓這位仙人更富有人情味，贏得了百姓喜愛。三是與文人傳說相結合。呂洞賓修行出走之前的儒者經歷，以及他飲酒、賦詩、追求山林的情趣，更迎合了中下層文人口味。在故事流傳過程中，附合了許多文人傳說因素，使他同時成為失意知識分子形象的神仙代表。綜合這三個方面的因素，呂洞賓廣泛流傳，成為「神仙」也就不足為奇了！（亓延坤）

【知識鏈】

晚唐時期老百姓為什麼特別信仰宗教？

安史之亂後，唐朝社會開始走下坡路，到了晚唐時期，整個社會已經衰微不堪，危機四伏，嚴重影響了老百姓的生活。

朝廷內部，首先宦官專權達到了無以復加的地步。本來在太宗皇帝即位的時候，曾立鐵券（相當於長期有效的告示）於宮內，規定不許宦官參與政治，並且職銜最高不過三品。但是後來一系列宮廷政變發生，這其中難免有宦官參與政變，結果從唐玄宗開始，封賞心腹宦官高力士為一品大將軍，開了宦官專權的先例。此後，李輔國操縱李豫繼位，推翻張皇后集團，嚇死唐肅宗；俱文珍為剷除「永貞革新」集團，操縱李純逼奪順宗之位，製造了「二王八司馬事件」；王守澄謀殺憲宗，劉克明殺死敬宗……此後宮內政局越來越混亂不堪。史云：「自元和之末，宦官益橫，建置天子，在其掌握，威權出人主之右，人莫敢言。」與此同時，朝臣內部黨爭猖獗，從德宗朝到憲宗、穆宗、敬宗、文宗、武宗和宣宗諸朝，一直不斷，積怨成怒，最後爆發了嚴重的牛李黨爭。朝臣為反對宦官專權，也一直與宦官對抗，史稱「南衙北府之爭」。每當黨魁變換，動輒成批高官下臺；宦官動用禁軍政變，更會在瞬間血流成河。像甘露寺之變，宦官血洗朝官之後，朝中幾乎為之一空。

地方上，藩鎮割據愈演愈烈，軍閥較量兵火紛爭，州縣官吏殘酷刻薄，肆意盤剝百姓。可以說，整個社會一片黑暗，百姓生活已經毫無出路。然而那些年代偏偏又是天災不斷，家園殘破，經濟凋敝，甚至餓殍滿地，造成市場上人肉與豬肉同樣擺列出售，但又比不上豬肉價格的慘況，可以說到處是水深火熱。

這時候，有些百姓不堪忍受壓迫開始起義。自宣宗以後，先有裘甫聚義於浙東，繼而龐勳起兵於粵西。後來民怨積聚愈大，王仙芝、黃巢相繼起義，農民軍南征北戰，橫行黃河與長江、珠江流域，聲勢震動全國，黃巢甚至攻占長安，建立政權。然而，由於農民戰爭的局限性，這些武裝鬥爭都沒能徹底推翻唐王朝，最終被勾結起來的朝廷和軍閥們鎮壓下去了。這些抗爭的失敗，使百姓徹底失去追求幸福生活的希望。

與此同時，佛教、道教已經發展起來，它們乘機宣揚因果報應等思想，用西方淨土和來世福祉召喚信徒。已經對當世生活不抱希望的百姓也轉而追求締造來世的幸福，把宗教迷信作為自己的人生寄託，社會更是充滿了虛妄和墮落的情緒。（劉永連）

58 秦瓊和尉遲恭為什麼會變成門神？

中國舊時風俗，過春節時家家戶戶都要請門神。門神的產生與古人崇拜鬼魂有關。古人將一切壞事和怪事都看作鬼魂作祟對此充滿畏懼心理。有了房屋，給生活提供了極大的方便，門的出現和使用，一為自身出入方便，二為防範敵害侵入。但古人還不放心，覺得需要有一位神明來守衛，於是便有了門神。這種習俗，至今在一些地區仍然存在。門神二字最早見於《禮記•喪服大記》。鄭玄注：「釋菜，禮門神也。」就是說在唐之前已有敬門神之俗。但經過唐代，門神的內容和形式有了戲劇性的變化，初唐名將秦瓊和尉遲恭竟然作起了門神。

浙南民居最早的門神是神荼、鬱壘，後來也有把先朝名將作為門神的。這為秦瓊、尉遲恭成為門神鋪了路。可是這兩位唐朝著名武將是怎麼變成門神的呢？在《正統道藏》中的《搜神記》、《三教搜神大全》及《歷代神仙通鑒》中都有記載，唐太宗李世民早年為打江山，殺人無數。他即位後，經常在夜裡夢見惡鬼纏身，「寢門外拋磚弄瓦，鬼魅呼呀，三十六宮，七十二院，夜無寧靜」。太宗非常害怕，召來群臣商量對策。這時候秦瓊自告奮勇，挺身而出，豪邁地說：「臣平生殺人如摧枯，積屍如聚蟻，何懼小鬼乎！願同敬德戎裝以伺。」太宗非常放心，夜晚讓二人立於宮門兩側，一夜果然平安無事。太宗大大嘉獎了二人，但覺得以後如要二人每天晚上來守於宮門，實在太辛苦，於是命畫工畫出二人的身形，一身鎧甲，手執鋼槍銅鐧，一如平時威武雄壯，懸掛在兩扇宮門上，從此邪祟得以平息。這樣，秦瓊、尉遲恭二人便以畫像夜守宮門，長期值班。

到了元代，這種做法逐漸流行，秦瓊和尉遲恭真正被奉為門神。清顧祿《清嘉錄》云：「夜分易門神。俗畫秦叔寶尉遲敬德之像，彩印於紙，小戶貼之。」李調元《新搜神記》：「今世俗相沿，正月元旦，或畫文臣，或書神荼鬱壘，或畫武將，以為唐太宗寢疾，令尉遲恭秦瓊守門，疾速愈。」另據今人張振華《中國歲時節令禮俗》記述：「貼門神，歷史悠久。因地方不同，時代不同，貼用的也不同。北京多用白臉兒的秦叔寶和黑臉兒的尉遲敬德。至今仍有住戶這樣做，以祈人安年豐。」表明二神至今仍然被人們所祀奉。（盧坤霞、劉永連）

【知識鏈】

土地公信仰是怎麼發展起來的？

土地公是從古至今信仰最為普遍的神祇之一，在小說戲劇乃至現實世界的鄉村社區裡處處可見其身影。儘管他們多像和藹可親的老人，並沒有玉帝、佛祖那樣的威嚴，但是老百姓對其最為信仰和依賴。

說起其信仰源頭，要從中國最為古老的社稷崇拜談起。所謂「社」，即后土之神。古代祭祀社神，要築高壇，按方位設五方之土：東方青土，南方紅土，西方白土，北方黑土，中央黃土。五種顏色的土覆於壇面，象徵國土。所謂「稷」，即五穀之神，也就是農業之神。後來特指原隰之祇，即能生長五穀的土地神祇。相傳共工的兒子句龍繼承父業作水正，為防止洪水傷害百姓，讓人們遷到高地土丘上居住，按每丘二十五戶編制，稱之為「社」。句龍死後，就被奉為社神。烈山氏的兒子柱做夏主管農業的稷正，在其死後被奉為五穀神，亦即「稷神」。

由於中國以農立國，依賴五穀和土地，所以社稷之神至關重要，甚至成為國家的象徵。因此，以後歷代帝王無不敬奉社稷之神，成為中華民族重要的神靈。

不過，各代信仰漸有變化。在帝王和朝廷例行祭祀的神祇裡，上天之神逐步受到重視。反映在祭祀禮儀上，上天之神在前，社稷之神在後；祭天神壇較高，社稷之壇漸低。這樣，社稷之神逐步從國家神壇上淡出，轉而走向民間，成為老百姓的崇拜之神。為了使信仰更加有具體形象，可以依靠，老百姓把抽象的色土、稻穗，演化成和藹可親的老頭，請其遍布城鄉角落，棲身三尺廳堂，並親熱地稱呼其「土地公」。

據學界考證，土地信仰在唐代廣泛發展起來。當時人們尊稱他們為社公和城隍。社公，即管理州縣一區的土地公，類似於俗世基層官員；而城隍作為直接掌管城鎮事務的神靈，其實屬於土地神的一種，是戶口「農轉非」類型的特殊土地公。唐代這類故事非常之多，主要反映他們掌管莊稼收成、保境安民的職責，後來土地也掌管醫治病患、安葬死者等雜事，而城隍躋身陰間殿堂，分管了收納死鬼的職權。（劉永連）

59 乾陵的石馬為什麼是帶翅膀的？

去過乾陵的人一定會注意到這麼一個奇怪的現象：在司馬道兩側排列開來的石雕像中，

有一對昂首挺胸、渾圓壯觀的帶翅駿馬，馬身兩翼雕以卷雲紋，似有騰飛之勢。而唐十八陵中的其他皇陵，如昭陵、泰陵、貞陵等許多皇陵也有這種帶翅駿馬的石雕像。看來這並不是工匠們的一時疏忽，而應該是有意為之；同時也不是個別工匠畫蛇添足的想像，而應該是有所依據。那麼，這些神乎其神的石雕像到底依據什麼雕刻而成？它們有什麼來歷？

搜尋相關資料，我們可以看到這種帶翅駿馬的圖像在敦煌等西北各地石窟壁畫裡比較常見。敦煌第二四九窟是西魏時期的一座洞窟，在其北頂就畫有這種肩生雙翼的駿馬形象，在虛空中與仙人、羽人一樣飛行。按其壁畫內涵，這種駿馬不是一般意義上的牲畜，而是與神靈和天界有關的神獸。在形象上，「此獸耳比馬稍大而尾比馬短，通身為青藍色，而羽翼淺赭黃，暈染為天竺凹凸法」。學術界習稱這種駿馬為「翼馬」，或「有翼神獸」。在屬於中唐時期的第九十二窟，「涅槃經變」的舉哀百獸中也畫有一匹翼馬，站在牛和鳳鳥之間，體態俊健，口銜鮮花供養，通體白色，紅色羽翼，臀部至大腿末端，有赭紅色暈染的羽鱗裝飾物，尾部的外側也有赭紅色忍冬紋裝飾物。據說這是最典型的翼馬圖像。此外，還有不少畫在聯珠紋內的翼馬紋飾出現在隋代第二七七、四○二、四二五、四二○等窟；而作為建築裝飾的翼馬圖案則大量出現在西夏時代的榆林石窟的許多洞穴，一般作為藻井花邊，多通體白色，肩生兩翼，用紅、綠、青、藍等色勾勒輪廓。值得一提的是，在不少雕像和繪畫中，身生雙翅的神獸不僅僅是駿馬，還有獅子等西域才有的猛獸形象。根據這些帶翼神獸在石窟壁畫中的演化趨向以及多為西域動物的情況看，這種文化似有自西向東傳播的跡象。難道這些東西都是外來的嗎？

查閱西方文獻可知，在西方廣大地區，包括中亞、西亞、歐洲以及南亞次大陸上的印度，都從很早時期就流行帶翼神獸的繪畫和雕刻藝術。其中以西亞薩珊文化尤為典型，在繪畫、雕塑、石刻以及建築物、紡織品和金銀器等外在器物的圖案裝飾上，都廣泛存在著帶翼神獸的形象。如果從文化傳播角度來考察，存在於西元三至七世紀的薩珊波斯政權，一直控制著絲綢之路中段的交通樞紐，同時與中國始終保持著頻繁交流，在南北朝後期至隋唐與中國關係尤其密切。而羅馬等歐洲國家因距離中國遙遠而難以與中國建立如此密切的文化關係，印度帶翼神獸文化則明顯是受薩珊文化影響而發展起來的。看來乾陵翼馬應當就是薩珊文化裡的東西，伴隨著薩珊文化東傳而流入中國，成為中國雕刻和繪畫藝術中的重要內容。

（劉永連）

【知識鏈】

為什麼說中國人的生活裡有著許多西方宗教的因素？

從探討帶翼神獸來源問題的過程中，我們可以看到許多西域文化都是通過石窟雕塑、壁畫等宗教傳播途徑向東流傳的。

就帶翼神獸而言，它們與西域宗教密切相關，甚至大多就是宗教裡的東西。早在波斯、羅馬和印度的神話中，帶翼駿馬就是太陽神驅使巡行天空的重要工具。而在波斯古老宗教中，包括祭拜聖火、崇尚光明的瑣羅亞斯德教，更是以獅子等帶翼神獸作為聖火的守護神。它們在人們觀念中處於崇高的地位，經常在寺廟、塔窟等宗教場所被人們渲染描繪出來，因而產生了這種帶翼神獸的雕刻、繪畫藝術。這種文化伴隨著波斯帝國的强大而向歐洲、印度等地傳播，從而對歐洲的基督教、南亞次大陸的印度教和佛教等都產生了一定影響。在後來這些宗教的雕塑和繪畫裡，帶翼神獸也開始出現，甚至有泛化的趨勢。例如在印度，反映印度教內涵的桑奇塔門上的壁畫，就雕刻帶翼獅子和公牛的形象；佛陀伽耶圍欄浮雕中所出現的翼馬，明顯就是西亞藝術的翻版。而在基督教壁畫裡，不但獅子、駿馬帶有雙翼，那些徜徉天堂的天使、小巧玲瓏的愛神丘比特等許多神祇也都插上了雙翅。即使晚些產生的伊斯蘭教，在書籍繪畫中也把天使刻畫成身帶雙翼的人物。由此再看中國境內敦煌等地石窟中的壁畫，以及皇家陵園等處豎立的石雕作品，這些帶翼神獸的宗教特色還明確存在著。石窟壁畫本身就是佛教等宗教表現形式，而皇陵翼馬也有作為皇帝護駕神獸的信仰內涵。

除此以外，傳入中國的許多音樂舞蹈藝術，本來就是宗教儀式的重要組成部分，如印度的婆羅門舞，隨佛教傳入，後被唐玄宗等改造為優美的霓裳羽衣舞。許多醫學、哲學等文化成果，也是作為宗教經卷的重要內容而傳入中國的。而大量傳入中國的胡服、胡食、胡俗以及西域建築、工藝、文學等文化事項，都能在敦煌等處的壁畫中找到些許蹤跡。如果直接在後世中國人的社會生活裡去尋找，那麼其中來源於西方宗教的東西就更為豐富具體以致不勝枚舉了。思想觀念上，中國百姓積澱極深的轉世輪迴、因果報應的觀念是直接受到佛教教義的影響；節日風俗中，中國每年隆重舉行的燃燈節主要來自祆教的祭火儀式；四月八日各地百姓雲集的浴佛節純粹從紀念佛教人物發起；金銀器物中，所刻繪的許多海獸鸞花本來是西域古老宗教繪畫中常有的東西；文學藝術領域，戲劇等說唱形式、話本等文學體裁都是在佛教說唱和經相變文影響下發展起來的。（劉永連）

60 基督教最早是什麼時候傳入中國的？

基督教向中國的傳入可以分為好幾個階段，而世界上公認的最初一個階段是在唐代。現保存在西安碑林的《大秦景教流行中國碑》記載了基督教最初傳入中國的過程。

《大秦景教流行中國碑》是明熹宗天啓五年（一六二五）在西安出土的。這塊碑建於唐德宗建中二年（七八一），碑文是由一個波斯傳教士用中文和敘利亞文兩種文字撰寫的。這裡面提到的景教，就是曾經一度被以弗所公會議（四三一）定為異端基督教的一個支派——聶斯托里派。

根據碑文的記載，唐太宗貞觀九年（六三五），傳教士阿羅本來到長安（今陝西西安），「帝使宰臣房公玄齡總仗西郊，賓迎入內，翻經書殿，問道禁闈。深知正真，特令傳授」。可見唐太宗對他優禮有加並讓他在藏經樓翻譯聖經。貞觀十二年（六三八），又在長安建大秦寺。唐高宗時期，更於全國各地每州建一景教寺，碑文記載：「高宗大帝克恭纘祖，潤色真宗。而於諸州各置景寺，仍崇阿羅本為鎮國大法祖。法流十道，國富元體。寺滿百城，家殷景福。」武則天統治時期，曾經一度禁止景教在中國傳播；唐玄宗即位後，恢復了景教的地位；肅宗、代宗時，景教繼續獲得朝廷的支援；一直到唐武宗會昌五年（八四五），武宗的滅佛政策實施之後，波及許多其他的宗教，而景教也在被嚴禁之列。從此以後，景教一度從中原絕跡，不過在西北地方仍有流傳。到了元朝，基督教再一次傳入中原，稱為也里可溫教。（王曉麗）

【知識鏈】

唐武宗滅佛的真正原因是什麼？

在佛教歷史上曾經有過所謂「三武一宗」的教難，分別指的是北魏太武帝、北周武帝、唐武宗和後周世宗等四位帝王滅佛的事件。其中，唐武宗滅佛從會昌元年（八四一）開始，到會昌五年（八四五）達到高潮。據《舊唐書‧武宗本紀》記載，這次滅佛「天下所拆寺四千六百餘所，還俗僧尼二十六萬五百人，收充兩稅戶；拆招提、蘭若四萬餘所，收膏腴上田數千萬頃，收奴婢為兩稅戶十五萬人」，佛教勢力受到沉重打擊。

武宗之所以滅佛，經濟因素應該是很重要的一個方面。實際上，從唐初開始，就已經有人陸陸續續指出了佛教對社會經濟的干擾，唐初的傅奕、中宗時的韋嗣立、辛替否等都曾指責佛教僧尼逃避租賦，大興佛教加大政府的財政支出，使國家府庫空竭。唐中期以後，隨著國勢的日漸衰落，國家財政的拮据與佛教所擁有的大量錢財、土地、人口之間的矛盾也日漸擴大。唐武宗在《拆寺制》中指責佛教「勞人力於土木之工，奪人利於金寶之飾，移君親於師資之際，違配偶於戒律之間。壞法害人，無逾此道。且一夫不田，有罹其餒者，一婦不織，有罹其寒者。今天下僧尼，不可勝數，皆待農而食，待蠶而衣。寺宇招提，莫知紀極，皆雲構藻飾，僭擬宮居。晉、宋、齊、梁，物力凋殘，風俗澆詐，莫不由是而致也」。

另外，道教與佛教之間的爭鬥也是武宗滅佛的原因之一。在唐代的大部分時期內，皇帝在崇佛的同時，對道教也非常重視，甚至做到了佛道並重。而唐武宗本人在還沒有即位的時候就已經偏好道術，即位以後，更召趙歸真等八十一個道士入宮，在宮內修「金籙道場」，受法籙。道教徒的煽動和他們對佛教的詆毀也促使唐武宗下定了滅佛的決心。（王曉麗）

【九】開啓世界通道任意門

61 玉門關在唐朝人的詩歌裡頻繁出現，玉門關究竟在哪裡？

玉門關在唐朝人的詩歌裡頻繁出現，是一般唐朝人心中熟悉但又不曾去過的神祕地方。它代表著王化地區與荒蠻邊塞的分界是朝廷政令順利傳達的西部極限。例如，王之渙有詩曰：「黃河遠上白雲間，一片孤城萬仞山。羌笛何須怨楊柳？春風不度玉門關。」

王之渙是著名邊塞詩人，他非常清楚，玉門關外就是荒蠻之地，皇帝的德行、朝廷的關照一般是不會惠及到那裡的。

據《史記》記載，在張騫出使西域之後，從甘肅敦煌有兩條道路進入塔里木盆地，其中出玉門關一道，「自車師前王庭隨北山，波河西行至疏勒，為北道」。張守節注釋《史記・大宛列傳》時引《括地志》云：「玉門關在（龍勒）縣西北一百十八里。」然而，《史記》

玉門關遺址

記李廣利遠征大宛，首伐失利後李廣利回師敦煌，上書請求罷兵，當時漢武帝「聞之大怒而使使遮玉門曰：軍有敢入者輒斬之！貳師恐，因留敦煌」。這裡又說玉門關在敦煌東面，是怎麼回事呢？

讓人疑惑的還在後面。《後漢書•西域傳》載：「自敦煌西出玉門、陽關，涉鄯善，北通伊吾千餘里。」唐玄奘西遊的時候也是先到敦煌再出玉門關。而唐朝地理學家李吉甫《元和郡縣誌》則記載玉門關在瓜州晉昌縣以東二十里。如果查閱甘肅地圖，還發現與玉門關很有關係的玉門市竟在敦煌以東數百里之外。這究竟是史籍記述的失誤，還是有著不同的玉門關呢？

認真考查玉門關地理變化，我們才恍然大悟，原來玉門關確實經歷了西移、東遷幾次變化。在開通西域之初，玉門關設置在酒泉郡屬下嘉峪山的石關峽。這裡最早設關，並虛守數千士兵，後來撤關設縣，稱玉門縣，發展為今天的玉門市。大概在李廣利第二次遠征大宛凱旋之前，漢朝為加强對西域控制，將玉門關向西推進，遷移到敦煌以西的龍勒縣，這就是考古學界發現的敦煌西北的小方盤城，即漢玉門關故址。後來，由於中原王朝興替和絲綢之路形勢變化玉門關又有多次東遷或西移。在唐代亦即唐詩裡面的玉門關，設在敦煌東北方向安西郡屬下，亦即今安西縣雙塔堡一帶，與敦煌西側的漢玉門關故址有數百里之遙。（劉永連）

【知識鏈】

「玉門關」的名稱是怎麼來的？

玉門關幾經遷移，使得它的名稱來由也撲朔迷離。人們對這個問題觀點分歧。有一個比較廣為流傳的看法是，玉門關是由其所依附的玉石山得名。據《西天路竟》、《重修肅州新志》等資料記載，玉門關最初設置在嘉峪山，而「嘉峪山在酒泉七十里，即古之玉石山，以其常出玉，故名之」，玉門關也因此而得名。不過，玉門關幾經遷移，距離相差甚遠，之後與玉石山毫無關係，不可能盡依玉石山而命名。因而這一看法不確，必然另有歷史背景。

放眼考查中西陸路交通，我們會發現一些有趣的現象。一般我們把從古長安西行過河西走廊，自敦煌分兩道或三道入西域的道路稱為「絲綢之路」，然而在這條絲綢之路上最早往來貿易的卻不是絲綢，而是彩陶和玉石。在殷墟考古中，著名的「婦好墓」出土了上千塊玉石，令人驚奇的是其中百分之八十以上竟然是出自于闐國亦即今和田一帶的和田玉。這說明，早在商代就有大量的和田玉從西域運銷到中原地帶。另據《穆天子傳》說，在西元前十世紀，周穆王西行返回之時，從西域帶回了玉扳萬只，車載三乘。可見到西周時期，玉石向東運銷的規模已相當之大。出於這個緣故，有學者提出「玉石之路」的概念。這條玉石之路，各代都以玉門關為必經之路，故而衍生「玉門關」這一地名。（劉永連）

62

中西海上交通究竟是「絲綢之路」還有「陶瓷之路」？

「陶瓷之路」本來指的是中國古代水路與陸路兩條陶瓷的輸出路線。陸上通道就是自漢代開通的「絲綢之路」。絲綢之路在唐代逐漸演變成陶瓷之路，因為此時陶瓷作為一種新興商品進入了國際貿易的行列。陶瓷與絲綢一樣在中國古代是連接東西文化交流的產物。與絲綢不同的是瓷器具有沉重和易碎的特點，而海上交通的發展則使陶瓷可以大規模的出口。所以過去將海上貿易之路說成是「海上絲綢之路」並不恰當，將其命名為「陶瓷之路」，可能更符合實際情況。因為「絲綢之路」是黃色文明象徵內陸文化，「陶瓷之路」是藍色文明象徵海洋文化。

唐代在中國古代陶瓷發展史上具有重要的地位。陶瓷器是唐代海外貿易的重要輸出品。從唐代開始，瓷器沿著一條陶瓷之路輸出海外，到元明清時期青花及龍泉青瓷的輸出，更是達到了鼎盛階段。瓷器自唐代輸出後，不僅作為一種商品在世界各地流通，同時也作為一種文化交流，在人類文明史上發揮著巨大作用。

陶瓷的輸出到宋初達到了一個高潮。這一階段輸出的陶瓷品種有唐三彩、邢窯（包括定窯）白瓷、越窯青瓷、長沙窯彩繪瓷和橄欖釉青瓷。主要有兩條海上交通路線：一是從揚州或明州（今寧波）經朝鮮或直達日本的航線；二是從廣州出發，到東南亞各國，或出麻六甲海峽，進入印度

唐三彩騎駝陶俑

洋，經斯里蘭卡、印度、巴基斯坦到波斯灣的航線。亞非各國中世紀遺跡出土晚唐五代宋初的瓷器，就是經過這兩條航線而運輸的。

宋元到明初是中國瓷器輸出的第二個階段。明代中晚期至清初的二百餘年是中國瓷器外銷的黃金時期。在十七和十八世紀，中國瓷器通過海路行銷全世界，成為世界性的商品，對人類歷史的發展起了積極作用。外銷瓷器不僅豐富和便利了各國人民的日常生活，而且影響了這些國家和地區的手工業生產和審美觀。（李曉敏）

【知識鏈】

海外中國人聚居的地方為什麼被稱為「唐人街」？

近代居住海外的華人自稱「唐人」，在國外中國人聚居的地方被稱為「唐人街」，生動具體地反映唐朝在對外文化交流中的深遠影響。歷史上類似「唐人街」這樣的稱呼還有很多，如「唐人」指的是中國人，「唐姓」指的是中國姓氏，「唐衣」指的是中國衣飾，「唐舶」或「唐船」指的是中國商船，購得的中國貨物則叫做「唐貨」。現代的「漢語」，在宋代時海外各國稱為「唐語」；外國人在中國定居下來，被稱為「住唐」。這些稱呼在宋、元、明時代流行一時，唐代在海外的影響可見一斑，而這種影響是與唐代發達的海路對外交通密不可分。

唐代與世界的聯繫更加緊密，商品經濟進入新的發展階段，其對外貿易亦隨著國力的強大而擴展到更廣闊的國家和地區。陸路的絲綢之路在這時發展到了全盛的黃金時期。同時也正是在唐代，古老的陸路交通走向了衰落。

安史之亂後，由於國際國內局勢的演變，海上交通工具的進步，海上貿易逐漸取代了陸路交流，這就是我們常說的「陶瓷之路」。由於唐朝對海外的影響，在宋代海外諸國還將中國稱為「唐」。「唐」作為「中國」之地的代稱在海外一直沿用到明朝，「唐人」、「唐姓」、「唐衣」、「唐貨」、「唐語」等用語足以體現唐代海外經濟交流的繁盛。

當時有許多對外型城市發展起來，除了唐朝長安和洛陽是國際性的大都市，溝通的是具有全國意義和對外貿易的大市場外，還有許多的沿海港口城市，如「當地要會，俗號殷繁」的廣州，唐代為嶺南節度使治所，因遠離全國政治中心，城市的繁榮主要依靠商品經濟的發展，特別是對外貿易，其經濟職能更為明顯。當時的大食、波斯、天竺、昆侖等地大批海船來到廣州，廣州成為南方重要貿易中心。長江流域的揚州和成都是東西兩個商業中心，特別是揚州，當時號稱「富甲天下」，超過了長安和洛陽，成為唐後期重要的對外通商口岸城市，主要是對日本列島和朝鮮半島通商。此外，泉州、明州、登州與萊州等都因是海外交通和貿易的重要港口而先後興盛，並成為重要的經濟型城市。（李曉敏）

63 李白是漢人還是胡人？

中國唐代大詩人李白的一生有很多傳奇故事，就連他的身世也充滿了謎團。一般認為，李白出生於武則天長安元年（七〇一），出生地是中亞細亞的碎葉城，碎葉在玄奘的《大唐西域記》當中譯作「素葉」，在現在的吉爾吉斯共和國境內，當時是唐朝的邊疆重鎮。關於這種說法，唐代范傳正為李白所寫的《唐左拾遺翰林學士李公新墓碑文》中有明確的記載：「公名白，字太白，其先隴西成紀人。絕嗣之家，難求譜牒。公之孫女搜於箱篋中，得公之亡子伯禽手疏十數行，紙壞字缺，不能詳備，約而計之，涼武昭王九代孫也。隋末多難，一房被竄於碎葉。流離散落，隱易姓名……」另外，李白的從叔李陽冰在為李白的詩集所作《草堂集序》當中也提到李白的身世：「李白字太白，隴西成紀人，涼武昭王暠九世孫……中葉非罪，謫居條支……神龍之始，逃歸於蜀……」這裡提到的「條支」正是中亞碎葉城的所在地。從上述碑文和詩序我們可以看出，李白的籍貫應該是在隴西，祖先則是涼武昭王李暠，自然是漢人無疑。

不過另外還有一種說法，認為李白出生在西域是胡人。其中最有代表性的就是陳寅恪先生的《李太白氏族之疑問》一文，認為李白是生在西域的「咀邏私城」，在他五歲的時候，由他的父親帶回到巴西（今四川江油）的。陳寅恪還論證了李白是西域胡人「絕無疑義」，「其父之所以名客者，始由西域之人其姓名不通於華夏，因以胡客呼之，遂取以為名」；李白之父所以自西域遷蜀，蓋因「六朝隋唐時代蜀漢亦為西胡興賈區域」，且「至入中國方改李姓也」。他認為李白假託涼昭武王為祖先，說：「夫以一元非漢姓之家，忽來從西域，自稱其先世於隋末由中國謫居於西突厥舊疆之內，實為一必不可能之事。則其人本為西域胡人絕無疑義矣。」

李白到底是胡人還是漢人，至今仍爭論不已。不過不管他的血統如何，都無愧為中國的大詩人，他在漢文化史上做出的貢獻也是毋庸置疑的。（王曉麗）

〖知識鏈〗

李白為什麼壯志難酬？

李白位居唐代三大詩人之首，代表著唐代詩歌的最高水準，不能不說是一個傑出的人才。當年他進入京城長安的時候，曾經不無豪邁地料想：「天生我材必有用，千金散盡還復來。」但是僅在一年半後，他就心灰意冷地離開這夢寐之地，歎唱：「行路難，行路難！多歧路，今安在？」這是為什麼呢？

李白在《代壽山答孟少府移文書》中說，他的人生奮鬥目標是「申管晏之談，謀帝王之術，奮其智慧，願為輔弼。使寰區大定，海縣清一。」說白了，就是要像管子、晏子那樣治理國家，匡正君王，使得社會安定，天下清明，造就一個太平盛世。其志向可謂遠大。

為了這一志向，李白居蜀時就積極拜訪地方長官，見過著名文學家益州長史蘇頲，向他展示詩才和心機；後來走出劍南，闖蕩湖北，在安陸期間拜見過安州馬郡督、裴長史和荊州韓長史等。但是，這期間李白的才幹不僅沒有受到重視，反而偶遭冷遇。後來有幸應召入京，受到唐玄宗的青睞。然而玄宗並沒有將其放在處理國事的重要位置，而只是給個翰林待詔的閒職，聊供詩詞娛樂而已。同時在此期間，李白又得罪權貴，頗遭譏議，結果玄宗很快將其疏遠，賜金放還。回到江南以後，安史之亂爆發，永王李璘招謀幹才，組織軍隊，準備對付安史亂兵。這時李白認為碰到報國良機，於是參加了李璘幕府。但是由於新登基的肅宗李亨害怕永王奪位，而李璘占據金陵，不聽皇命，也確實心有異志。結果兩下火拚，李璘兵敗，李白也被作為叛亂者流放夜郎。

看其一生行跡，不少人對其懷才不遇深表同情。有些學者認為李白一生壯志難酬的重要原因就是當時唐玄宗已經不是早年那個選賢任能、勵精圖治的有為帝王，而是厭倦政事、沉溺聲色、驕奢淫逸的昏庸之主。他從沒想過把李白放在展示治世之才的重要官位上，使得李白理想落空，難以施展抱負。

不過，如果繼續深究的話，這裡面還深藏著其他重要原因。首先，李白儘管詩才縱橫，堪為文壇領袖，但是在他的文章裡看不到像一般治世能臣那樣應有的實際處理政務的能力亦即管理能力。從其不能洞察政治形勢的變化，盲目追隨永王幕府的行為看，更缺乏基本的政治洞察力。從性質上講，李白只是一個天真浪漫的詩人，政治素質極為薄弱。這就造成李白所樹理想與實際能力之間的過大落差。其實唐玄宗説他「非廊廟器」，便是對他的客觀評價。其次，李白個性上恃才傲物，狂放任誕，難為朝廷和官場所容忍。因其「天子呼來不上船，自稱臣是酒中仙」，皇帝看他毫無侍奉天子的忠謹品質；因其「安能摧眉折腰事權貴，使我不得開心顏」，高力士、楊國忠之流無不對其嫉妒、排擠，豈能容他在朝！加上李白有時待人失禮，冒瀆長上，結果即使在素有獎掖後進美名的荊州長史韓朝宗面前竟也備受冷落，不能不讓人非議其個性缺陷。再者，李白嗜酒放縱，缺乏一般官吏的勤政務實的生活品質。李白一生縱酒無度，處事蹉跎，自稱一年「三百六十日，日日醉如泥」；高唱「百年三萬六千日，一日須傾三百杯」；甚至有時要「千金駿馬換小妾，笑坐雕鞍歌落梅」。這種狂放絕對不是官吏能臣所該有的，甚至違犯了一般人的道德要求。（劉永連）

64 白居易究竟屬於哪個民族？

白居易是唐代偉大詩人，是中國傳統文化陣營中的一面大旗。然而今天誰也無法想像他原來竟是一位域外血統的移民後裔。那麼，他究竟屬於哪個民族呢？

關於白居易的家世，《舊唐書》卷一六六載：「白居易，字樂天，太原人，北齊五兵部尚書建之仍孫……」從這裡已難以看出白家移民入唐的蛛絲馬跡。而他的堂叔白敏中的墓誌銘則把其家族與先秦時期楚國貴族白公勝和秦國大將白起聯繫起來，由此可見，白居易一家好似中原舊姓的華夏子孫。但是白敏中女兒的墓誌銘卻透露了完全不同的資訊。文中提到白氏有個本家叫白孝德，是一個道地的外來蕃將。再查閱雜史資料，我們發現《唐國史補》明確指出白敏中是一個「蕃人」；《唐摭言》還記述白敏中在宴請客人的飯桌上這樣介紹自己：「十姓胡中第六胡，也曾金闕掌洪爐。」所謂「十姓胡中第六胡」，說他出自西域某國貴族大姓；所謂「金闕掌洪爐」，是說他家屬於掌握著國家政權的王族勢力。看來，作為朝中大臣的白居易兄弟在崇尚士族門第之風正盛的背景下無法拉下臉在公共場合說出實情，而胡亂與白勝、白起攀扯關係，但是處於社會較低層次的女兒、女婿卻不講究這些把自家的真實完全透露出來。

那麼，白居易究竟來自哪個胡人大姓呢？翻閱西域史料可知，位於中部天山腳下的古龜茲國（以今新疆庫車為核心）王姓白氏，並且自西漢武帝時期白絳賓娶烏孫公主的女兒而附漢以來，與中原政權交往不斷。大約東漢時期，已有部分龜茲白姓遷居河西走廊一帶，三國時期蔓延到關中地區。北魏初年渭河以北地區爆發了一場羌胡為首的少數民族起義，其中包括白廣平為首的龜茲人。遭鎮壓後被俘民眾被强行遷居到北魏京都平城（今山西大同）一帶。從此龜茲民眾在官府監督下開始為統治者所用。同時，龜茲白氏的遷徙經歷也開始可以與白氏兄弟的傳記、墓誌掛鉤。白敏中墓誌提到：「元魏初，因陽邑侯（白）包為太原守，子孫因家焉。」白居易傳也自敘祖籍太原。再附帶查核一下其本家白孝德的來歷，原來他是龜茲國王子，當安史之亂爆發唐朝皇帝到處求援之際，他自告奮勇帶領三千精兵勤王，從此留居内地成為郭子儀、李光弼手下大將。他死後四十年，白敏中就中了進士，兩者相去不遠，考據記述無誤。這樣白居易家族的來源就搞清楚了。（劉永連）

【知識鏈】

為什麼在唐朝不少名人的身分都難以分辨？

在唐代社會，白居易身世問題不是個別現象，其實有不少名人血緣身分難以辨別。其歷史和文化原因何在呢？

自魏晉南北朝到隋唐，西域和北方草原各民族猶如一股從不停歇的浪潮湧入中原，這使得中原地區變成了許多民族大雜居的文化熔爐。在大雜居過程中，胡漢民族之間不斷通婚、交往、相互影響，發生了許多方面的深刻變化，使得胡漢交融，難以區分，自然而然使得不少人的身世變得撲朔迷離。這裡僅就胡人的身世變化來分析。

有唐一代，朝廷對流入中原的胡人都給以善意的容納和優越的待遇。如是國王酋長之類的貴族，朝廷一般都封為將軍等官，賜予甲第，嫁以美女甚至郡主、公主；如是一般部族民眾，朝廷也給予安置，賜予良田，允許與漢族通婚。在短短數十年內，這些胡人一旦與漢人通婚，就使家庭中容納了一半漢族的血統；生了兒女再一次與漢人通婚，就又有四分之三的血統被漢人占去。這樣，儘管其族系屬於胡人，但血統上很快就漢化了。

大致與此同時，移民進來的胡人很快改用漢姓漢名。他們有不少因立下戰功而獲得皇帝賜姓，自然都是姓李。例如，契丹人李楷固家族、靺鞨人茹常（改名李嘉慶）家族、突厥名將阿布思、鐵勒阿跌氏（即李光進家族）、回紇王子溫沒斯、沙陀族朱耶氏、黨項拓跋氏、蘇毗國入朝王子（改為李忠信）等許多內遷胡人家族都改姓為李。也有些因被漢人收為義子（唐代流行此風）而改稱義父之姓（如奚族人李寶臣因曾被范陽將領張鎖高養為義子初改姓張，名忠志）。還有不少胡人乾脆自己做主讓兒女都用了漢姓，取了漢名。如此一來，就使得我們無法通過姓名馬上看出其原民族身分。

進入中原若干代以後，這些胡人祖籍、地望很快發生變化。如貞觀年間內遷長安的上萬家突厥人，他們就自認長安為家鄉，死後埋葬在京城附近，甚至形成家族祖籍。他們的兒孫們自然而然就把籍貫改成了長安或京兆地區。與此同時，不少華人為了得到中原社會的徹底認同，在籍貫上附和漢人習慣，敘述家世的時候總是千方百計掛在古代華夏祖先或名人身上。譬如，契丹族人李楷固（子輩李光弼榮任唐朝天下兵馬副元帥，是平定安史之亂的主帥之一）、突厥族人李懷讓都自認為是漢朝名將李陵的後代；從西域移民來的昭武九姓或波斯胡人安興貴、安修仁家族則自認為是移民到甘肅地區的黃帝軒轅氏子孫，看起來好像都是漢人。不過，也有不小心露了馬腳的。如內徙中原的吐谷渾王族慕容氏，竟然說他們是漢族上古神話中射日英雄后羿的後代，實在是滑稽。

更為關鍵的是，這些胡人進入中原後，努力吸取漢族文化，主動走向漢化。他們放棄原來的馬背生活，勤奮學習漢文，鑽研儒經詩賦，不久之後考取明經、進士，與漢人一樣為官，同時也標榜忠君愛國，追求詩書情趣，甚至學著漢人「貴華夏而賤夷狄」，其思想、行為已與漢人無異。像白居易，滿身都是漢文化氣息，又取得如此之高的漢文化成果，使得我

們無法想像他是胡人的後裔。（劉永連）

65 唐代俗語中為什麼會有「黑昆侖、裸林邑、富波斯」這樣的說法？

由於開放的對外政策，進入唐朝的外國人很多，他們或經商，或定居，或為奴，對唐代社會都產生了或多或少的影響。唐朝人對外來居民的稱謂中有許多的俚言俗語，「黑昆侖」、「裸林邑」、「富波斯」等等，來表達他們對某個地區外來人口的印象。

昆侖是古代的國名。唐代前後，在今中南半島南部及南洋諸島地區，有今印尼馬魯古群島的昆侖國，緬甸南部薩爾溫江口附近的大小昆侖國。當時，這裡的人都是捲髮黑皮膚，從人種上來看屬於南海黑人。在唐朝的昆侖人一般都是作為奴僕或者是藝人，文獻當中常見「昆侖奴」的記載。由於他們的膚色是黑色，所以唐朝人又稱他們為「黑昆侖」。

唐朝時，林邑是在現在越南中部的一個國家。林邑與唐朝的交往非常密切，唐初林邑王就遣使來唐交流。唐高祖曾經舉行盛宴歡迎林邑使者，並贈送使者錦、彩等絲織品。唐太宗貞觀年間林邑也一再派使者送來馴象、五色帶、朝霞布及火珠等物。高宗、玄宗時期林邑仍經常遣使來唐。之後，林邑改稱環王國仍和唐朝交流。在唐朝統治的將近三百年期間，林邑使臣來唐達十五次之多。在唐朝的林邑人也很多主要聚居在廣州等地。在長期的交流中，唐代人瞭解到林邑當地的習俗是無論男女，一年四季都赤身裸體，因此把林邑人又稱為「裸林邑」。

波斯是伊朗的古稱。唐朝建立的時候波斯正處於薩珊王朝末期。當時波斯與中國的經濟文化交流也很頻繁。大批波斯人來到中國，其中最多的就是商人，他們在中國落籍、經商，

昆侖奴俑

以經營寶石、珊瑚、瑪瑙、香料、藥品而馳名。唐代詩文中對波斯商胡有著很多生動的記述，而這些情況也為考古文物所證實。建國以來陸續出土的薩珊銀幣約有一千多枚。由於波斯客商大多都比較富有，所以唐朝人又稱他們為「富波斯」。（王曉麗）

【知識鏈】

「富波斯」（胡商）在唐朝社會中受人尊重嗎？

在唐朝，以波斯人為代表的胡商擁有大量的財富，以至被唐朝人稱為「富波斯」。在文獻記載當中，胡商的出現往往是跟財富聯繫在一起的，就連皇帝在需要的時候都會向他們徵集錢財。然而，胡商所擁有的財富和他們在唐朝所處的社會地位是不相吻合的，甚至有較為嚴重的錯位。

唐朝人一方面非常羨慕胡商的富有，另一方面卻瞧不起他們的行為。在唐朝人眼中，胡商狡詐貪婪，唯利是圖，不講信用，重利輕義，完全不符合儒家的道德規範。據唐代張讀《宣室志》記載，當時有一胡商與太學生陸顒往來，太學生們紛紛勸說陸顒：「彼胡率愛利不顧其身，爭鹽米之微，尚致相賊殺者，寧肯棄金繒為朋友壽乎？」言辭之中毫不掩飾對於胡商的不齒。唐代人在喝酒的時候有一種行酒令用的道具叫做酒鬍子，造型是一個頭戴寬沿帽，藍眼睛、高鼻樑的小木偶人，也就是波斯商胡的形象。行令時，令者轉動酒鬍子，根據它停下時的方向指定誰來喝酒。把商胡做成娛樂的器具，讓他們成為人們日常生活中娛樂取笑的對象，也正說明了唐朝人對於商胡的輕視態度。基於對胡商的較低評價，唐朝人把胡商的性命也看得是無足輕重。據唐志怪小說《廣異記》載，胡商與其他人一起渡海，「船忽欲沒，舟人知是海神求寶，乃遍索之，無寶與神，因欲溺胡」。在社會發生動亂的時候，富有的胡商更是會首當其衝地成為受害者。唐代後期藩鎮林立之時，叛將田神功的部衆在揚州城內殺人放火，「商胡大食、波斯等商旅死者數千人」。唐末黃巢起兵攻破廣州之後，也曾經大肆屠殺胡商。這些行為實際都體現了唐朝人對胡商的仇恨和嫉妒。當然，唐朝人對胡商的態度並不意味著民族歧視，更多的是反映了當時來自西方的商業文明與唐朝農業文明之間的衝突。（王曉麗）

66 唐代中國有黑人嗎？他們是從哪裡來的？

唐代是中國古代社會發展的鼎盛時期，中外交流非常頻繁，大批來自西域甚至是海外的外來人口進入中原各地，其中就包括了黑人。在《舊唐書》、《唐會要》、《冊府元龜》等古代文獻中都有關於唐代黑人奴婢的記載。另外，敦煌唐代壁畫以及流傳下來的一些唐代名畫，如閻立本的《職貢圖》、周昉的《蠻夷執貢圖》當中也都可以看到黑人的形象。二十世紀四〇年代，在西安地區出土了唐代的黑人俑一度引起了學術界的廣泛關注。其後，唐代黑人俑不斷被發現，更證實了在唐代中國的確是有黑人的。

黑人在唐代被稱為「昆侖」，唐代裴鉶所作《傳奇》中就有很有名的一篇叫做《昆侖奴》刻畫了一個俠客模樣的昆侖奴。唐詩《昆侖兒》中也有對「昆侖奴」的生動描寫：「昆侖家住海中洲，蠻客將來漢地遊」，「自愛肌膚黑如漆，行時半脫木綿裘」。根據中國歷史學者葛承雍教授的研究，這裡提到的「昆侖奴」並不是來自非洲，而是來自東南亞和南亞的南海黑人。從人種上來看，雖然兩者都是體黑捲髮但是外形有明顯的差異。被稱為「昆侖奴」的南海黑人不是非洲的尼格羅人種，而應該是屬於尼格里托人又叫矮黑人。從服飾上來看，陸續出土的黑人俑大都上身赤裸斜披帛帶，橫幅繞腰或穿著短褲，這與唐代高僧義淨《南海寄歸內法傳》中記載的昆侖人形象也正相符合。一直到現在，這些類似非洲黑人的部落和種族仍然散居在馬來半島以南的海島上。在唐代，這些黑人大致上通過三種途徑來到中國：一種是被作為年貢送往京城長安；另一種則是作為土著「蠻鬼」被掠賣到沿海或者是內地；還有一種就是跟隨東南亞或者是南亞的使節入華時，被遺留在唐帝國，並淪為奴僕。（王曉麗）

【知識鏈】

唐朝政府對入境外國人的活動加以限制嗎？

唐朝實行開放的對外政策，大量的外國人在這一時期進入中國，或者做生意，或者買田買房世代定居，甚至還有人在唐朝朝廷當中做官。根據中國歷史學者向達先生在《唐代長安與西域文明》一書中的統計，唐太宗貞觀初年（六三一），突厥「降人入長安者乃近萬家……其數誠可驚人」。西元七八七年，唐朝政府調查長安胡客田宅，共有四千家在長安置有田產，「由此推測，在長安的胡人應在五萬人以上，甚至可能超過十萬」。對待這麼多的外國人，唐朝政府的政策是很寬鬆的。唐太宗曾經説過：「自古皆貴中華，賤夷狄，朕獨愛之如一。」這一思想長期指導著唐朝政府對外國人政策的制定。居住在唐朝各個城市當中的外國人可以保留自己的宗教信仰、婚姻習俗、葬式葬儀、生活習慣，他們可以自主地選擇自己的首領，來自同一國度的移民之間還可以根據他們本國的法律和習俗來處理訴訟案件，不受歧視。

雖然如此，唐朝的外國人也不是不受任何限制的，他們必須遵守唐朝政府頒布的各種政令。尤其是在外國人與唐朝人的通婚方面，唐朝政府給出了許多限制。早在唐太宗貞觀二年（六二八），政府就規定，如果外國人娶了漢族婦女為妻，或者納漢族婦女為妾的話，他就得留在唐朝境內，絕對不允許外國人攜帶漢族婦女一起返回故土。而且正如著名漢學家謝弗所說：「對於外來居民而言，最好的辦法莫過於選擇唐朝人的思想方式和生活習俗，而當時許多外國居民也是這樣做的。」不過有的時候也有例外，據《資治通鑑》記載，唐代宗大歷年間，「回紇留京師者常千人，商胡偽服而雜居者又倍之」。針對這種情況，唐朝政府頒布詔令，規定「回紇諸胡在京師者，各服其服，無得效華人」，並且嚴禁胡人誘娶漢人婦女為妻妾，或者以任何方式冒充漢人。唐文宗開成元年（八三六），盧均擔任嶺南節度使的時候，還曾經强迫廣州的外國人與漢人分處而居，禁止他們互相通婚，不許外國人占田和營建房舍。之後又進一步禁止中國人與外國人私自「交通、買賣、婚娶、來往」。由此可見，唐朝政府對居住在境內的外國人雖然採取相對寬鬆的政策，但也不是不加限制的。（王曉麗）

67 飼養「哈巴狗」為寵物是怎麼流行起來的？

伴隨經濟生活的改善，飼養哈巴狗為寵物的風氣彌漫城鄉，婦女兒童牽著一隻俊俏聰慧的哈巴狗上街已經是一件司空見慣的事情。但是哈巴狗原來並非產於中國，其故鄉遠在西方的東羅馬。那麼，中國人飼養這種寵物是怎麼流行起來的呢？

東羅馬，唐代中國史料稱其為「拂菻」。據《舊唐書‧高昌傳》載：「武德七年（六二四），高昌王麴文泰獻狗雌雄各一，高六寸，長尺餘，性甚慧，能曳馬銜燭，云本出拂菻國。中國有拂菻狗自此始也。」文中這種聰慧的「拂菻狗」屬於尖嘴絲毛犬，曾經是希臘妓女和羅馬主婦的寵物，而高昌所獻這對「拂菻狗」則成為中國「哈巴狗」的小祖宗。

從唐朝初期起，國內逐漸有人飼養「哈巴狗」，將其稱作「康國猧子」、「白雪猧兒」或「花子」。最初一兩百年間，這種時髦而且花費大的活動還僅限於宮廷，不過讚揚這種小東西如何聰慧、可愛的故事已經產生了。段成式《酉陽雜俎》就記載了一則「康猧亂局」的故事。據云楊貴妃曾養著一隻從康國進獻來的「哈巴狗」，書稱「康國猧子」。一天，唐玄宗在御花園綠蔭樹下與親王紋枰對弈，楊貴妃懷抱「康國猧子」在旁觀戰。玄宗由於棋藝不敵逐漸落入敗局。眼見大勢已去，楊貴妃也無力招架在旁看得心急。突然貴妃急中生智，拍一拍

周昉《簪花仕女圖》(局部)

懷裡的猧子，小傢伙馬上領會，一躍跳上棋盤，將棋局攪得七零八落，一局將分輸贏的對奕就這樣不了了之。窘困中的玄宗見被救駕頓時龍顏大悅。

大約在唐朝後期哈巴狗開始流入民間。佚名唐人《醉公子詞》云：「門外猧兒吠，知是蕭郎至。剗襪下香階，冤家今夜醉。」蜀中名妓薛濤也曾借對哈巴狗失寵的描寫，抒發自己胸中的鬱悶：「馴擾朱門四、五年，毛香足淨主人憐。無端咬著親情客，不得紅絲毯上眠。」《玄怪錄》記載，洛州刺史盧頊的表姨住在洛陽履信坊，她也曾養過一頭名叫「花子」的哈巴狗，由於她對哈巴狗特意呵護，後來得到善報。可以說，從此以後飼養「哈巴狗」就成為中國富人貴族、婦女兒童的嗜好之舉了。(劉永連)

【知識鏈】

唐人還喜歡養哪些寵物？

唐朝人愛玩也會玩，他們飼養動物來逗弄、表演、玩耍堪稱一絕。其所飼養的寵物除了「哈巴狗」之外，主要還有以下幾種：

一是鸚鵡。《明皇雜錄・逸文》載，楊貴妃鍾愛著一隻嶺南地區進獻的鸚鵡，據傳非常聰慧，「洞曉言詞」，全身雪白，取名為「雪衣女」。由於平時總是給貴妃、皇帝增添樂趣，雪衣女非常討人喜歡。忽然有一天雪衣女告訴貴妃，說它做夢被一隻兇惡的鷙鳥所搏殺。為了消災，於是貴妃教雪衣女念誦《多心經》，並將其留在房間加以保護。但是雪衣女還是沒有躲過悲慘的命運，某天偶然開門，不料一隻鷙鳥乘機闖進來啄死了鸚鵡。貴妃、皇帝不勝悲愴，為其建了一座墓塚，時號「鸚鵡塚」。

二是馬。唐人普遍愛馬，尤以舞馬和「果下馬」為寵物。唐朝太平時期流行馬舞，特別在開元天寶時期形成大觀。每逢慶典馬舞是常備節目，有時甚至百匹齊舞，壯觀之至。由於是皇宮舞者，且必須具備體型俊美、能曉音律和動作美妙等條件，所以舞馬馴養不易，比戰馬、儀仗馬等還要受寵愛。有史料載，一次盛大的馬舞表演即將開幕，當時教坊使王毛仲熱情地撫摸馬背與一匹銀州監馬嘮叨了好一陣，大概意思說，夥計你享受著相當於三品官的待遇，馬上又有表現機會，不要讓我失望啊。「果下馬」，即一種體型矮小，人騎上去也能從桃樹下面走過的馬。該種馬多出產於中國東北、西南等地，新羅、南詔等國或有進獻。由於比較適合孩子騎乘，或專供家庭賞玩，因而在尊貴、富有之家比較流行飼養。

三是鶻。唐代人喜玩鶻。其身形小於鷹而大於雞，有鷹之尖喙卻無鷹之兇猛，經過訓練之後還可以用喙來為主人梳頭、搔癢，夏天酷熱的夜晚還會站在床頭用翅膀為主人搧風，如果主人恰好犯了偏頭痛，該鳥還可以為你做頭部穴位按摩，非常奇特。據載，太宗朝宮中就愛豢養鶻鳥，因為數量太多還專門設立了「鶻坊」，鶻坊的坊主也得以享受很高的級別與待遇。

四是猴。唐昭宗李曄喜歡養猴，連逃避藩鎮之亂逃往蜀地時也帶著馴養的小猴隨駕，還賜給馴猴人紅袍加身，享受「高官」待遇。羅隱作《感弄猴人賜朱紱》：「十二、三年就試期，五湖煙月奈相違。何如買取猢猻弄，一笑君王便著緋。」道出了會耍猴也能當官，何苦費半天勁去考試的憤懣，同時從另一角度也可見當時「猴人」之流行。

此外，小到蜘蛛，大到虎豹，樹上猞猁，水中魚鼉，形形色色的動物都曾成為唐人用於遊樂玩賞的寵物。（劉永連）

【十】開啓發明任意門

68 究竟是誰把紙送到了西方？

眾所周知，早在西漢時期中國人就已經發明了造紙術，先後出現絮紙和麻纖維紙。東漢一〇五年，蔡倫改進造紙術出現了植物纖維紙。六世紀的時候造紙術傳到了朝鮮、越南和日本。紙的發明改變了中國社會的發展歷程同時也對世界歷史的發展做出了重要貢獻。那麼造紙術是如何傳到西方？到底是誰把紙送到了西方？這要從中亞一場國際性戰爭講起。

八世紀中葉，在西亞興起的阿拉伯帝國侵入中亞地區，徹底消滅薩珊波斯，並打擊、侵蝕中亞，於是以石國為代表的昭武九姓紛紛上書唐朝皇帝，請求中央出兵支援。七五一年，朝廷命令西域大將高仙芝率領大軍挺進中亞力圖穩定局勢。不過令人遺憾的是，剛在不久前征服大小勃律的高仙芝變得驕橫起來，他率領由多民族士兵組成的區區三萬蕃漢軍隊，一直

深入到中亞北部的怛邏斯河岸（今哈薩克斯坦的江布林城附近）絲毫沒有預料到一場大規模惡戰的發生。同時他違反了唐朝一貫的懷柔政策，對少數暫時屈服於阿拉伯帝國政權的殘酷打擊，特別是殺掉了石國國王。這一舉動震撼了昭武九姓各國，它們在石國太子帶領下紛紛倒向阿拉伯帝國一方。結果在怛邏斯與阿拉伯軍隊遭遇時唐軍陷入孤立無援的危險境地。大戰開始，兩軍鋒芒皆盛對峙五天未分勝負。但突然間，「葛羅祿部衆叛，與大食夾攻唐軍，仙芝大敗，士卒死亡略盡，所餘才數千人」。另據巴托爾德《突厥斯坦》和沙畹《西突厥史料》記載：這次大戰後阿拉伯將軍齊雅德·伊本•薩里帶著數千名唐軍俘虜回到撒馬爾罕。

就在這些被俘獲的唐軍士兵當中有不少是造紙工匠。阿拔斯王朝第一任哈里發阿布•阿拔斯•薩法赫在撒馬爾罕專門設立了造紙作坊，請這些造紙工匠為阿拉伯帝國工作。不久，這裡開始出產一種質地優良的紙張，聞名於整個西方世界被稱為撒馬爾罕紙。這樣，阿拉伯人又請中國工人到報達（當時是阿拔斯王朝德國都），建立紙廠，從事造紙。這樣阿拉伯人就掌握了造紙技術。中國的造紙術由此而被帶到了中亞和西亞各地，在十三世紀又由阿拉伯人傳到了歐洲，之後進一步傳播到美洲等世界各地。（劉永連）

【知識鏈】

四大發明是怎麼西傳的？

造紙術、印刷術、火藥和指南針是中國古代偉大的四項發明，它們的出現深深地影響和改變了人類社會和歷史的發展過程。那麼，除了造紙術，其他幾項發明又是如何西傳的呢？

指南針。戰國時期中國帶動人民根據磁石指南的特性發明了「司南」。北宋時已會使用磁鍼指南，後裝於羅盤上，製成指南針用於航海。南宋時隨著中外海上貿易和航海事業的發展，指南針傳到印度、阿拉伯、波斯等國，為新航路的開闢和實現環球航行提供重要條件。

印刷術。隋唐時期已有雕版印刷的佛經和詩，現存世界上最早的雕版印刷品是八六八年中國印製的《金剛經》卷子。十一世紀，北宋畢昇發明活字印刷術，比歐洲早四百年。活字印刷術發明以後，隨著中外貿易活動的發展，向東傳入朝鮮、日本，向西傳入埃及和歐洲，改變了當時歐洲只有僧侶才能讀書和受高等教育的狀況。

火藥。火藥的發明來源於中國古代的煉丹術。唐朝時火藥開始用於軍事，北宋時火藥已在軍事上廣泛使用，南宋時又有所發展。金朝火器製造業發達，曾用火器打敗蒙古軍隊。中國的火藥隨著十三世紀蒙古軍隊的西征而傳入阿拉伯，後由阿拉伯人傳入了歐洲。可以說，四大發明向西傳播到世界各地，從經濟、文化、軍事等各個領域促進了整個人類文明突飛猛進的發展，是中國人民對人類社會的巨大貢獻。（劉永連）

69 唐代的「飛錢」是會飛的錢嗎？

「飛錢」雖然不會飛，但是這個名稱非常生動，因為這個「錢」不需攜帶就可從一地到另一地。「飛錢」是中國早期的匯兌業務形式，又叫做「便換」，它最早出現在唐憲宗元和初年。唐代的經濟繁榮，尤其是商業興盛，除了國內南北方的商業交流日益增加，對外貿易也日漸增多。許多國家與唐朝密切通商，其國內也流通「開元通寶」，唐朝官府與民間也經常以銅錢購買外國貨物。這樣一來，一方面隨著對外貿易的發展，銅錢大量外流，各地經常出現「錢荒」，於是規定各地方政府禁止錢出境，以防止銅錢流入海外；另一方面，商品交易量的增加也使商人帶上大量銅錢外出經商有很多不便之處。在這種背景下，就出現了中國匯兌業務的雛形——「飛錢」。

商人們先在京城把錢交給諸軍、諸使、富家或諸道進奏院，開具一張憑證，上面記載著地方和錢幣的數目，然後商人攜帶憑證到其他地區的指定地方取錢，這個憑證就是「飛錢」。飛錢盛行於長安以及揚州、廣州、成都之間，反映了商業繁榮的一個面向，同時促使唐代的貨幣經濟及貨幣流通手段進入一個新的發展階段。「飛錢」有官辦和私辦兩種形式，一種是官辦，設於京城的「進奏院」，各地在京城的商人，把款項交給各道駐京的進奏院，

敦煌壁畫《胡商遇盜圖》

由進奏院開具發聯單式的「文牒」或「公據」，一聯交給商人，一聯寄往本道。商人與節度使派遣在京的進奏院交涉完後，就可以以一紙憑據隨時隨地兌換現金。另一種是私辦，由一些大商人利用總店與設在各地分店之間的聯繫，向不便攜款遠行的商人發放票據，商人可憑此票據在私商所開的聯號取兌貨款。

「飛錢」的出現一方面減低了銅錢的需求，緩和了錢幣的不足，同時也給商人們在全國各地進行貿易活動時帶來了極大的方便。但是「飛錢」本身不介入流通，不行使貨幣的職能，它只是一種匯兌業務，不是真正意義上的紙幣，北宋時期四川成都的「交子」才是真正紙幣的開始。「飛錢」這種匯兌方式被北宋沿用。宋開寶三年（九七一），官府在開封設置官營

匯兑的機構「便錢務」，為行商直接辦理異地匯款。（李曉敏）

【知識鏈】

為什麼說古代金融業真正形成在唐代？

中國歷史上最早的金融機構就是典當行，也就是常說的當鋪。「先有典當，後有票號，再有錢莊」，這是對中國舊時代金融業發展過程的清晰描述。著名歷史學者範文瀾先生曾指出：「後世典當業，從南朝佛寺開始。」當鋪產生於西元四世紀的南北朝時期，距今已有一千六百餘年的歷史了。當鋪最早出現在佛教寺院，南朝宋時的江陵令甄法崇的孫子甄彬，曾經到當地長沙寺的寺庫中質錢，這裡的寺庫可能就是寺院經營的專門當鋪，但也可能是寺院普通倉庫而兼營典當。《南齊書》中也有：「淵薨，澄以錢萬一千，就招提寺贖太祖所賜淵白貂坐褥，壞作裘及纓，又贖淵介幘犀導及淵常所乘黃牛。」服裝以及生活用品甚至黃牛都可以當作抵押品到寺院中去借款，可見當時的佛寺已經兼營典當或有專門的典當機構。隨著南朝佛寺典當經營活動的興起和普及，典當業逐漸形成。不過南北朝時期的典當業還僅僅是屬於寺院經濟的一個組成部分，處於萌芽階段。直到唐代，中國典當業才真正跳出佛寺這個狹小的圈子，成為整個社會十分常見且蓬勃發展的金融業。唐代典當行業普及全社會，民間當鋪也稱為「質庫」。《唐六典》中已對典當利率作出了規定。

宋代，典當已成為正式行業。京師汴梁的當鋪已被列入「士農工商諸行百戶」之內。南宋時，典當業更為發達，僅京都臨安一地，城內城外的質庫也就是當鋪不下數十處，每天的交易量也十分驚人，「收解以千萬計」。（李曉敏）

70 「爆竹」何時變成了「鞭炮」？

鞭炮起源於古代的「爆竹」，至今已有兩千多年的歷史。關於「爆竹」的演變過程，《通俗編・俳優》是這樣記載的：「古時爆竹，皆以真竹著火爆之，故唐人詩亦稱爆竿。後人捲紙為之，稱曰『爆竹』。也就是說，最初，人們燃放爆竹的時候，是把真正的竹子點上火讓它發出爆裂的聲音。據《說郛》所引《荊楚歲時記》記載：「正月一日，雞鳴而起。先於庭前爆竹以避山臊惡鬼。」可見當時已經有了春節放爆竹的習俗，而且這一時期燃燒「爆竹」

是希望利用竹子著火之後爆裂的聲音來趕走怪獸惡鬼。到了唐朝，爆竹又被人們稱為「爆竿」，也是燃燒竹竿，使其發出爆裂聲的意思。唐朝詩人來鵠的《早春詩》中有「新曆才將半紙開，小庭猶聚爆竿灰」的句子，這裡的「爆竿」就是指「爆竹」。從唐代開始，爆竹有了新的發展。唐初就開始有人把硝石裝在竹筒裡燃放。後來，煉丹者在煉製丹藥的過程中，經過不斷的試驗，發現硝石、硫黃和木炭合在一起能引起燃燒和爆炸，於是便發明了火藥。火藥出現之後，人們就開始把火藥填充在竹筒裡燃燒，這樣爆炸之後產生的聲音更大。此後，火燒竹子這一古老的習俗也就隨之產生了變化。到了宋代，民間開始普遍用紙筒和麻莖裹上火藥，編成串，做成「編炮」，也就是我們現在說的「鞭炮」，並且已經有了單響雙響等不同的種類。（王曉麗）

【知識鏈】

春節貼春聯的習俗到底是何時形成的？

新春佳節貼春聯早已成為中國人的一項重要民俗活動。這項活動是從什麼時候開始的呢？從傳統的文獻資料來看，最早的對聯是五代時期後蜀君主孟昶寫的。據《宋史．蜀世家》記載，孟昶在乾德元年（九六三）歲除日，自命筆題桃符，其辭為：「新年納餘慶，嘉節號長春。」《楹聯叢話》對此評論說：「楹帖始於桃符，蜀孟昶，余慶、長春，一聯最古。」然而事實並非如此，敦煌藏經洞出土的一分唐代時期的文書，為人們瞭解這一久遠的民俗，提供了詳細的資料。這分卷號為「斯坦因一六一〇」的文書中抄錄了當時的桃符題詞和對聯，內容如下：「歲日：三陽始布，四序初開。福慶初新，壽祿延長……三陽回始，四序來祥。福延新日，慶壽無疆……立春日：銅渾初慶墊，玉律始調陽。五福除三禍，萬古回（殮）百殃。寶雞能僻（辟）惡，瑞燕解呈祥。立春回（著）戶上，富貴子孫昌……三陽始布，四猛（孟）初開。回回故往，逐吉新來。年年多慶，月月無災。雞回辟惡，燕復宜財。門神護衛，厲鬼藏埋。書門左右，吾儻康哉！」據敦煌民俗專家譚蟬雪的研究，這一文書上所載的對聯從時間上看，「歲日」、「立春日」正是中國傳統習俗書寫楹聯的時候，也是唐代人掛桃符的時候；從內容上看，這些對聯全都是祈福禳災的內容；從句式上看，文句對偶，正是對聯的格式，而且文中有「書門左右」的明確交待，因此，這一文書所載的無疑就是桃符題辭，也就是後來所說的對聯。這些對聯都是寫在文書的背面，前後均無題記，正面是《啓顏錄》的抄本，尾題：「開元十一年捌月五日寫了，劉丘子投二舅。」結合對聯中所提到的民俗流行的歷史時期，譚蟬雪認為這些對聯的寫作時間大體上應該是在盛唐。也就是說，在唐代，不但已經有了對聯，而且春節貼春聯的習俗也已經形成了。（王曉麗）

71「唐三彩」真的只有三種色彩嗎？

唐三彩是唐朝生產的一種彩陶工藝品。它以造型生動逼真、色澤豔麗和富有生活氣息而著稱。從質地上講這是一種低溫釉陶器。它主要是陶坯上塗上的彩釉，在烘製過程中發生化學變化。由於在色釉中加入不同的金屬氧化物，經過焙燒，便形成淺黃、赭黃、淺綠、深綠、天藍、褐紅、茄紫等多種色彩，但多以黃、褐、綠三色為主。其色釉濃淡變化、互相浸潤、斑駁淋漓、色彩自然協調，花紋流暢是一種具有中國獨特風格的傳統工藝品。

「唐三彩」一詞，不見於古代文獻，最早的記載是民國時期，但專業研究者則多以「唐彩色釉陶」之名稱呼，從嚴格意義上說，後者更具科學性，因為從工藝上看，唐三彩是「釉」而算不上「彩」。這種釉陶以黃、褐、綠為基本釉色，但不一定每件成品都是三色俱全，還可利用三色交叉混合的上釉技術來製造出五彩繽紛的美麗圖案。三彩陶器主要用作明器（隨葬器物），凡建築、家具、日用品、牲畜、人物等等，形形色色應有盡有。從現存的各種唐三彩看，它是反映唐代社會生活最完整的手工藝品，幾乎沒有一種唐代手工藝品的種類可以超過唐三彩的品種。其中較為人喜愛的是馬俑，有的揚足飛奔，有的徘徊佇立，有的引頸嘶鳴，均表現出栩栩如生的各種姿態。人物造型有婦女、文官、武將、胡俑、天王，根據人物的社會地位和等級，刻畫出不同的性格和特徵：貴婦面部豐圓，梳成各式髮髻，穿著色彩鮮豔的服裝；文官彬彬有禮；武士剛烈勇猛；胡俑高鼻深目；天王怒目威武，是中國古代雕塑的典範精品。唐三彩生產基地主要分布在長安和洛陽兩地，在長安的稱西窯，在洛陽的稱東窯。唐三彩流行於唐高宗至唐玄宗時期，造型多樣，釉色潤澤，色彩絢麗，開元後期突然衰落。盛唐乃是唐代與西方聯繫最密切的時段，唐三彩反映了這一時代特點，器型往往仿中亞和西亞的金銀器，雕塑也出現駱駝和胡人之類形象，所以唐三彩往往被今人當作絲綢之路的考據資料。天寶後，兩京地區之外的三彩還延續了很長時間，出現了實用器具，但由於含鉛、有毒而未能流行。（劉永連）

【知識鏈】

唐三彩是唐朝最名貴的陶瓷嗎？

唐三彩用於陪葬，是明器（編按：古代人們隨葬器物。即「冥器」。同時是指古代諸侯受封時帝王所賜的禮器寶物。），再加上其胎質鬆脆，防水性能差，實用性遠不如當時已經出現的青瓷和白瓷。換言之，唐三彩並不是唐朝最名貴的陶瓷。唐朝的名貴陶瓷多出自當時的一些製瓷名窯。唐朝陶瓷業達到了很高的水準。從這時開始，瓷器製造與陶器製造完全分離，形成一個獨立的手工業生產部門，瓷器已代替金、銀、漆器成為不可缺少的日用器皿，並且大量出口。一些製瓷中心逐漸形成名窯，出現了以青瓷和白瓷為代表的兩大系統。青瓷以越窯為代表，白瓷以邢窯、曲陽窯為代表。

唐代已可以燒製出精美的白瓷。唐代陸羽在他的《茶經》中用「類銀」、「類雪」來形容邢窯白瓷的釉色，其胎、其釉的白度相當成熟。邢窯白瓷在燒成技術上也比較高超，從現有實物來看，沒有變形、歪塌等缺陷，製作工藝精細、造型端正，不失為一代名瓷。邢窯白瓷除以白色常見外，其另一個特點是樸素少飾，匠師的藝術表現多施於造型之中，器型簡潔、質樸、端莊而大氣。它所構成的器皿容量大、重心穩、使用方便。這一時期最具特點的器皿是執壺，據考證是由前代的雞頭壺演變而來，是一種酒具，唐人稱為「注子」。此外，黃河流域瓷窯多燒白瓷，河南、山西、陝西的廣大地區都以燒白瓷為主。杜甫在《於韋處乞大邑瓷碗》詩中詠白瓷說：「大邑燒瓷輕且堅，扣如哀玉（清脆的玉聲）錦城傳。君家白碗勝霜雪，急送茅齋也可憐。」不過，當時水準最高的還是青瓷。它是唐代瓷器的主流，窯址遍布南北。由於唐代的飲茶之風興盛及朝廷對青瓷的需求量增大，促使唐代的越窯青瓷品質不斷提高。尤其在晚唐時期，形成了以浙江余姚為中心的瓷區，產品胎質細膩，釉層勻淨，造型規整，品種豐富。在裝飾處理上也是以釉色裝飾為主流，以素面為主，形成獨特風格。刻花裝飾以簡潔流暢的線條，寥寥數筆就描繪出荷花、荷葉等花卉，絕無繁瑣多餘之筆。唐陸龜蒙詩：「九秋風露越窯開，奪得千峰翠色來」，將它比作荷葉，比作澄澄秋水，則是讚美其釉色晶瑩清澈，青翠瑩潤。陸羽在《茶經》裡評價各地瓷茶具時就特別崇尚青瓷：「碗，越州上，鼎州次，婺州次，岳州次，壽州、洪州次。或者以邢州處越州上，殊為不然。」（盧坤霞、劉永連）

72 唐朝人為什麼用香料來建造房子？

香料是人們生活中珍貴的用品，不但一般人難以有條件使用，而且使用上一般製成粉劑和香水，只是微量地用來薰香除臭。然而，在唐朝香料還有驚人用法，譬如用來建造房子。

根據兩《唐書》和唐人筆記載錄，我們驚奇地發現唐朝人竟然用香料建造亭臺樓閣。例如，唐玄宗在興慶宮裡為楊貴妃用大量的沉香木建造了沉香亭；楊國忠家裡也曾以沉香木建造了一座樓閣。此外武則天面首張昌宗、唐中宗小女兒安樂公主以及中宗宰相宗楚客、德宗宰相元載等也都曾把沉香用在建築上。

令人更為驚訝的是，用沉香建造房子不是個別現象，而是流行成風。有什麼根據呢？《資治通鑑》記載，以理財大家杜佑為代表，唐人對沉香取材的認識已經形成一套理論。杜佑說：「沉香所出非一，形多異而名亦不一：有如犀角者，謂之犀角沉；如燕口者，謂之燕口沉；如附子者，謂之附子沉；如梭者，謂之梭沉；紋堅而理致者，謂之橫陽沉。今其材（指當時剛由波斯人李蘇沙進獻到朝廷來的一批沉香）可為亭子則條段又非諸沉比矣。」看來，唐人已經非常清楚什麼樣的沉香材質可以建造房子。

其實，唐人能用沉香建造房子不是偶然。首先它與唐代香料貿易的發達有直接關係。大約自唐朝中期開始，海陸交通超越陸路而發達，海船可以直接往來於南中國海與波斯灣之間，從而使東南亞、南亞、西亞乃至非洲等地的香料大量湧入中國。《大唐和尚東征傳》就記述，鑒真和尚曾在廣州看到珠江水面雲集著各國海船，船上香料山堆海積。另據其他各種文獻透露，香料品種琳琅滿目至少幾十種。如此一來香料就不像其他朝代那麼稀奇難得。其次沉香不比其他香料。乳香出自一種樹木的汁液，麝香是一種類似鹿的動物所分泌的汁液，蘇合香是多種香粉調配而成。然而沉香出自一種珍奇的樹木，質地特別堅硬沉重，放進水裡就會沉底，故而得名沉香。據說中南半島南端的土著居民，將這種樹木採伐成段，埋藏在地下，多年之後樹皮腐爛，只留下堅硬的木質部分，黑硬如鐵，就成為沉香。用這種木料來建造房子，不但香氣滿庭而且堅固異常。再者，這還與當時社會背景密切相關。唐代是人們物質生產豐富而且精神視野廣闊的一個時代，人們攀比豪奢在建築上也無奇不有。除了使用香料外，其他奇珍異寶不勝枚舉。例如，張易之宅第「紅粉泥壁，文柏貼柱，琉璃沉香為飾」；宗楚客房子「皆是文柏為梁，沉香和紅粉以泥壁，開門則向其蓬勃。磨文石為階砌及地，著吉莫靴者行則僕地」；元載芸輝堂「以沉香為梁棟，金銀為戶牖」……因此，儘管千年過去了，但是唐代建築業仍有許多神祕奇特之處值得我們探討。（劉永連）

【知識鏈】

唐朝有哪些建築奇蹟？

唐朝是一個創造奇蹟的時代，建築業上也為其他朝代所不及。其建築奇蹟不但多，而且空前絕後。

唐朝最大的奇蹟是都城長安的興建。該城東西長九千七百二十一公尺，南北長八千六百五十一公尺，總面積達到了八十四平方公里，相當於明代長安城的十倍，是中國古代最大的一座城市，也是當時世界上最大的城市。非但如此，該城在城市規畫上也是當時世界一流水準。全城內外三層，有宮城、皇城、外郭城，有一百一十個以坊為名的居住區，有千千萬萬高門大院、亭臺樓閣乃至巍峨宮殿，但是在布局上卻能做到整齊劃一。全城十四條東西大街、十一條南北大街，將城內分割成棋盤狀，里門坊牆、鐘樓鼓樓等安全設施一應俱

大雁塔

全；綠化林蔭、排水溝渠等措施百無一疏。同時，由於城內河渠密布，園林眾多，布局典雅，後來學者公認長安是世界古代園林城市的典範。

長安城裡最顯眼的建築群是大明宮。從高宗至唐末二百餘年，皇帝基本上都在這裡辦公居住，面積是明清故宮的二倍大，殿閣規模更非其他宮殿能比。其正殿稱含元殿，高高地矗立於長安最高處龍首原上。據考古發掘可知，該殿東西有十一間，進深四間，每間有五米長寬，殿側有對稱的迴廊和樓閣，殿前是寬闊且悠長的玉階龍道，整個布局協調，氣勢宏偉。

大、小雁塔是保存至今的唐代建築。其中大雁塔是唐高宗為存放玄奘法師從印度帶來的佛教經卷而敕令建造的，樣式為仿木結構的樓閣式磚塔，現高六十四米，塔身為四方錐形，逐層縮小，造型簡潔，古樸大方，每層都有券門、隱柱、斗拱以及塔簷、欄額等，既穩固如山，又雕畫精細，一千三百多年的風雨戰火仍然沒有損傷其雄姿麗影，可謂是建築史上一大奇蹟。小雁塔建於中宗時期，原高十五層，為密簷式磚塔，俊秀挺拔，小巧玲瓏。讓人稱奇的是，該塔曾在明代成化二十三年（一四八七）因遭臨潼六點五級地震而塔身中裂，自頂至足出現一道一尺多寬的裂縫，但三十四年後關中再震，其裂縫反而彌合。建築專家研究後指出，這主要是因為該塔塔基預先設計了一種球狀物可以調節塔身平衡的巧妙機關。面對這種千年以前就有的建築技術，我們不得不望洋興嘆。（劉永連）

73

盜版書最早從何時在市面上氾濫？

改革開放以來，出版事業有了很大的發展，不但大量圖書得以出版發行，而且流行起一個比較時新的名詞——「盜版書」。不過，如果僅就其性質而言，「盜版書」很早就已產生，並曾在市面氾濫成災。那麼，盜版書最早是從什麼時候開始在市面上氾濫的？

隋唐時期，印刷術的早期形式——雕版印刷得以發明。唐太宗在位時期，曾經為長孫皇后刊印她的專著《女則》；玄奘取經回國之後，也曾用回鋒紙雕印普賢菩薩像，一年就印五馱。宣宗在位時期，江南西道（編按：開元二十一年〔七三三年〕，分江南道為江南東道、江南西道和黔中道。）觀察使紇干泉雕撰道家著述《劉宏傳》，一次印出數千本，贈送給四海所有精心修道的人。

不過，以上都是經過朝廷允許才印刷的，還不在「盜版書」之列。盜版書與民間印刷業的發展密切相關。據研究，由於唐代民富國强印刷術在民間也迅速發展起來。例如，德宗在位時期（七八〇—八〇四），市場上出現了可以作為商人交易憑據的印刷品——「印紙」。中國現存最早的印刷品《金剛經》卷子，據説是咸通九年（八六八）由一個叫王玠的人出資刊印的。從後世發現的敦煌卷子裡，可以看到「京中李家於東市印」的醫學著述，成都府樊家印行的曆書等。在吐魯番地區，還出土了印刷於武周時期（六九〇—七〇五）的《妙法蓮華經》等許多佛教經卷（現藏日本書道博物館）。

再具體一些，「盜版書」與唐代興起的一股市場風潮有直接關係。史料顯示，在印刷術發展的基礎上，「曆書」到唐代逐漸以印刷本形式流行起來。這種書籍與現在各種「日曆」類似，每年一版，標識年、月、日等，不過還有提示農民四時耕種、起居生活等方面的內容，為民間百姓居家生活所需。這種東西本來應該先由司天監發布，然後官府統一印刷、供應，但是由於市場廣闊，官方印刷業一時難以供給，嚴重供不應求。結果，不少私人印刷業主乘虛而入，大量盜版私印「曆書」。文宗大和九年（八三五），東川節度使馮宿上報朝廷，説是在劍南東、西兩川及淮南道等地區，發現有大量民間私印「曆書」日鬻於市，充斥了市場，甚至每年還未等到司天監發布頒行，民間私印的新年「曆書」已滿天下。可見這時候「盜版書」已經氾濫成災了。

還有史料反映，當時民間「盜版書」因技術水準有限而常出問題。《唐語林》卷七記述了一個案例。當時京城動亂，皇帝逃到劍南一帶，官印「曆書」不能普及，導致在江東一帶私印「曆書」氾濫。然而這些「曆書」印刷粗劣，竟然出現不同家印刷出來的「曆書」所標識的大、小月相互矛盾，百姓鄰居依據不一，各執己見，甚至發生糾紛。由於後果嚴重，朝廷多次下令「禁斷」私人印刷「曆書」，但是沒有明顯效果。

此外，據元稹為白居易詩集撰寫的序言所說，早在白氏自己結集之前，他的詩歌早已被人纂輯起來，雕印成冊在市面上到處叫賣，而高麗、日本等國使者每來中國，最重要的任務就是到市面上求購白居易、劉禹錫等著名詩人的詩集。這些未經作者同意而私自印刷出版的詩集，應該屬於性質更為嚴重的「盜版」行為，只是當時還沒有智慧財產權的概念，詩人們見到這種情況不但沒有將其上告法庭，反而因為自己的作品受到歡迎而引以為傲。（劉永連）

【知識鏈】

中國的私人圖書館出現於何時？

唐代圖書事業的一大發展是，民間私人圖書館開始出現了，從此開了私人藏書的先河。在唐代以前，歷代圖書主要都是由官府掌握，民間是不允許大量藏書的。在某些時代，如秦朝，甚至採取「焚書坑儒」的手段來取締私人藏書。同時這時圖書都是由人逐本抄寫，極為不易，所以即使是官府的藏書量也極有限。唐朝時期就不同了，在印刷業發展的基礎上，官府藏書有了重大發展，祕書監藏書量達數十萬卷，數倍於隋朝時期的規模。同時由於文化政策開明，民間印刷業也很發達，私人藏書飛速發展。韓愈有詩描繪說，在老朋友鄴侯家裡，曾經是「插軸三萬卷」，可見這一家藏書就有三萬卷之多。唐朝末期，眉州有著名的「孫家書樓」，藏書量在四川地區首屈一指。（劉永連）

74 人類「文明之母」指的是什麼東西？

印刷術和指南針、火藥、造紙術共稱為中國古代的四大發明。印刷術的發明可以分為兩個階段，第一個階段是從隋代開始出現，到唐代達到極盛的雕刻印刷術，第二個階段就是宋代開始出現的活字印刷術。印刷術的發明是中國古代人民智慧的象徵，它對人類文明的貢獻是不可估量的。

在印刷術發明之前，文化的傳播主要靠讀書人用手抄書，不僅浪費時間，而且還容易出錯，在很大程度上阻礙了社會文化的發展。隋代，出現了最早的印刷術——雕版印刷術。這種印刷方法是用刀在一塊塊木板上雕刻成凸出來的反寫字，然後塗上墨印到紙上。雕刻出來的每一塊版都可以重複使用，印製大量的書籍，這樣就使書籍的複製和傳播變得相對容易。但是，雕版印刷都是整版的雕刻，每印一種新書，就要重新雕刻，一旦在雕刻過程中出現錯誤，就要毀掉重刻，因此這種工作非常繁複且速度慢。北宋時期，在雕版印刷的基礎上發明了活字印刷術。這種印刷方法是用木頭、泥塊或者金屬等材料先雕刻成一個個的單字，等到印刷的時候再根據書籍內容的需要進行組合印刷，這就大大提高了印刷效率。

印刷術的發明使印刷出來的書籍數量大增，從五代開始，中國就已經形成了官府刻書，坊間刻書和私人刻書三大刻書系統，出現了許多著名的刻書中心、刻書機構和刻書家，他們對中國文化的保存、積累、傳播、交流都起到了巨大的作用。同時，印刷術還對世界文明的發展起了推動的作用。早在雕版印刷術發明不久，唐代的雕版印本就傳到日本以及其他東方鄰國，十五世紀，活字印刷術又傳到歐洲，改變了歐洲只有僧侶才能讀書和受高等教育的狀況，對於歐洲的文藝復興、西方近代印刷術的產生和發展，以至整個世界文化的發展和傳播都產生了深遠的影響。因此，印刷術又被稱為世界「文明之母」。（王曉麗）

【知識鏈】

中國古代的書籍是從什麼時候開始講究版本的呢？

在印刷術發明之後，書籍就被大量地複製印刷，在文化傳播的歷程中起了不可估量的作用。在中國古代，印刷術主要是雕版印刷和活字印刷，這兩種印刷方法都需要先刻字，後印刷，人們習慣上把這樣印刷出來的書籍稱為「刻本」。一般來說，唐以後的刻本可以分為由朝廷或者是其他國家機構出資刻印的官刻本、由各地書商以營利為目的自行刻印的坊刻本和私人自己刻印的私宅刻本等等。在唐代，雕版印刷的刻本主要以寺院刻本和坊刻本為主。

除了寺院刻經之外，在坊刻本中，根據對保留到今天為數不多的唐代印刷品的研究，可以知道當時的刻家有「龍池坊卞家」、「成都府樊賞家」、「西川過家」、「京中李家」等。如二十世紀四〇年代在成都望江樓附近的唐代墓葬中出土的《陀羅尼經咒》，其上頭的文字隱約可見「成都府」、「龍池坊卞家」等字樣，這也是中國現存年代最早的印刷品。另外，敦煌遺書中的《劍南西川成都府樊賞家曆》，帶有「西川過家真印本」字樣《金剛般若波羅蜜經》等都給我們提供了當時刻書名家的資料。由此可見，四川的印刷業在當時盛極一時。據唐代柳玭《家訓序》記載，唐僖宗中和三年（八八三），隨僖宗入蜀的中書舍人柳玭在成都「閱書於重城之東南，其書多陰陽雜記、占夢相宅、九宮五緯之流，又有字書小學，率雕版印紙」，可見這一時期成都坊刻的內容已經十分豐富。實際上，唐代中葉以後，坊刻書商就已經遍布四川、安徽、江蘇、浙江等地，並出現了一批以印賣詩文、曆書、字書、陰陽雜記為業的人，這些書坊的刻本，也隨之銷往敦煌等蜀地之外的廣大地區。（王曉麗）

75 世界上最早「量地球」的人是誰？

僧一行，俗名張遂，是唐代著名的天文學家，與祖沖之、張衡、李時珍齊名於世。他也曾翻譯過多種印度佛經成為佛教密宗的領袖。

唐高宗咸亨四年（六七三）一行出生於魏州昌樂（今河南濮陽市南樂縣）。他刻苦好學，青年時期就精通天文、曆法。（七一七）開元五年，一行來到京都長安，在長安生活了十年，於開元十五年（七二七）逝世。十年中他致力於天文研究和曆法改革做出了巨大的貢獻。

開元九年（七二一）唐玄宗命令一行主持修訂曆法。一行主張在實測日月五星運行情況的基礎上編制新曆。他和機械專家梁令瓚一起發明了黃道游儀、水運渾天儀等大型儀器。黃道游儀是渾儀的一種，用來觀測日、月、星辰的位置和運行情況。一行等以製作的黃道游儀觀測日月五星的運動，測量一些恆星的赤道座標和對黃道的相對位置，發現這些恆星的位置同漢代所測結果有很大的不同。水運渾天儀（渾象）是用水力驅動，能模仿天體運動的儀器，類似於現代的地球儀。這個渾象附有報時裝置可以自動報時。

開元十二年（七二四）一行發起和組織了一次大規模的天文測量活動。測量內容包括春分、秋分、冬至、夏至正午時分八尺之竿（表）的日影長、北極高度（天球北極的仰角）以及晝夜的長短等等。根據測量資料，一行計算出：北極高度差一度，南北兩地相隔三百五十一里八十步，合現代的長度是一五一．○七公里。這個資料實質上就是地球子午線（經線）上一度的長，雖然不是十分精確，卻是世界上大規模測量子午線的開端。國外最早實測子午線的是阿拉伯天文學家阿爾．花剌子模等人在西元八一四年進行的，晚於一行九十年。所以說一行是世界上最早「量地球」的人。（李曉敏）

【知識鏈】

唐人眼中的天文學是什麼？

唐代的天文學是以占星為主體，擔負著上天和皇帝之間的「聯絡人」角色。對於唐代的人來說，根本沒有什麼專門的「天文學」一說，天文就是占星，占星就是天文，二者沒有什麼根本的區別。唐代的天文官員叫「太史令」，他的職責就是觀察日月星辰的變化，風雲氣色的變異，判斷這些變化的祥瑞與否，以此來警示和告誡皇帝要修善政，止惡行，達到統治的長治久安，歸根到底是為政治服務的。占星在唐代政治生活中有著積極的作用，朝野上下對占星學的政治功能是深信不疑的。

中國有以「天人感應」為基礎的傳統占星學，唐代的占星學就是在此基礎上發展起來的。在古人眼中，日月星辰、草木魚蟲、風雲雷電的變化都有占卜的意義。如日食和月食，今天看來就是自然現象而已，在唐代大天文學家李淳風的眼裡，卻與國家的政治興衰密不可分。唐代的文獻中也留下了不少當時占卜的記錄。

初唐著名的天文學家和占星家李淳風，曾經製造了新型的渾天黃道銅儀，並著有《法象志》七卷，他的另一部著作《乙巳占》十卷是一本天文占星作品，摘編了許多現已失傳的古代占星著作的片段，包括天文、氣象、占星，內容很廣泛。

76 唐朝有公園嗎？在什麼地方？

在現代社會中，公園是各城市普遍具備的公共娛樂場所，是人們閒暇遊玩的好去處。然而考查園林藝術史，公園在西方城市中自古有之，卻不是中國城市文化的傳統組成部分。因為可供遊玩觀賞的人造園景除了宮廷禁苑、衙署花園之外，基本都在貴族、豪門的私人宅邸裡。看來，中國城市在古代是沒有專門的公園可供遊玩的。不過，在國力强盛、文化繁榮的某些時代也有例外。例如唐朝，在京都長安確實建造了可供百姓遊玩的一個好去處，那就是曲江。

曲江位於唐都長安東南杜陵河少陵原上，南北長五千公尺，東西寬五百至六百公尺。其南部，有河水出於秦嶺峽谷，向北蜿蜒伸展，積水成泊。在秦漢時期，這裡只是一片水波浩渺，野草叢生的曠野，雖然偶爾人們也來遊玩，但是離秦都咸陽和漢都長安都還甚遠，還算不上人造風景區。隋朝都城東移，將曲江北半納入城內，南半隔於城外，並在城外南半興建亭臺樓閣，號為芙蓉園。唐朝沿用隋都，繼續投入人力物力，將曲江一帶營建成風景優美的人造園林區。唐人康駢《劇談錄》曲江條云：「曲江池，本秦世㟧洲。開元中疏鑿遂為勝境。」

考察唐朝曲江的範圍和布局，可知它城內部分大致包括延興門內大街以南與啓廈門內大街以東，中心曲江池臨近青龍、修政、敦化以及西南一座無名坊區，周圍有多條屈曲流水穿越各坊，北面緊靠地勢高聳的樂遊原。園內景致，充分沿襲、利用了原來的湖泊縱橫、流水屈曲的自然風貌。歐陽詹《曲江池記》云：「茲池者……循原北峙，回崗旁轉……西北有地平坦。」同時，也修造亭臺樓閣，廣植佳木奇花，巧妙設計人文景觀。池西有杏林，池內種蓮花，據説周邊還散布著各衙署為官員休閒所營造的「曲江亭子」。特別是城外芙蓉園部分，「本隋之離宮，居地三十頃，周回十七里……貞觀中……園中廣廈修廊，連瓦屈曲，其地延袤爽塏，跨原帶隰。又有修竹茂林綠披崗阜。東阪下有涼堂，堂東有臨水亭。」據考證，園內還有流杯曲水，紫雲高樓。

按當時規定，曲江南部芙蓉園為禁苑之地，有夾城連通宮廷，為皇帝宮廷專用之園，一般人沒有皇帝允許不得進入。但是北部曲江池部分，也包括北側樂遊原，通常對外開放，是百姓自由觀賞之地，無論何人都可以隨時遊玩。每年進士放榜之後，朝廷要在杏林擺設盛宴，招待及第進士們，這時候長安傾城圍觀，引為盛事。其他節日，特別是二月一日中和節、三月三日上巳節、九月九日重陽節，屆時「彩幄翠幬，迎於堤岸。鮮車健馬，比肩擊轂」。劉賀《上巳詩》亦云：「上巳曲江濱，喧於市朝路。相尋不見者，此地皆相遇。」即使在平時，人們可以在此宴聚、送別，甚至也可以隨時來遊。韋莊《江上逢故人》云：「前年送我曲江西，紅杏園中醉似泥。」韓愈《同水部張員外曲江春遊寄白二十二舍人》云：「曲江水滿花千樹，有底忙時不肯來？」韓偓《曲江夜思》云：「鼓聲將絕月斜痕，園外閑坊半掩門。」可見即使是夜裡，人們都是可以過來靜坐休憩。（劉永連）

【知識鏈】

為什麼在唐朝寺院也是不錯的遊玩之地？

在唐朝，佛教寺院也成為一個百姓喜歡涉足的好地方，其主要原因有以下幾個：

首先，佛教寺院環境資源優越。俗語云：「天下名山僧占多」，唐代寺院大多地居風景如畫的名勝之地，不乏清幽美景。即使位於人煙密集的都市，寺院也有資財大力營造，得以引水養魚，培植異花，由此創造出一處處別致景觀。例如，五臺山大孚靈鷲寺「南有花園，可二頃許，四時發彩，色類不同，四周樹圍」，石妻寺「西向盡花林」，鶴林寺，「寺內有木蘭、杜鵑繁茂」。許多詩人當時都在寺院中留下了傳世名句，如「竹徑通幽處，禪房花木深」，「看花尋徑遠，聽鳥入林迷」，可見每一座佛教寺院就是一個生機盎然的園林。與此同時，許多寺院還保存了很多的文物古蹟、書法繪畫等文化遺產。這些都吸引了社會各階層遊寺的風尚，佛教寺院成為人們普遍嚮往的遊賞勝地。

其次，寺院經常展開各種集會和遊藝活動，吸引了眾多百姓。佛教寺院每到歲時節日的時候都舉行「俗講」，其中夾雜說唱、樂舞，為普通百姓喜聞樂見。同時還定期舉行盛大齋會或娛樂活動，如盂蘭盆會，各個寺院作花蠟花餅、假花果樹等，盛其陳列，各競奇妙。在佛殿前鋪設供養，老百姓傾城出動，巡寺隨喜，堪稱盛會。中唐以後，在佛教寺院的廟會中就形成專門的遊藝場所「戲場」。雜技和魔術，投壺、樗蒲等「博戲」，影戲、傀儡戲、舞獅等「雜戲」，佛門特有的「變現」即「變相」等，在這裡都可以看見。

再者，在娛樂和集會基礎上，商業交易開始發展，由此吸引了更多民衆。尤其是時間長了，就自然形成以寺院為中心的定期或不定期的廟會活動，促使三教九流，各行各業，無不彙集於此。這時佛教寺院幾乎成了無所不包的娛樂場、買賣地，把佛教生活和世俗生活緊密地聯繫起來。（劉永連）

77

「胡床」是睡覺用的嗎？

現代人常誤解古代文獻或詩詞中的「胡床」或「床」。古時候，床並不專指臥具，而大部分作為坐具使用。商朝甲骨文中，已有「床」的象形字。漢朝人許慎在《説文》中稱床為「安身之坐者」明確説是坐具。至遲到唐代時，「床」仍然是「胡床」（即馬紥，一種坐具），而不是指我們現在的睡覺的床（寢具）。

「胡床」亦稱「交床」、「交椅」、「繩床」，是古代一種可以折疊的輕便坐具，類似於我們現在所熟知的馬紮。胡床早期是用於軍旅之中，相傳大約是西元二世紀的漢靈帝從北方遊牧民族中引入，故稱為「胡床」。若用繩綳紮，則稱為「繩床」，又因其形制可以轉動折疊，故又稱「交床」。《演繁露》云：「今之交床，制本自虜來，始名胡床，桓伊下馬據胡床取笛三弄是也。隋以讖有胡改名交床。」《清異錄•陳設門》又載：「胡床施轉開以交足，穿便條以容坐，轉縮須臾，重不數斤。」看來這種坐具非常便於攜帶，因而常為戰爭時將軍出征所帶，所以後來便發展為權利的象徵：「交椅。」胡床在魏晉南北朝至隋唐時期使用漸廣，有錢有勢人家不僅居室必備，就是出遊時還要由侍從扛著胡床跟隨左右以備臨時休息之用。

「胡床」的使用始於兩漢。《太平御覽•風俗通》載：「靈帝好胡床。」裴注《三國志》引《曹瞞傳》云：「公將過河，前隊適過，超等奄至，公猶坐胡床不起。」唐代「胡床」的使用普遍起來，民間已不少見。李白的《寄上吳王三首》提到，「去時無一物，東壁掛胡床」。生動地體現了胡床的便攜性，可以掛在牆壁上隨時取下使用。杜甫的《樹間》詩云：「岑寂雙柑樹，婆娑一院香。交柯低幾杖，垂實礙衣裳。滿歲如松碧，同時待菊黃。幾回沾葉露，乘月坐胡床。」劉禹錫《洛中逢白監同話遊梁之樂因寄宣武令狐相公》又云：「借問風前兼月下，不知何寄對胡床？」這兩首詩中描寫作者坐床對月的活動。白居易《詠興》詩云：「池上有小舟，舟中有胡床。床前有新酒，獨酌還獨嘗。」可見白居易可以把胡床帶到船上去坐。（劉永連）

【知識鏈】

中國人是怎麼學會坐凳子的？

凳子、椅子，都是中國傳統坐具。但是中國最早並沒有這些「垂足而坐」的家具，而是在一定歷史時期逐次得來的。在上古時代，中國人習慣用席為坐具，也就是一般所說的「席地而坐」。席子一般以蒲草或藺草編成，漢代也流行竹席，精細者稱為「簟」。坐席有一定規矩，尊者有專席，坐次以東向西為尊。有時對人不滿，往往斷席。其坐勢，如同現在的跪，屈足向後，以膝抵席，臀部依在腳後根上。如伸足向前，稱箕踞，這會被認為失禮。與席同時或之後，出現了稱做「床」的家具。古時候，床並不專指臥具，而大部分作為坐具使用。商朝甲骨文中，已有「床」的象形字。漢朝人許慎在《說文》中稱床為「安身之坐者」，明確說是坐具。富人或不坐席，而坐榻。榻與床形制類似，但又有區別，即床高榻低，床寬大，榻狹小。榻多一人用，也有雙人用的。與坐席一樣也是跪坐。榻可以待客，中間放食案。

中國人學習「垂足而坐」是從坐胡床開始的。胡床在魏晉時開始流行，隋唐時期進一步廣泛使用。它的形狀與現在的馬紮相似，上部兩根橫木間用繩子穿好，供人坐，又稱繩床。可放可收，便於攜帶。由於胡床以繩索繃紮為床面，人們不能像原來坐床或榻一樣盤腿坐在上面，只能是將臀部放上去，小腿下垂，兩腳放在地上。因而坐胡床一般不叫「坐」，而叫「踞」。由於垂腳比跪舒適，後逐漸增加小床高度，開始在小床上垂腳坐，這又開啓了圓凳、方凳、椅子等坐具的產生。這種變化到唐代尤為顯著。凳子，唐人作「杌子」，是沒有靠背的坐具。其形制有長、方、圓等不同樣式。其登床用於墊腳的，則又叫矮杌子。其用於接待賓客小坐通常為方形或圓形，若會食時所坐，則多為長凳，可坐數人。如唐玄宗召見安祿山，用矮金裹腳杌子（一種方形而沒有靠背的小凳子）賜坐，以示恩寵。敦煌的唐代壁畫裡，人們可以看到多種形狀的凳子，有方形凳、長條凳、圓形凳和橢圓凳等。著名唐畫《紈扇仕女圖》中所畫的圓形凳子，便是其一。

唐朝以後，又逐漸出現使人們坐得更舒適的椅子。明朝著名文人方以智曾在《通雅》一書中考證過，後世通行的桌子、椅子，皆是唐朝末年以後興起的。「椅」偕「倚」音，意即坐時有個依靠。我們從另一幅名畫《韓熙載夜宴圖》中，可以看到五代南唐相韓熙載坐在高背椅上的情景。韓熙載是盤腿坐在那把椅子上的，同畫中另外兩位官員則都已經「垂足而坐」了。

到了宋代，椅子的形狀日益多起來，有靠背椅、扶手椅、圈椅、交椅等，不一而足。後來又出現了「太師椅」，據說是宋朝一位京官專為秦檜設計的，以後太師椅便留傳於世。（劉永連）

【十一】開啓學校任意門

78 我們現在常用的「格式」這個詞是從哪裡來的？

今天的「格式」一詞指的是寫文章等一定的規格樣式，在唐代的時候這個詞是兩個字分開用的，是法律專用名詞。唐代將法律文書區分為律、令、格、式四類。《唐六典》中有「律以正刑定罪，令以設範立制，格以禁違止邪，式以軌物程事」。可知律是判罪量刑的依據，也就是今天的刑法，而令則是關於各種規章制度的規定，類似今天的行政法規。「令」有二十七種，如官品、三師三公台省職員、寺監職員、衛府職員、東宮王府職員，以及祠、戶、選舉、考課、宮衛、軍防、衣服、儀制、鹵簿、公式、……喪葬、雜令共一千五百四十六條。格、式是對律、令的補充，格規定了文武百官的職責範圍，是用來防止奸邪的禁令，有七卷二十四篇。式是尚書各部和諸寺、監、十六衛的工作章程細則，有二十卷三十三篇。四者互

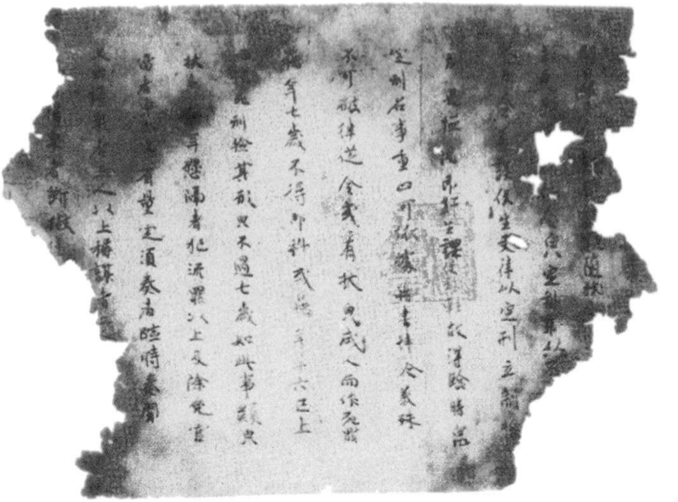

唐律殘片

有區別而又互相連繫，構成隋唐以後中國封建社會完整的法典體系。

唐前期以修定律令格式作為立法活動的主要內容。到了唐後期，「編敕」成了立法活動的主要內容，成為根據形勢需要調整法律的主要形式。唐後期的法制，既是唐前期法制的繼續，又非前期法制的依據。在唐後期，「敕」的地位日益重要，它不僅躋身正式法典，而且法律效力和適用範圍也遠遠超過律、令、格、式，而後者則大多成為具文。

律、令、格、式並行的制度被五代以及宋朝所沿襲。後晉、後周都有關於制敕的編集，稱為編敕與格、式並用。到宋代、有敕、令、格、式的區別，而且敕的地位還重於令，這是既有沿襲又略有演變。至於刑律，則自宋、元以至於明、清，基本上以唐律為藍本。律、令、格、式的法典體系，還廣泛地影響了東亞各國，朝鮮、越南、日本都接受了這種體系尤以日本受到的影響最為明顯。

我們看到，律令格式中，前兩者更加接近於今天社會中法律的內容，而格和式規定的則是官員以及政府各部門的行政職責，也就是一種工作規範，換句話說，前兩者告訴人們什麼是不應該做的，而後兩者告訴人們應該按照什麼樣的規範去做，所以由於這個含義而逐步地演化成為我們今天的「格式」。（李曉敏）

【知識鏈】

為什麼說唐朝是中國古代法律的最高峰？

唐太宗時頒布了《唐律》即《貞觀律》，唐高宗時又有《永徽律》，永徽三年（六五二），唐高宗命長孫無忌領銜對《永徽律》的實質精神和五百條律文逐條逐句進行注釋，疏證解釋，以闡明律條文義，並通過問答形式，分析律文的內涵，說明其中的疑義，並把這些附在律文之後，稱作疏議，撰成《律疏》三十卷。《律疏》與《律》合為一體，統稱為《永徽律疏》，宋元時稱作《故唐律疏議》，明末清初開始叫作《唐律疏議》。

《唐律疏議》是中國歷史上保存至今最具影響力的封建法典，也是一部完整的、綜合性的封建法典，它將法律條文與對條文的解釋有效地結合在一起，反映了唐代律學的統一和發達。《律》和《疏》具有同等的法律效力，「自是斷獄者皆引疏分析之」。此後律文在沒有什麼大的變動，以後各代大多修改編纂的是「令」和「格」、「式」。可以說，中國古代法律在這時已經基本定型了。

《唐律疏議》從結構上包含律文和相應的法律解釋兩部分，內容清晰且便於適用；唐律的條文涵蓋廣泛，疏而不漏，全面維護著唐朝封建統治秩序的穩定。它的基本特徵就是對唐律律文進行周密、系統、完整的解釋，即「疏議」部分，這部分是中國古代律學之精華的體現。律文的解釋豐富了律文的內容及其法理的色彩，建立起了一個律學的體系，從而使中國古代的律學達到了最高的水準，成為中國乃至世界封建法律的最高成就。唐代對律文的疏解是古代社會解律經驗的集中體現，對律文的各種解釋基本上都包括在這一部刑律之內，成為後世法律的典範。（李曉敏）

79「正經」最初是什麼意思？

「正經」是我們經常掛在嘴邊的一個詞彙。如果說某某是個正經人，就是評價他為人正派；如果說某人做的是正經事，那麼這種事情肯定是正當合法的；如果說某人正正經經地做事情，那是說其人其事名副其實，絕不造假；如果說我現在正經八百地來了、說了、做了，那就是說我是很嚴肅的。然而，「正經」一詞最初與以上意思都沒關係，而是另有來歷。

「正經」最早是一個教育制度用語，起源於唐代中央官學的教學內容，與當時的學校教育密切相關。唐代教育發達有官學和私學兩大體系。官學又分中央官學和地方府、州、縣、鄉和里學。無論官學和私學，除了中央官學中的律學、書學、算學、醫學等幾個專門性學校和鄉村基層里學外，其他學校都以儒家經典為主要教學內容。就其師資力量和教學制度而言，尤以國子學、太學、四門學以及弘文館、崇文館最為正規。在這些學校裡，有博士、助教、直講等各級教師授課，而且各有專長，專業學術水準極高。同時設立課程上，又將所有的儒家經書分門別類，設立不同專業來研修。總而言之，學生可以學習的儒家經典先有「正經」與「旁經」的區別，「正經」分三類共九種，「旁經」則分二種。這裡所謂「正經」，是指主體課程，儘管不要求全部精通，允許選修，但是必須至少精通部分，否則無法

開成石經（局部）

合格畢業。研修正經又可細分三種情況：《禮記》、《春秋左氏傳》為大經，學制為三年；《詩》、《周禮》、《儀禮》為中經，學制為二年；《易》、《尚書》、《春秋公羊傳》、《穀梁傳》則被稱為小經，學制為一年半。學校對正經的研修非常重視而其研修難度和水準要求也非旁經所能比。特別是大經，能通一經已屬不易，如能通二經，則就是傑出人才，如果企求大、中、小全通，則是完全不可能的。因為即使是「五經博士」也都是自專一門的，千古以來還未有能全通正經的大師。

與「正經」相對是「旁經」，分為《孝經》和《論語》兩種學制為一年。雖然兩種必須都學，但只是輔助性的課程，其重要性遠遠不及「正經」。（劉永連）

【知識鏈】

唐代學校只教授儒家經典嗎？

在中國古代，儒家經典往往是各種學校主要教授的內容，尤其是在科舉時代，由於考試內容的限制，使得無數的學子皓首窮經，埋頭於以四書五經為代表的儒家經典中，但在科舉制度剛剛興起的唐代，情況並不是這樣。雖然這時的儒家經典也是各級學校教授的主要內容，但不是全部。唐代的官學設置比較完善，在中央設置六學，即國子學、太學、四門學、書學、算學、律學六學，都歸國子監統領。其中前三學國子學、太學、四門學，教授儒學經典，只不過是各學招收的學生身分各有不同。而另外三學則類似於專門學校，教授相關的專門知識。就以其中的算學為例，當時設算學博士，算學學生必須修習《九章》、《海島》、《孫子》、《五曹》、《張邱建》、《夏侯陽》、《周髀》等算經，學生年底要進行考核，尤為重要的是當時科舉中設立「明算科」，學生可以由此出身。另外律學傳授法律知識，培養專門的法律人才，書學專門培養書法家和書法理論家，律學學生和書學學生同樣可以通過不同的科舉科目出身。不過雖然書學、律學與算學也為唐王朝培養了不少人才，但這三學與專門傳授儒家經典的國子學、太學、四門學在規模、地位等各方面都沒法比。例如在人數方面，國子學學生三百人，太學學生五百人，四門學生一千三百人，而律學、書學、算學生分別僅有五十人；學生在以後的仕途上更是沒法比，律學、書學和算學出身者幾乎沒有身分高位者。（徐

樂師）

80 為什麼唐代教數學的老師官品最低？

唐朝為了在全國選拔數學人才，在科舉考試中首創明算科，考試只考數學一科。只要考試「得中」便可直接授予官職。這一措施對數學教學推動極大，增進了人們學習數學的積極性。顯慶元年（六五六）唐朝在國子監開辦了數學專科學校——「算學館」，設算學博士和算學助教主持日常數學教學工作。這樣國子監內就有了國子、太學、四門、律學、書學、算學六個學館。唐朝政府明令《算經十書》作為專門的數學教科書。各地方還有完備的官學和名目繁多的私學、家學、經學兼授、僧道傳授等數學教學形式，這些做法有力地推動了唐代數學教學的發展。

唐代採用了全國統考的方式，設計了命題形式、命題範圍、評分標準、錄取辦法等一整套考試規定，這在當時世界上是沒有先例的。教師在數學教學中，多從生活實際和生活經驗出發，結合具體數學問題進行講解，使學生容易理解和掌握。這就是今天說的「理論結合實際」。但實際上這也導致了中國古代數學更多流於實際操作而缺失理論的總結和突破，不可能發展成為一門真正的現代科學。

當時著名的數學家有李淳風、僧一行等。李淳風編訂了十部算經，作為國子監的教材，這是中國歷史上最早的數學教材，還撰寫過《九章算經要訣》一卷，西元六四四年編成《甲子元曆》，對後世天文、曆法和數學的發展貢獻很大。唐代最著名的數學家、天文學家僧一行把數學與天文學結合起來，創造了世界上最早的「不等間距二次內插法公式」；他組織並領導在全國十二個點對北極高度和日影長短的測量，是世界上第一次對子午線的實測。

唐代的數學的確取得了很大的成就，在國子監中設立「算學」就是五世紀以後數學獲得高度發展的反映。但是當時的數學教學仍然是不受重視的。如國子博士的官階是正五品上，但其中算學博士的官階卻是從九品下，是官階中最低的一級。科舉考試中明算科及第的出身很差，應試的人很少，到晚唐時期，明算科考試就停止了。

中國古代數學教育的特點是沒有形成一個獨立的學科，始終置於政府的控制之下，數學典籍的編纂、增修和注釋一般是在政府官員的主持下進行的。官辦數學教育的目的是為政府培養專業計算人員。這種實施數學教育的做法在世界史上是少見的。（李曉敏）

【知識鏈】

中國什麼時候開始有了專門的數學教材？

中國是數學教育開始最早的國家，西周時期以五禮、六樂、五射、五御、六書、九數等六藝作為教育的基本內容。數學已成為貴族子弟教育的必修課程之一（「九數」即方田、粟米、衰分、少廣、商功、均輸、盈不足、方程、勾股）。可見中國數學教育至少開始於三千多年以前。

中國古代的數學著作似乎都可以作為數學教材，因為大多數著作的出發點是指導實踐，首先考慮的是如何便於教給人們掌握，所以較為注重由淺入深，舉一反三。而最早的數學教材是出現在唐代。

唐代的數學教育有了很大進步，在當時的最高學府國子監設立了專門的算學館。唐高宗時的太史令李淳風受詔與國子監算學博士梁述、太學助教王真儒等校注和編定《周髀》、《九章》等十部算經，也叫《算經十書》。書完成後，定出學習年限，安排每月考試，被頒布用於國子監的教材，同時也是科舉考試所依據的經典。這應該就是中國最早的數學教材了。這是西元六五六年以前的事，現在有傳本的《算經十書》每卷的第一頁上都題：「唐諫議大夫、行太史令、上輕車都尉臣李淳風等奉敕注釋。」唐代的數學向外傳播到朝鮮、日本、印度等地。這部最早的數學教材也隨之流傳到了日本和朝鮮。朝鮮日本的「遣唐使」

中有些是專門來學習中國曆法和數學的。日本在西元七〇一至七〇三年開始確立了類似中國的數學教育制度。朝鮮在西元九一八至一三九二年仿照中國設立學校的算學館，不僅採用唐、宋編定的《算經十書》作教材，連教授和考試的方法也相同。（李曉敏）

81 古代的「醫生」是指行醫的人嗎？

現在，我們把專門治病救人的人稱作「醫生」。如果從字面講，看似不難理解，說成「以行醫為生計或職業的人」也不矛盾。但是，如果從文化發展的角度看並非這麼簡單。

中國醫學行業的發展有著其特殊的經歷。從現在往回看，「醫生」普遍用於稱呼行醫的人並不是很久。以前人們習慣稱呼行醫的人為「郎中」，也習慣稱之為「大夫」。這些稱謂來自古代行醫者所任的官職名稱。大致從宋代起，太醫署中的醫師最高職銜為大夫其次為郎中。如果再往上溯，大夫是朝中某些大臣的官名（如御史大夫）和散位名號（如光祿大夫），郎中是三省六部裡面的郎官們的名號，它們則都與行醫者沒有任何關係了。從唐代往前，醫術往往為宗教界的道士、僧侶或方士們所掌握，他們在傳教的同時兼行治病救人的善舉。而行醫者在朝廷尚有醫官，在民間則還沒有職業行醫的人。

不過，「醫生」作為一種稱謂倒是早在唐朝就已經有了，而且與醫學、醫術有關聯。唐代太醫署下開始設立專門的醫學，屬於學校性質的教育機構，招收學生，培養醫學人才。針對不同的專業，學校將學生分為五種：醫生、針生、按摩生、咒禁生、藥園生。其中所謂「醫生」其實就是學習醫學病理的學生。而其他學生分別以學習針灸、按摩推拿、念咒施法、識用藥材而命名。這時候「醫生」一詞專指一種醫學學生，與現在的醫生有很大差距。

那麼，「醫生」是怎麼成為職業行醫者的稱謂呢？這與近代西醫東傳有直接的關係。在西方，對職業行醫者一般稱為「physiciam」，可以理解為「有醫科專長的人」，或稱「醫師」。西醫東傳以後，日本從明治維新後稱職業行醫者為「醫師先生」。在中國，漸漸演化為「醫生」。這其實與「博士」、「學士」在學位上的用法來歷類似，是採用中國古代早已存在的相關名詞，拿來稱謂西方傳來的新的文化內容。（劉永連）

【知識鏈】

唐代學校是怎麼進行醫學教育的？

中國醫學在唐代比較突出的發展之一，就是開辦了中國歷史上最早專門進行醫學教育的學校。武德年間（六一八—六二六），首先在京城長安創辦了直接隸屬太醫署的「醫學」，相當於現在國家直屬的醫科大學；貞觀三年（六二九）起又開始在各州府陸續創辦地方醫學，相當於現在地方醫學院之類的學校。

在唐代「醫學」學校裡，專業分類已很正規，初分醫學和藥學兩大體系，醫學體系中又分醫、針、按摩、咒禁等四科。而醫科又分為：體療科，相當於今天的內科；瘡腫科，相當於今天的外科；少小科，相當於今天的兒科；耳目口齒科，相當於今天的整形科；角法科，相當於今天的針灸科，包括拔火罐等。醫科學生首先要學習《素問》、《神農本草經》、《針灸甲乙經》等基礎課程，然後分科學習，學制三至七年不等，並安排臨床實習。至於針科，專門學習穴位針理和針灸方法；按摩科，專門學習血脈經絡和按摩推拿；咒禁科，則專門學習如何念咒施法，召喚魂魄。這不奇怪，因為在古代醫術與巫術向來是密不可分的。雖然這些名稱的含義與今天不盡相同，但其教學安排還是和我們現在的醫學教育有相通之處。

唐代的醫學教育已經有了比較完備的管理制度。在師資配備上，據《新唐書》記載，醫學校裡各科都配備有博士、助教、師、工等教職員工。在選拔人才上，首次在科舉考試中設

立醫科，主要從醫學裡選拔成熟和傑出醫術人才來做官。（劉永連）

82 中國古代有沒有「大長今」那樣的「醫女」？

新近發現的天一閣藏明抄本宋《天聖令》，其中《醫疾令》篇保存了一條規定女醫教育的唐令條文「女醫」條：「諸女醫，取官戶婢年二十以上三十以下、無夫及無男女、性識慧了者五十人，別所安置，內給事四人，並監門守當。醫博士教以安胎產難及瘡腫、傷折、針灸之法皆按文口授。每季女醫之內業成者試之年終醫監、正試。限五年成。」這條資料表明，在唐代已經出現了專門培養女醫的教育機構。

從這條記載來看，唐代的女醫地位還是比較低的。首先從出身來看，她們是從地位卑賤的官戶婢中選取；其次在學習過程中還要被宦官嚴密看守；再者在學習過程中主要學習安胎難產，兼及瘡腫、傷折、針灸之法。而且教習的方式是「按文口授」，這就註定她們即使是畢業後，也是所學有限，只能在醫療過程中擔任輔助的角色，地位並不會有多大的提升，何況當時醫生地位本身就不高。另外，女醫的學制是「五年」。在學習期間，女醫要進行季試和年終試。季試由學業有成的女醫主掌，年終試由醫監、醫正主掌，所試應該主要是實踐能力。她們學業有成之後應當是主要為後宮的嬪妃和宮女服務的。

從現在的史料來看，女醫教育，應是在隋唐年間才出現，而且很可能是唐代的創設，是醫學教育走向具體化和完善化過程中的產物。而這個產物，從唐《醫疾令》的「女醫」條令文來看，似乎尚未正規化，其正規化要到宋代才完成。（徐樂帥）

【知識鏈】

唐代曾經出現了唯一的女皇帝，那麼其他女性能不能做官？

唐代在內宮設有女官，與身分低賤的女醫不同，這些女官身分都比較高，她們根據身分的不同而擁有不同的品級。她們分為內官與宮官兩個系統。內官的地位較高，這其中品級最高的是妃三人，均為正一品，惠妃一，麗妃二，華妃三，三妃負責輔佐皇后管理內宮的大小事務，「坐而論婦禮者也，其於內，則無所不統」。其下是六儀六人，正二品，負責率其所屬，舉行典禮時依照儀式贊唱引導皇后。美人四人，正三品，掌率女官，負責祭祀、接待賓

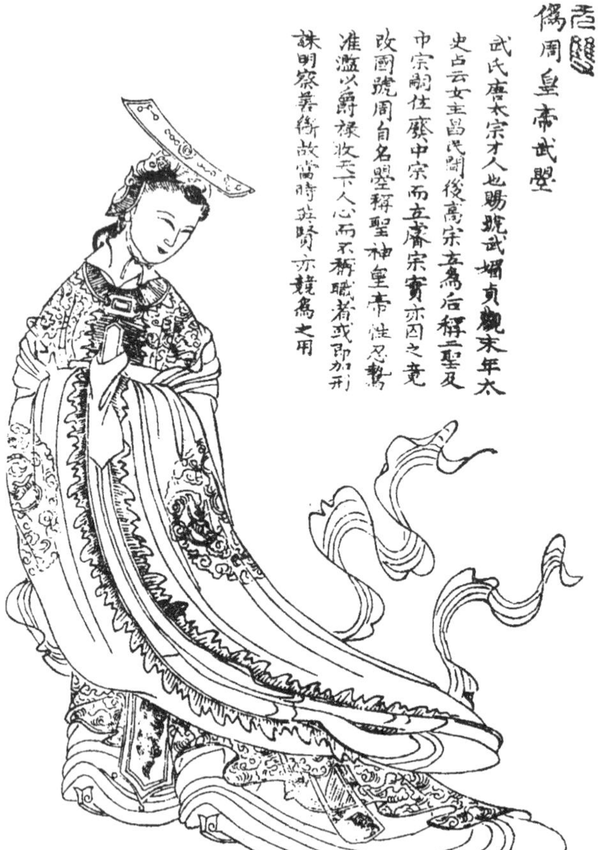
僞周皇帝武曌
武氏唐太宗才人也賜號武媚貞觀末年太
史占云女主昌代闕後高宗立爲后稱二聖及
中宗嗣位廢中宗而立睿宗實亦因之竟
改國號周自名曌稱聖神皇帝性忍鷙
准濫以爵祿收天下人心而不稱職者或即加刑
誅明察善斷故當時英賢亦競爲之用

清人繪武則天像

客等事宜。才人七人，正四品，負責宴席等事宜以及繅絲績麻之事。宮官指六尚，如同外朝六尚書之職掌。有尚宮二人，正五品，負責出納文簿等事務；尚儀二人，正五品，負責禮儀起居等事務；尚服二人，正五品，負責專供內廷的衣服以及飾品等事務；尚食二人，正五品，負責後廚事務；尚寢二人，正五品，負責燕寢進御之次序；尚功二人，正五品，掌女功的考課；宮正一人，正五品，掌戒令、糾禁、謫罰之事。諸尚宮之下都還有不同的輔佐女官，她們也屬於宮官，內官與宮官構成一個龐大的女官系統。（徐樂帥）

83 日本為什麼把鑒真和尚奉為「神農」？

唐代高僧鑒真在唐玄宗天寶年間六次東渡，最終到達日本，在日本傳播佛教，被尊稱為「大和上」。除了講律授戒、建寺造像之外，鑒真還給日本帶去了豐富的中國文化包括醫藥、建築、繪畫、刺繡、書法、音律等等。其中，鑒真在日本醫藥史上的貢獻是非常突出的，被日本人奉為「神農」。

據中國歷史學者許鳳儀先生研究，鑒真在日本醫藥史上主要有四個方面的貢獻。其一辨別藥物真偽。日本當時的許多藥材都是舶來品真偽難辨。鑒真到達日本的時候雖然雙目已經失明，但他靠著鼻子的嗅覺、舌頭的味覺和手感，就能夠準確地辨別藥物的真偽，「萬無一失」。甚至日本朝廷也委託鑒真辨別各種藥物的真偽，並在藥袋上印上鑒真的肖像，作為真藥的標誌，這種習慣一直持續到江戶幕府時代。其二傳授藥物知識。鑒真經常向僧徒和民眾傳授如何鑒別藥物真偽如何收藏、炮製和服用藥物。其三臨症醫治。日本光明皇太后和聖武太上皇生病的時候都曾經請鑒真醫治。其四醫學著作。鑒真根據自己的臨床經驗和研究成果著有《鑒上人祕方》一書。日本《本草和名》、《皇國名醫傳》等典籍中都記有這本醫學著作。《鑒上人祕方》後來雖然失傳，但從日本學者著的《醫心方》中還能找出鑒真的三、四個方子，如「訶梨勒丸方」、「腳氣入腹方」、「鑒真服鐘乳隨年煎方」等。其中腳氣入腹方這樣寫道：「蘇方水研紫雪，服之立下。今案紫雪方，鑒真云，若腳氣衡（衝）心，取一少兩和水飲之；又可服紅雪五、六兩，又訶梨勒丸。」此外，「奇效丸」、「萬病藥」、「豐心丹」等也都是鑒真親自帶到日本去的，幾乎成為日本民間常備藥。鑒真到日本後最先居住的東大寺正倉院，存有六十種唐代藥材，其中就有鑒真帶去的。因為，日本當時乃至十四世紀以前，凡從事醫、藥兩道者，都將鑒真大和尚奉為醫藥始祖，尊奉他為日本的「神農」。（王曉麗）

【知識鏈】

世界上最早的醫學院設立於何時？

唐代的醫療制度非常發達，醫學教育也取得了很大的發展，在唐代的科舉考試當中，有專門的醫舉；唐代還建立了世界上最早的醫學院——太醫署。

唐代的太醫署屬太常寺主管，是唐高祖武德七年（六二四）在長安建立的，兼備醫學教育和醫療組織兩種功能。太醫署設有太醫署令二人、丞二人、府二人、史二人、醫監四人、醫正八人、掌固四人來掌管日常事務。在唐代的太醫署中，包括醫學與藥學兩大部。醫學部分分設醫科、針科、按摩科和咒禁科。醫科是太醫署中最大者，其下還分五個學科，設太醫博士一人，職位為正八品上，「掌以醫術教授諸生習本草、甲乙脈經，分而為業，一曰體療，二曰瘡腫，三曰少小，四曰耳目口齒，五曰角法」。針科設針博士一人，職位較醫博士稍低，為從八品上，「掌教針生以經脈孔穴，使識浮沉澀滑之候」。按摩科設按摩博士一人，職位比醫博士低一品三級，為從九品下，「掌教按摩生以消息導引之法，以除人八疾……若損傷折跌者以法正之」。咒禁科規模雖小，也設咒禁博士一人，「掌教咒禁生以咒禁祓除邪魅之為厲者」。而藥學部的學生，主要學習中藥的栽培、加工、貯存、配方等知識。

太醫署對師生的教學和考核有明確的要求，據《唐會要》記述：「凡學生有不率師教者則舉而免之。其頻三年下第，九年在學無成者亦如之」；「諸博士、助教皆分經教授學者，每授一經，講未終，不得改業。諸博士助教，皆計當年講授多少，以為考課等級」；學生「先讀經文通熟，然後按文講義，每旬放一日休假。前一日博士考試，其試讀每千言內試一帖，二三言講義者，每二千言內問大義一條，總試三條，通二為及第，通一及不全通者，酌量決罰」。除了太醫署以外，唐代對地方的醫學教育也比較重視，在府州設置醫學博士，並有醫學生，不過跟中央的太醫署相比，地方醫學校的設立和教學在執行中還是不太穩定。儘管如此，唐代醫學教育體制的確立，在世界醫學史上也是具有領先地位的，並且影響到朝鮮、日本等國。（王曉麗）

【十二】開啓科舉制度任意門

84 「跳龍門」是哪個朝代的典故？

「跳龍門」是唐朝一個典故。龍門就是現在洛陽南郊約十三公里的伊河兩岸，此處東西山對峙，伊水中流，遠望如天然門闕，古稱「伊闕」。傳説很久以前龍門還未鑿開，龍門山將伊水阻擋住山南形成了一個大湖。居住在黃河的鯉魚聽説龍門山風景秀麗，想去觀光，便通過洛河游到伊水中，來到龍門山下。但龍門山高，無水路可走，鯉魚們便商議跳過龍門山，其中一條大紅鯉魚自告奮勇，率先起跳。牠縱身一躍跳到半空中，夾雜著雲雨向前衝，途中還被天火燒了尾巴，最終戰勝了困難，躍過了龍門山落到山南的大湖裡面，瞬間變成了一條龍。伊水中的鯉魚們看到大紅鯉魚的情形被嚇壞了都不敢跳。天空中突然出現了一條龍，自稱是大紅鯉魚的化身，鼓勵牠們都跳過去成為龍。鯉魚們便紛紛躍起，向龍門山跳去，可是只有少數能夠過去，跳不過去的從空中摔下來，額頭上就落下一個黑疤，至今我們仍能在鯉魚頭部看到這個黑疤呢！唐朝大詩人李白就作詩詠歎此事：「黃河三尺鯉，本在孟津居。點額不成龍，歸來伴凡魚。」同時《埤雅．釋魚》有云：「俗說魚躍龍門，過而為龍，唯鯉或然。」清代李元《蠕范．物體》則說得更為詳實：「鯉，昔者每歲季春逆流登龍門山，天火自後燒其尾，則化為龍。」

不過，跳龍門在唐代還有另外一層意思。當時科舉制度基本完善起來，天下士子們為高中科舉而寒窗苦讀，希望由此躋身仕途。據說由於千萬士子趨之若鶩，每年的科舉考試都十分熱鬧，曾讓太宗皇帝興奮異常，大手一揮豪邁地說：「天下英雄入吾彀矣！」然而另一方面問題是，想中科舉十分不易，特別是進士科目，每次都是按照百分之一、二的比例錄取，難度不亞於鯉魚跳龍門。不過考中進士之後，這些士子就會身價倍增，高官得做，倒也是一般人不敢企望的。因此，人們便用「鯉魚跳龍門」比喻進士及第，暗指其絕高的難度和士子前後截然不同的生活境遇。同時借用李白詩句中「點額而還」一詞比喻科舉考試中名落孫山的人。之後上千年間也確實有無數讀書人鼓足勇氣試跳「龍門」甚至不惜終身困頓科場。（劉永連）

【知識鏈】

中了進士就能做官嗎?

我們通常認為進士及第就像是「鯉魚跳龍門」一般榮耀非凡，做官自然是水到渠成。可是在唐朝，中進士並非如此，不能直接做官。在唐朝的科舉中通過了禮部試，即可獲得「進士」的稱號，只相當於有了出身，獲得了做官的資格，想要獲得官職還要通過吏部專門的選官考試，稱為「吏部試」，主要考察體貌、言詞、書法、判案等能力，其中以判案最重要，四個方面都合格才可脫去白衫，穿上官服等待朝廷任命，稱為「釋褐」。進士還可以參加賢良方正、直言極諫、博學宏詞等制科的考試，通過的也可以授官。還可以先去各節度使那裡做幕僚，經過了一段時間爭取保舉為官。比如韓愈三次經過吏部試都沒有通過，他給宰相寫信也沒有被理睬，只得去節度使董晉那裡做幕僚。有些進士沒有門路，甚至及第後一、二十年都沒能做官。這一點與後來不一樣，在宋、明、清朝的科舉中，只要參加殿試，就不會被淘汰，只是排一下名次，都可以獲得「進士」稱號。前幾名如狀元、榜眼、探花會被立刻授予高官，其餘的進士只需等待，一般也可以獲得官位。(劉永連)

85 進士第一名為什麼稱作「狀元」或「狀頭」？

首先從其字面意思直接理解，所謂「元」或「頭」，同「首」或「始」，實為「最高」和「第一名」的意思。那麼，為什麼前面用「狀」字修飾而非其狀呢？這就與科舉考試的某些規範有關了。

在科舉考試過程中，禮部試是中間最重要的一關。在應考禮部試之前，舉子們（地方選送的稱「鄉貢」或「貢生」；京城官學裡的稱「生徒」）必須先到禮部遞送個人介紹資料，或調出說明身世和近況的書狀，名為「投狀」。因此考後成績第一名就是投狀者中的最高者，所以稱為「狀元」或「狀頭」。

另有一種說法，經過評閱考試卷子，考生成績要放榜公布。據說發布的皇榜是用卷軸式的麻紙或綢帛製成，可以打開掛在牆上。榜上書寫及第人名次，第一甲三名位置居上，而第一名位置最靠前頭，處於皇榜最高處。故而，進士及第第一名稱為「狀元」、「狀頭」，又稱「榜首」。

還有人認為，所謂「狀元」，可以理解為考試卷的第一份，當然也是成績最好的。

除此之外，由於在唐代甚至宋初，進士及第的第二名、第三名的名頭還沒有確定，第二名所謂「榜眼」、第三名所謂「探花」與第一名作為第一甲，同樣位於榜首，故而又可以同時稱為「狀元」。大致到了南宋時期，「狀元」才真正固定在第一名上。這又是不少人所不曾瞭解的。（劉永連）

【知識鏈】

「榜眼」、「探花」的名號是怎麼演變來的？

「榜眼」和「探花」，現在一般認為分別是科舉考試中進士，考試名列第一甲第二名和第三名的稱號，不過原來並非如此，而是經歷了一定階段演變來的。

在唐代，進士考試還沒有「榜眼」的名號，而只有「探花」的名號。不過，「探花」當時稱為「探花使」，與第三名也沒有任何關係。它不是考試名次的標的，而是從當時進士及第後深受皇帝恩顧的趣味活動中產生出來的。進士及第後，朝廷一般會安排新進士們登臨大雁塔、遊玩曲江池等活動。在遊玩了曲江池之後，皇帝要在曲江池邊的杏林裡擺設盛宴，招待這些榮登龍門的士子們。在杏林宴上，其中一個活動節目就是要在新進士中推選一個年輕英俊的小夥子，到皇家禁苑裡採摘鮮花，以烘托宴席氣氛。這位經過皇帝特許可以進入皇家禁苑的年輕進士號稱「探花使」，往往被皇家或高官貴族看中而招為乘龍快婿，並且由於當時百姓圍觀人山人海，這種顯眼的活動會贏得極大榮耀，所以成為新進士得意之處。這樣，「探花」的名目就流傳下來。

到了北宋，殿試成為必經的一次考試，皇帝欽點第一甲前三名（第一甲稱為「進士及第」，第二甲、第三甲分別稱為「進士出身」、「同進士出身」）。第二名、第三名分列狀元左右，猶如其兩眼，故而也稱「榜眼」。也有人認為，其實「榜眼」與皇榜張掛的位置有關，因為書寫第二名的兩側正好是皇榜卷軸掛釘的地方，猶如兩眼，故稱「榜眼」。不過這時候「榜眼」和「探花」的名號顯然都還沒有穩固確定在第二名和第三名上。

再到南宋，「榜眼」和「探花」才確定為進士考試第二名、第三名的名號，並與第一名亦即「狀元」合成「三鼎甲」。不過，它們自始至終只是社會上對第一甲進士及第前三名的俗稱，一般在禮部唱名和放榜時都還是稱作進士及第第一名、第二名和第三名。（劉永連）

86 「連中三元」是哪「三元」？

「三元」是中國科舉制度的產物，是解元、會元、狀元的統稱，最早產生於科舉制度完善起來的中晚唐時期。

不過，在唐朝時候尚無「三元」之說，只是有了與此類似的「三頭」的講究。讀書人首先參加由地方府州舉行的選送資格考試，考試合格者稱鄉貢進士，第一名稱為「解頭」或「解首」。然後參加中央舉行的全國考試，考中者一律稱為進士出身，其中的第一名稱「狀頭」。唐代又把各種「制科」考試的第一名稱為「敕頭」。例如唐憲宗元和九年的「狀頭」張又新，之前是京兆府「解頭」，到了元和十二年，又應博學宏詞科得第一名，一時被人們稱為「張三頭」。在唐代，科舉取士中三級考試制度已經基本完善，以後宋、元、明、清都是沿襲著一套制度來執行的。從這個意義上說，這「三頭」之說儘管文字上與「三元」略有差異，但實質上大體一致，「連中三頭」可以算是「連中三元」的早期雛形。

宋代以後就出現真正意義上的「三元」了。讀書人首先要在縣、府參加考試，被錄取者稱為「生員」，俗稱「秀才」。只有取得「秀才」稱號才可以參加以後的正式考試。正式考試也大致分三級，只是名稱有所變化。首先是鄉試，每三年在省府舉行一次，考中的叫

「連中三元」背魁星點鬥銅花錢

「舉人」。吳敬梓筆下的《范進中舉》描寫的就是鄉試的情形。舉人中的第一名稱為「解」。然後是「會試」，這是禮部主持的考試。會試是在鄉試後的次年春天在京城禮部舉行。由舉人參加，第一名稱為「會元」。最後是「殿試」，是由會試的合格者參加。殿試是最高層次的考試常由皇帝親自主持。這一考試形式最早開始於武則天時期，不過多與皇帝臨時下詔進行的制科相混。殿試合格者稱為「進士」分為三甲。其中一甲只取三名，第一名稱為「狀元」，第二名稱為「榜眼」、第三名稱為「探花」。二、三甲分別取若干人。（劉永連）

【知識鏈】

唐朝人做官要經過哪些程序？

唐代科舉考試已經初步分為三級考試制度。首先要參加每年秋季府州主持的「鄉試」，合格後才可能參加中央尚書省舉行的省試。省試之前，先由地方長官於每年農曆十一月把鄉試錄取名單送報尚書省，審核無誤，辦好證明。省試最初由尚書省吏部主持，唐玄宗開元二十四年移至禮部舉行。每年暮春農曆三月，省試在禮部貢院舉行，因此被稱為「春闈」、「禮闈」。省試分明經、進士等科，考試一直到夜深三隻蠟燭燃盡才結束。

「省試」是科舉考試的核心環節，這次考試影響面大，也最受社會關注。就其考試程序而言，明經科考試先考帖經，再考墨義，最後考時務策。進士科在考帖經和墨義之後，還要加試時務策和雜文（指詩、賦而言）。從其錄取情況來看，明經及第大概為十分之一、二，進士及第只有百分之一、二。當時人們用「三十老明經，五十少進士」來形容兩者的難易程度。

省試考過後，主考官要把名單送到中書門下省宰相審定，然後才正式在禮部貢院前唱名並放榜。

不過，如果要做官，省試合格的士子們還要到吏部參加最後一次的選官考試，稱為「吏部試」，合格者才能授予官職。至此，一條「學而優則仕」的道路就算走到了終點。（劉永連）

87 「同年」就是同齡人嗎？

唐代的「同年」跟年齡無關，指的是科舉考試中同榜錄取的人他們之間互稱同年。唐代稱同中進士的人為同年，明清鄉試、會試同榜登科者都稱同年。顧炎武《生員論》有「同榜之士，謂之同年」，類似今天的同學。

科舉制是隋以後設科考試選拔官吏的制度，由於分科取士而得名。隋煬帝時開始設置進士科。唐代除進士科之外，又設置了秀才、明法、明書、明算等科，又有一史、三史、開元禮、童子、道舉等科。武則天親自舉行殿試並且增設了武舉。各科之中，明經、進士兩科成為唐代常科的主要科目，而其中進士科最為重要。唐高宗以後進士科尤其為當時人所重視，唐朝許多宰相大多是進士出身。

進士及第後，新科進士要湊錢舉行慶賀活動，集體到杏園參加宴會，叫探花宴。還要選出兩名少年俊秀的進士為探花使，在長安各大名園採摘各種名花妝點宴會。宴會以後，這些「同年」們還要一同到慈恩寺的大雁塔下題名以顯其榮耀，所以又把中進士稱為「雁塔題名」。唐代詩人孟郊曾作《登科後》詩：「春風得意馬蹄疾，一日看盡長安花。」（李曉敏）

【知識鏈】

及第的舉子和考官之間是如何相互稱呼的？

唐代科舉常科考試最初由吏部考功員外郎主持，後改由禮部侍郎主持，稱「權知貢舉」。唐代省試一般都由禮部侍郎主持。西元六八九年，武則天親自策問舉人，這是由皇帝親自主持省試，開了殿試的先河。中唐以後有時在長安洛陽兩地同時舉行省試，這時的主考官被稱為「知兩都」。對於及第的舉子來說，主考官叫做「座主」、「座師」，被錄取的考生便是考官的「門生」，還有「天子門生」的說法。宋太祖正式建立了殿試制度，即在吏部考試後，皇帝在殿廷之上主持最高一級的考試，決定錄取的名單和名次。所有及第的人於是都成了「天子門生」。

門生一詞可謂由來已久。東漢魏晉時期，想要進入仕途，主要通過察舉、徵辟，需要官僚舉薦，所以一大批人為了追求功名利祿，投靠以儒學起家的官僚門下，充當門生，這種現象促進了門閥大族的形成和發展。門生與主人之間的關係非常緊密，為主人奔走服役，以君臣父子之禮事宗師舉主，主子死了要服三年之喪，並繼續侍奉其後人，形成一種世襲的臣屬關係。

門生的含義到隋唐時期有了變化，科舉考試中，讀書人如果考中舉人或進士，就要拜本科的主考官為座主。而座主則稱這些弟子為門生。雖然仍有投靠援引的含意，但是已不再是依附關係。而後世的門生，主要是指學術上的師承關係。

座主的稱呼源於老師，但比老師更受尊重。因為座主兼有老師和仕途領路人的雙重身分。座主一般都是朝中重臣，他們一旦掌握大權，便會提攜重用自己的門生。門生對座主除了師生之間的道義，也蘊含了一些功利的因素。所以座主在門生心目中的地位是非常重要的。

科舉制通過考試的方式將優秀的人才都吸納到官僚體系中，使大部分的讀書人連接到了朝廷的戰力上，讓他們圍著科考的指揮棒轉，等於是圍著中央政府在轉。「太宗皇帝真長策，賺得英雄盡白頭」，說的就是這個意思。而這其中門生和座主的關係也起了很重要的作用。（李曉敏）

88 唐代的秀才和進士哪一個更難考？

「秀才」一詞原來的意思是指「才之秀者」，就是才能秀異之士。在漢魏兩晉南北朝時期，「秀才」成為舉薦人才的科目之一。唐初科舉考試的科目繁多。在常科所設的科目中，主要有「秀才」、「明經」、「進士」、「明法」、「明書」和「明算」等。其中「秀才科」被列在首位，是唐代科舉的重要科目之一。不過這個科目存在的時間不長，到唐高宗永徽二年就被廢止了。後來唐玄宗、唐代宗統治時期曾經有過幾次短暫的恢復，但幾乎都是曇花一現。

雖然秀才科存在的時間很短，但是在唐代的科舉當中秀才科的取士最為嚴格。據《唐六典》記載：「其秀才，試方略策五條：文理俱高者為上上；文高理平、理高文平者為上中；文理俱平為上下；文理粗通為中上；文劣理滯為不第。」也就是說，秀才科只有一個考試專案，就是「方略策」五條。所謂的方略策，主要是論述聖賢治道、古今理體之類。要做好方略策，既要有博精的學識，又要有明晰的思辨；既要文采可觀，又要理義精當，對於學子們而言，這是很難做到的。《唐六典》注中就說「此條取人稍峻，自貞觀後遂絕」。事實上，從唐高祖武德年間到唐高宗永徽年間，每年考中秀才科的不過一兩個人，可見秀才科之難考。

與如此難考的秀才科相比，唐代的進士科更受學子們的青睞。唐代人封演在《封氏聞見

宋人繪製的科舉考試圖

記》中說道：「國初，明經取通兩經，先帖文，乃按章疏試墨策十道。秀才試方略策三道。進士試時務策五道。考功員外職當考試。其後舉人憚於方略之科，為秀才者殆絕而多趨明經、進士。」可以看出，雖然秀才和進士科都是考學子們的策論，但是秀才科的方略策比起進士科的時務策要難多了。

當然，秀才科雖然難考，但是一旦考中地位也是極為崇高的。據《新唐書》志第三十四記載：「秀才上上第正八品上，上中第正八品下，上下第從八品上，中上第從八品下，明經上上第從八品下，上中第正九品上，上下第正九品下，中上第從九品下，進士、明法甲第從九品上，乙第從九品下。」也就是說，考中秀才科的人所獲得的官職品階要比考中進士的高很多。（王曉麗）

【知識鏈】

唐代為什麼會有「三十老明經，五十少進士」的說法呢？

除了取人極少的秀才科之外，在唐代的其他科舉考試科目中，明經和進士科是最受重視的科目了。而這兩者相比較，進士科又比明經科難考得多。

首先，從考試內容上來看，明經科的考試內容主要包括帖經和墨義。帖經一般是摘錄經書的一句並遮去幾個字，讓考生填充缺掉的部分；墨義則是關於經書文章的問答。這兩個部分考的大都是考生的背誦功夫，只要熟讀經傳及其注釋，一般都能通過考試。進士科的考試內容雖然也有帖經，但主要卻是要求考生就指定的題目創作詩、賦，或者是時務策。這就要求考生有相當的文學功底，並能夠充分發揮自己的個人能力，對於當時的學子們來說，這是很不容易的。正如封演《封氏聞見記》中所說：「（進士）策問五道，舊例，三通為時務策，一通為商，一通為征事。近者商略之中，或有異同，大抵非精博通贍之才難以應乎茲選矣。」

其次，就每年考中的人數來看，進士科也比明經科難考得多。據《通典•選舉三》記載：「其進士大抵千人，得第者百一二，明經倍之，得第者十一二。」也就是說，進士科每年應舉的人數很多，大概在一千人左右，但是能夠被錄取的人很少，不過一、二十人，而明經科的錄取比例則要高出進士科十倍之多。

由於明經科的考試內容簡單，錄取人數較多，因此比較容易考取，經由明經科入仕的年齡也就偏低，如果三十歲考中明經，就會被人恥笑為「老明經」了；而進士科相對來說比較難考，再加上應舉的人多，錄取的人數較少，大多數應考的人是終身不第的，所以就算五十歲能考中進士也還算年輕，可以被稱為「少進士」。這也就是唐代人所謂「三十老明經，五十少進士」的由來。（王曉麗）

89 為什麼說學士比博士級別更高？

在現今的中國，博士與學士指的是兩種學位。學士作為一種學位名稱，分為理學學士和工學學士等等，由國務院授權高等學校授予。高等學校本科文憑畢業生，成績優良，達到規定的學術水準者，授予學士學位。博士則是指學位中最高的一級。然而，最初的學士和博士卻不是這個意思，它們是要分級別的，那麼誰的級別更高呢？

「博士」最早是一種官名，始見於戰國時代，負責保管文獻檔案，編撰著述，掌通古今，傳授學問，培養人才。秦有七十人，漢初沿置，秩為比六百石，屬奉常。到了唐朝，博士多指官學裡的主講學官；有時也把精通某種職業技術的人稱之為「博士」，如「醫學博士」、「算學博士」等等。《唐會要》卷六十六記載：「其國子、太學、四門三館，各立五經博士……舊博士省稱。」太常寺博士掌五禮之儀式，《舊唐書・職官志》記載：「博士四人，從七品上……博士，掌五禮之儀式，本先王之法制適應隨時而損益焉。」

學士一稱最早出現於《周禮》是指那些在學校讀書的人。唐初開文學館，以大臣十八人兼學士，討論文典，號稱十八學士；又置弘文館學士，講論文義，商量政事。開元十三年（七二五）置集賢院學士，撰集文章整理經籍。開元二十六年（七三八）又置翰林學士，掌起草詔令沿襲至明。唐東宮還有崇文館學士，掌經籍圖書教授生徒。

學士和大學士差距很大，學士大多是舞文弄墨、實權不大的官員，可是大學士的地位就非同一般了。唐、宋時，「學士」前加「大」的可都是宰輔重臣。到了清代，大學士成為文臣的最高職位官至正一品。由此顯而易見，按官職級別學士要明顯高於博士了。（劉永連）

【知識鏈】

唐代文雅與飽學之士受重視嗎？

文化的繁榮往往更能體現文學之士的重要性，因而往往得到足夠的尊敬和優厚的待遇。這些在唐朝充分表現出來。

唐朝政府不但以發展完善科舉制度的舉措給天下所有讀書人以仕進和富貴的門路，而且把上層水準最高的文雅和飽學之士擺放在崇高職位，讓整個社會可望而不可即。例如，在唐朝初年，李世民在做秦王時就創建文學館，羅致天下飽學之士，最後得房玄齡、杜如晦等十八人並為學士，號稱「秦王府十八學士」。這些人是李世民爭取和掌握國家的文臣核心班底，部分成為宰相。李世民還命閻立本畫像，褚亮作贊，題十八人名號、籍貫，將其收藏在宮中祕府。社會上反映是「時人傾慕，謂之登瀛洲」。瀛洲者，仙山也，將這十八學士比作升仙之人，可見其地位之崇高。

開元年間，文化達到鼎盛，翰林院作為一種專門安置飽學之士的官僚機構固定下來。該院作為獨立機構特設於皇宮之內，由皇帝遴選擅長詞賦的可靠文臣充職入居，主要職責是代皇帝起草詔制，官名分為翰林學士、翰林待詔。翰林學士們日常跟隨在皇帝身邊，為皇帝近臣。其中翰林承旨作為翰林學士之首，可以參與國家機密大事，權勢獨立甚至凌駕於三省六部之上。到唐朝後期，翰林學士本身在很大程度上分割了宰相職權，可以視同宰相，也能轉

至三省任宰相職位，專有起草任免將相大臣、號令征伐大事、宣布大赦天下等重要詔敕，可謂位高權重。（劉永連）

90 「員外」是對土財主的稱呼嗎？

在唐代，職事官包括正員官和員外官。所謂的「員外官」，也就是正式編制以外的官，實際上只是編制以外的虛銜不是正式的官員。員外官的設置是從武則天統治時期開始的，為了廣攬人才，武則天發展和完善了科舉制度，允許自舉為官、試官、並設立員外官。據《唐會要》記載：「員外及檢校試官斜封官，皆神龍已後有之。」神龍二年（七〇六），自京城至各州，共設置了兩千多名員外官，還在宦官中破例提拔了七品以上的員外官近千人。之後，唐中宗統治時期又以「斜封」的形式任命了大量的員外官。員外官的設置正是導致唐朝官僚機構膨脹的因素之一。

清人《無雙譜》中武則天贊詞

唐玄宗即位以後，下詔罷除所有的員外官、試官和檢校官，並對以後這三種官的任命做出了明確規定。據《唐會要》卷六十七《員外官》記載：「員外及檢校試官斜封官……開元大革前事，多已除去，唯皇親戰功之外，不復除授。今則貶責者然後以員外官處之……」從這條記載可以看出，從唐玄宗開元以後員外官就主要由被貶的官員充任了。據《舊唐書》記載，開元二年（七一四），唐玄宗下詔貶官，「詔曰青州刺史韋安石、太子賓客韋嗣立、刑部尚書趙彥昭等……宜從謫官之典以勵事君之節。安石可沔州別駕，嗣立可岳州別駕，彥昭可袁州別駕，並員外置」。此後唐代官吏罪過較重者往往被貶為員外官。

隨著時間推移和官制改革，明朝以後，員外官成為一種閒職，更與財富連繫在一起，只要肯花銀子，地主和商人都可以捐一個員外官來做。「員外」也就漸漸成為土財主的代名詞了。（王曉麗）

【知識鏈】

唐朝為什麼會有「斜封官」？

唐代的政治制度實行三省六部制，正常情況下，在任命普通官員的時候，要先經尚書省的吏部篩選，然後交付門下省審核，再由中書省起草任命的敕書，門下省蓋印，最後下發吏部任命。通過這一系列程序正常下發的敕書，一般都用黃紙朱筆書寫，正封。然而，在唐中宗統治的時候，卻出現了墨筆斜封的敕書，通過這種敕書被任命的官員也就被稱為「斜封官」。

武則天神龍二年（七〇五），宰相張柬之等聯合禁軍將領，乘武則天病重之機，發動了宮廷政變，逼武則天讓位給李顯，也就是唐中宗。中宗重定之後，張柬之等人遭到排斥，韋皇后和安樂公主把持朝政，賣官鬻爵，造成了更加腐敗的政治局面。據《資治通鑒》記載：「安樂、長寧公主及皇后妹郕國夫人、上官婕妤、婕妤母沛國夫人鄭氏、尚宮柴氏、賀婁氏、女巫第五英兒、隴西夫人趙氏皆依執用事，請謁受賕，雖屠沽臧獲，用錢三十萬，則別降墨敕除官，斜封付中書，時人謂之斜封官。」《新唐書•選舉志》也記載說「中宗時，韋後及太平、安樂公主等用事，於側門降墨敕斜封授官，號『斜封官』，凡數千員」。這裡提到的「斜封官」就是不經兩省審議簽署，由皇帝直接任命的官員。為了與正常任命的官員相區別，這些「斜封官」一般都被冠以員外、同正、試、攝、檢校、判、知等五花八門的頭銜，他們的任命狀也都改用墨筆書寫，裝敕書的封袋改用斜封，以便條的形式從側門送到中書省直接下發吏部執行。

顯而易見，「斜封官」的出現擾亂了正常的國家行政秩序，給當時的朝政帶來了不小的負面影響。但是，憚于、韋后和安樂公主等人的勢力，三省官員大都對「斜封官」的存在不予過問，只向有關部門傳達而已。據《資治通鑒》記載，當時只有吏部員外郎李朝隱拒絕執行這種墨敕任命，「前後執破一千四百餘人，怨謗紛然，朝隱一無所顧」。一直到了唐睿宗景雲元年（七一〇），在姚崇、宋璟等人的建議下，中宗時任命的斜封官幾千人才被悉數罷免。（王曉麗）

91

唐代官員晉級為什麼要舉辦「燒尾宴」呢？

唐代前期社會安定，經濟發展，文化繁榮，反映在飲食文化上，就是宴會文化的發達，而著名的「燒尾宴」更是集中體現了這種繁榮與發達。唐代的「燒尾宴」是唐中宗時候開始的一種為慶賀舉子及第或者是官員晉級而舉辦的宴會。據封演的《封氏聞見記》：「士子初登榮進及遷除，明僚慰賀，必盛置酒饌音樂，以展歡宴，謂之『燒尾』。」《辨物小志》則說：「唐自中宗朝，大臣拜官，例獻食於天子，名曰『燒尾』。」

在唐代，最著名的「燒尾宴」莫過於唐中宗景龍年間，韋巨源「官拜尚書左僕射」的時候在家中為宴請唐中宗舉辦的那一次了。五代宋初時人陶谷所作的《清異錄》中記載了韋巨源舉辦「燒尾宴」時所留下的一分不完全的菜單，其中包括五十八種餐點的名稱和部分後人的注解，為我們展示了唐代社會上層飲食的奢華以及唐代高度發達的飲食文化之一斑。唐代的「燒尾宴」雖然盛行一時，但是持續的時間並不長，據《舊唐書‧蘇瓌傳》記載：「公卿大臣初拜官者，例許獻食，名為燒尾。瓌拜僕射無所獻。後因侍宴，將作大匠宗晉卿曰：『拜僕射竟不燒尾，豈不喜耶？』帝默然。瓌奏曰：臣聞宰相者，主調陰陽，代天理物。今粒食踴貴，百姓不足臣見宿衛兵至有三日不得食者。臣愚不稱職所以不敢燒尾。」從此之後，「燒尾宴」即不再舉行。

唐代這種為及第舉子和晉級官員慶賀的宴會之所以被稱為「燒尾宴」，自古以來有幾種解釋。封演的《封氏聞見記》中說：「說者謂虎變為人，惟尾不化，須為焚除，乃得成人，故以初蒙拜受如虎得為人，本尾猶在，體氣既合，方為焚之，故云燒尾。一云新羊入群，乃為諸羊所觸，不相親附，火燒其尾則定。」《太平廣記》收錄的《三秦記》則記載了鯉魚跳龍門的傳說，「龍門山，在河東界。禹鑿山斷門一里餘，黃河自中流下，兩岸不通車馬……每歲季春，有黃鯉魚自海及諸川爭來赴之。一歲中登龍門者不過七十二。初登龍門，即有雲雨隨之，天火自後燒其尾，乃化為龍矣。」當然，無論是虎變成人，新羊入羊群，還是鯉魚跳龍門，都是用來比喻舉子和官員們社會地位一朝發生急劇變化，即將飛黃騰達的意思。

（王曉麗）

【知識鏈】

唐代進士宴會為什麼叫做「曲江宴」呢？

進士宴會隨著科舉制度的確立而出現，從唐代開始，一直到明清時期，都有專門給新科進士舉辦的宴會。唐代的進士宴會名目很多，其中最為著名的就是在長安城東南的曲江邊上進行的宴遊了，因此，唐代的進士宴會又叫做「曲江宴」。

最初，科舉考試張榜之後，朝廷都要在曲江邊上為落第的舉子們安排一場安撫性質的告別宴會。但是後來，這種宴會的性質漸漸發生了變化，變成了以及第的進士為主，另外還有很多高官參加的具有喜慶性質的宴遊活動。這些宴遊活動根據內容的不同，有著各式各樣的名目，如大相識、次相識、小相識、聞喜、櫻桃、月燈閣打毬、牡丹、看佛牙、關宴等等。

在這些宴遊活動中，有朝廷下詔召集新進士們聚於曲江的聞喜宴會，也有新科進士們自己出錢組織的各式各樣的宴會。尤其是到了中晚唐的時候，長安專門有「進士團」來負責籌備這種宴會。進士團主要由長安當地的一些閒散人員組成，設置錄事、主宴、主酒、主樂、主菜等職位，專門負責組織進士們的宴遊活動。他們往往是在當年的宴遊一結束的時候，就開始籌備第二年的宴遊活動了。當時的進士宴會辦得非常豪華，據王定保《唐摭言》記載，在曲江宴上，進士們「竟車服之鮮華，騁杯盤之意氣」，尤其是在飲食方面，「四海之內，水陸之珍，靡不畢備」。參加曲江宴的，除了剛剛及第的進士們之外，還有當年的主考官，朝廷裡的公卿貴冑及其家眷，有時皇帝也會通過宮中的複道來到曲江邊上的紫雲樓觀宴。在這場盛大的宴遊活動中，新進士們恣意歡宴遊樂，而公卿將相則借機為自己的女兒挑選乘龍快婿。王定保《唐摭言》裡就提到「其日，公卿家傾城縱觀於此，有若中東床之選者，十八九」。在每年進士宴會舉辦的同時，長安的曲江也隨之名滿天下。（王曉麗）

92 唐代官員的工作餐為什麼稱作「廊下食」？

廊下食起源於唐代，開始於唐太宗貞觀年間，是基於朝參百官的實際需求而設立，並逐步完善的一種早朝禮儀形式。在唐代，參加早朝的百官凌晨就要起床上朝，來不及吃飯，如果退朝稍晚就會餓肚子。唐太宗貞觀四年（六三〇）十二月，下詔「所司於外廊置食一頓」，也就是說在早朝之後，朝廷有關部門要在朝堂外廊設食招待朝官一頓，以示慰勞。因為這頓飯是在朝堂外的迴廊之下進行，所以又稱「廊下食」。廊下食由官署供給，屬於早朝儀式的一個組成部分，因此在廊下食的過程中有相當嚴格的禮儀規定，官員如果有「行坐失儀語鬧」等行為，就要被罰扣除一個月的俸祿。廊下食之後，官員們都回到本部門料理公務，而「百司無事，至午後放歸」，整個朝參才算結束。

在唐代百官廊下食的等級規格、四季差別、節日追加等都有嚴格的規定。據《唐會要》記載，唐睿宗景雲二年（七一一），朝廷下詔「常參官職事五品以上及員外郎供一百盤，羊三口，餘賜中書門下供奉官及監察御史、太常博士，百官六參日、節日加羊一口，冬月量造湯餅及黍臛、夏月冷淘粉粥、棗、栗、荔枝、桃、梨、榴、柑、柿等」，六品以下參與廊下食的官員，節日的時候也有加餐，「寒食加湯粥，正月七日、三月三日加煎餅，正月十五日、晦日加糕糜，五月五日加粽，七月七日加斫餅，九月九日加糕，十月一日加黍臛」。廊下賜食的等級差別、供料多少，顯示了官員因品級不同而享受待遇的高低差異。

官員們在參加廊下食的時候，除了吃飯之外，還要「因食而集，評議公事」，因此，廊下食除了可以解決官員們的實際需要之外，還是督促官員「議政事」的一種手段。另外，由於廊下食有嚴格的官品位置排列、品食的先後次序以及謙讓等規矩，還能有約束官吏行為、維護統治秩序的作用。而且，官員們通過聚餐，還可以彼此聯絡感情達到同事之間、上下級之間的團結協力。（王曉麗）

【知識鏈】

唐朝的官員每天都要上朝嗎？

西漢年間，漢宣帝親政後，規定每五、日、一上朝視事，並作為定式，開啓了較有規範的常朝制度。之後，不同朝代、不同皇帝規定的上朝時間都不盡相同。唐初，延續了隋代日日早朝的制度。據《舊唐書．杜正倫傳》記載，唐太宗曾經說過：「朕每日坐朝，欲出一言，即思此言於百姓有利益否，所以不能多言。」表明當時唐太宗每天都要臨朝聽政。另據《唐會要》記載：「貞觀十三年十月三日，尚書左僕射房玄齡奏，天下太平，萬機事簡，請三日一臨朝，詔許之。」這說明隨著統治根基的日益穩固，常朝已經改成三天一次了。唐高宗剛即位之後，曾將「三日一臨朝」的制度改為每日臨朝。到了永徽年間，又改為五日一朝。直到顯慶二年（六五七）五月庚子，「宰相奏天下無虞，請隔日視事，許之」。常朝制度又改為隔日一上朝。唐中宗即位之後，「以時屬炎暑，制令每隔日不坐」，結果招致文武百官的批評和譴責。唐玄宗時期，常朝制度開始混亂。尤其是天寶年間，原有的五日一上朝的制度以及每逢初一、十五舉行的朔望朝制度都遭到破壞。唐德宗時期，常朝制度又有所改變。據《冊府元龜．帝王部朝會一》記載，德宗貞元元年（七八五），由於蝗旱災害，「八月甲子詔不御正殿，奏事悉於延英。庚寅，視朝於延英殿，群臣列位於延英門外」。這一因災而避正殿的權宜之計後來竟演變為經常性的制度，也就是延英奏對制度。到了最後一個皇帝唐哀帝的時候，更下詔「每月只許一、五、九日開延英，計九度。其入閣日，仍於延英日一度指揮；如有大段公事，中書門下具榜子奏請開延英，不計日數」。這一詔令表明延英奏對實際上可以不受時間的限制，靈活性很大。

即使是在皇帝上朝的時候，也不是所有的官員都有資格參加的。唐朝對朝參官的身分有著明確的界定，按照官員們的品秩和等級，官員們上朝的時間也有差別。據《新唐書‧百官志三》記載：「文武官職事九品以上及二王后，朝朔望。文官五品以上及兩省供奉官、監察御史、員外郎、太常博士日參，號常參官。武官三品以上三日一朝，號九參官；五品以上及折衝當番者五日一朝，號六參官。弘文、崇文館、國子監學生四時參。凡諸王入朝及以恩追至者，日參。」由此可見，唐代的官員並不是每個人都有上朝的資格，更不是每天都要上朝。（王曉麗）

93 我們常用「不入流」來說某種東西等級不夠，「不入流」一說是怎麼來的？

現在我們常用「不入流」來評價某種事物等級或水準不夠。然而，它究竟依據何典，出自何處？深究起來，它起源於中國古代官僚制度，是官吏品級升遷中的常用術語。

大約自魏晉時期起，中國官僚體系中開始以九品制確定等級制度，即官分九品，九品最低，一品最高。北魏時期，又將每品分為正、從兩階，共十八個級別，這種做法主要是針對可任實職的職事官，但散官、勳爵也都照此確定品級。

到隋唐時期，由於國家實現統一，疆域日益廣闊，社會經濟文化也繁榮發達起來，官僚體系無形中膨脹起來。為了加强管理，朝廷繼續將品級制度細緻化、嚴格化。首先是考慮到全國各級官僚機構管理範圍和職權的特殊性更加豐富（如根據人口都督府和州、縣可以各分為上、中、下三級；根據距離朝廷遠近和地理位置重要性可將縣分為京縣、畿縣和一般縣等），將四至九品每品正、從進一步各分上、下，原來的九品十八階就細化為九品三十階。其次是把各級政府機構中的各色胥吏納入正常化管理，也以九品區分、確定其等級。第三，整體考慮行政人事管理，在嚴格等級的前提下協調官員和胥吏兩個行政群體之間的關係。

一般來講，官員九品三十階是整個官僚體系中的主體部分，屬於這一九品中的官員被稱為「流內」。從事各基層事務的胥吏相對被稱為「流外」。這兩個群體差別很大，前者為官，屬於朝廷命官，級別、待遇乃至人事檔案都由朝廷統一管理；後者為吏，屬於雜役性質，沒有固定編制，級別、待遇也不統一，無法與前者比擬。不過，朝廷並沒有完全隔斷「流內」和「流外」的關係。按照規定，如果胥吏積累了足夠的工作資歷（包括年限、考績），特別是具有一定才能，就可以通過考核擢升為「流內官」。這種從「流外」胥吏升遷為「流內」官員的過程就稱為「入流」。在這種機制背景下，一方面高高在上的流內官員們非常看不起相當僕役角色的流外胥吏，稱其為「不入流者」；另一方面不少胥吏抱著希望努力工作，得以「入流」，甚至混成高層要員。

由此，「流外」、「流內」和「入流」、「不入流」便成為官僚機構中常用的行政術語，成為官員、胥吏都非常熟悉的常用詞彙。後來，人們逐漸用九品制度衡量社會各界，所謂「入流」、「不入流」演變成為人們評價各色人物等級和水準夠不夠的口頭用語。（劉永連）

【知識鏈】

「三教九流」是什麼意思？是怎麼演化來的？

「三教九流」一詞，目前一般認為是對社會上、下三百六十行職業人物所做出的基本區分和評價。不過，其反映內容和區分趣旨卻前後發生了很多變化。它們是怎麼演化而來的？

最初，「三教」與「九流」並未連袂，而是各自流行。具體而言，所謂「三教」，指儒教、道教和佛教。所謂「九流」，有人說本來是指上古主要學術流派，見於《漢書・藝文志》。但是查閱該部分資料，班固只是提到「諸子十家，其可觀者九家而已」，所列舉諸子是為十家，也並未用「流」字區分。可見此說不完全正確，應另有來源。大約在南北朝時期，佛、道之爭日趨激烈，甚至連帶了儒家學說。為此各代帝王傷透腦筋，不得不費神安排三教的位次。佛、道爭執不下，各代帝王喜好也有不同，因而三教地位屢有變動。據說周武滅佛，最先明文規定了儒、道、佛三教等級。但之後又經過了長期而激烈的鬥爭，直到晚唐才基本以儒、佛、道的順序確定三教地位。因此，自南北朝時期起，所謂「三教」就成了儒、佛、道排列順序的術語。

作為一種規定和區分等級的做法，「九流」其實與「入流」、「不入流」很有關係。我們一眼就可看出，「三教九流」的衡量單位是從區分官階品位上學來的。在官員與胥吏的品階區別上，以「入流」與「不入流」或「流內」與「流外」來區分上、下兩大不同等級的群體；

而「九流」將人區分為九個等級，同樣使用「流」為基本衡量單位。同時，由於衙門裡官分九品，吏分九品而又區分為「流內九品」和「流外九品」，這恐怕也是九流區分法以及「上九流」和「下九流」的濫觴。

查閱資料，可知「九流」在早期並沒有明確的內容。不過，後來衍生出來的上、中、下「九流」卻很明確。一般認為，「上九流」是佛祖、天、皇帝、官、閣老、宰相、進士、舉人、解元等，基本上為神為官，是高高在上的統治者。也有人分為帝王、聖賢、隱士、童仙、文人、武士、農、工、商等，也是在當時被認為地位優越或能幹正當職業的群體。「中九流」是舉子、醫生、相士、畫家、書生、琴棋手、和尚、道人、尼姑等，或編排為：「一流秀才二流醫，三流丹青四流皮（皮影），五流彈唱六流卜（卜卦），七僧八道九琴棋。」

除去「上九流」已列述的舉人外，這一部分都是伎巧藝人和僧道寄食者，主要靠手藝掙錢或靠神靈吃飯。「下九流」是：「一流高臺（唱戲）二流吹，三流馬戲四流推（剃頭），五流池子（北方的澡堂子）六搓背，七修八配（給家畜配種）九娼妓。」這些基本上是職業低賤、頗受歧視的群體，在舊社會屬於最下層的百姓。（劉永連）

94 唐朝最大的「人生三恨」是什麼？

薛元超是唐高宗時期的重要人物，他深受高宗賞識和眷顧，官職一直做到中書令，位居百官乃至宰相之首。他死後朝廷在謚文中推崇他說：「薛元超以王佐之才，逢太平之會，撫綏萬國，康濟兆人，力牧輔軒皇未為盡善，皋陶佐大禹猶有慚德，名遂身退，生榮死哀……」可謂是位極人臣，榮耀當世。但是在臨終前他卻對親人說，為人在世他還有三大遺憾。原話是：「吾不才，富貴過人，平生有三恨，恨始不以進士擢第，不娶五姓女，不得修國史。」為什麼這三件事竟讓這位已經備具榮耀的人還深感不足呢？

首先，在唐朝初期，科舉處於發展的關鍵時期。儘管它還不能占據選官途徑的主流，但代表著歷史發展的趨勢。當時朝廷把它放在極其重要的地位，百姓對其也極為看好。特別是進士科，由於其考試難度、及第待遇、以後仕途都遠遠超過其他科目，人們百倍豔羡及第的進士，稱其身價之變猶如鯉魚化龍，青雲直上。每當科考公布之後，新進士們要身著盛裝，沿街誇耀，還要在皇帝特許下雁塔題名，萬人圍觀中杏林盛宴，其榮耀堪稱曠絕當世。正因如此，薛元超儘管薦舉了如任希古、高智周、郭正一、王義方等許多寒俊人士，但因為自己無緣由進士進身而感到無比遺憾。

其次唐朝初期又是一個非常重視門第的時代。作為士族制度的遺緒攀比門第之風盛行到無以復加的地步。當時皇帝編《氏族志》，百姓看士族譜都是為了釐清天下各家族的門第高低。不過這時候李家雖然屬於皇室，自列「隴西李氏」，但並不是門第最高的家族。當時有山東豪門崔、盧、李、鄭，河東豪門王姓，號稱「五姓」，都是早從北魏孝文帝時期就被推為天下第一的高門，以後歷代占據要位，講究禮儀經學，文化底蘊深厚，其聲望遠比身為皇姓的李家崇高得多。因而天下人最為看好「五姓」門第，以攀婚「五姓」為最大榮耀。皇家公主比不上五姓女，幾乎在整個唐朝都如此，一直到唐中晚期皇帝還在感慨此事。

再者，中國自古重視修史，修國史是歷代一等大事。而唐朝初期是中國史學成果輝煌的時期，不但確立了完善的史館制度，而且數十年間完成了中國正史「二十四史」中的八部史著，可謂是鼎盛一時。皇帝為表重視，把史館放在宮禁之中，自己身邊，隨時光顧；對修史人員也備加親信，隨時請教。如要監修國史，必須是有資歷、有身分、有學問、有德行的朝中重臣，宰相之中又非常傑出者。那麼，即使做了宰相，如果沒有監領或參與修史，就只是高官而已，而非朝中清望貴臣，名氣仍不夠大，名聲仍不夠好。（劉永連）

【知識鏈】

「人生四喜」又是什麼？

與以上情況相反，人們在意外獲得極大的欲望滿足時所呈現出的欣喜若狂，號稱人生大喜。千百年來最流行的說法有「人生四喜」，即：「久旱逢甘雨，他鄉遇故知。洞房花燭夜，金榜題名時。」為什麼這麼說呢？

一看久旱逢甘雨。中國是個農業社會，向來以農立國。而由於受自然和科技條件限制，致使農民不得不靠天吃飯。特別在歷來乾旱嚴重的北部地區，常年來就比較缺水，某年大旱也不是稀罕事情。這時候，農夫遙望蒼天祈求降雨的渴盼和焦灼心情是其他人都難以理解的。雨水來了，才可播種；雨水足了，才能收糧。有了雨水，才有飯吃，也才有生活。因此，將「久旱逢甘雨」作為古代中國人第一人生喜事，一點都不為過。

二說他鄉遇故知。農業社會最突出的特點是依賴土地，而土地是不能移動或帶走的，因而中國人只有依賴故鄉。久而久之，中國人形成「安土重遷」的生活習慣，一個人離開故鄉，一般都是遭遇了天大的災難，不得不離鄉背井。而當一個人離開故鄉之後，往往在悲情之中更加懷念故鄉。與此同時，所謂故知，往往是家鄉親人或舊鄰，自己以前整天鄰田耕種、隔院傳呼的熟人，其情感之深遠非現在商業社會中人們所能比擬。因此，當故知帶著無比深厚的親情，帶著許多故鄉的資訊，突然降臨身在他鄉的人面前時，那份擁有家園、土地和親人的滿足重新回到自己的眼前，箇中驚喜也是遠非現代人所能理解的。

三論洞房花燭夜。從民俗角度講，古代中國人一輩子要經歷幾個重大禮儀：出生、加冠、結婚、死喪，其中結婚又是特別關鍵的一個。因為人們歷來都有一個永生在世的追求，而這種追求又是不可實現的夢想，那麼怎麼才能彌補人生終要斷絕的缺憾呢？只有通過結婚生子延續自己的血脈。正因如此，古代人無法想像未婚，不能無故不生子女，如果這樣自己血脈就無法延續，家族就要面臨滅絕。這是隱藏在所有民族生活習俗背後的強烈生存意識，所以傳統上都把結婚看得非常重大。至於結婚代表著成家和自立，結婚能滿足情感、生理等方面的重大需求，洞房花燭夜也會呈現出一派歡樂氣氛，但這些都是奠基在延續命脈這一重大理念上的。所以，「洞房花燭夜」算得上人生一大喜事。

四議金榜題名時。科舉制在中國實行了大約一千四百年的時間，曾經使千萬個讀書人義無反顧地走上科舉入仕的道路。在這條道路上，成功的標誌就是金榜題名。然而，就歷代科舉錄取情況來看，進士、及第一般是百分之幾的比例，永遠不能滿足大多數人的願望。與此同時，一旦金榜題名之後，就有條件進入仕途，甚至躋身貴族，功名利祿一切欲望都能滿足。因此，「金榜題名」是一般讀書人朝思暮想而又可望不可即的夢想。一旦這夢想成為現實，其驚喜的程度不難想像，《儒林外史》中對范進中舉的描寫為此作了絕妙的注腳。「人生四喜」是中國人幾千年來生活經歷的積累，堪為中國傳統文化的精粹。（劉永連）

95 為什麼唐代在廣東做官的人多成為「貪官」？

貪官是一個很普遍的社會現象，應該說各朝各代都難避免。然而唐朝凡是在廣東做官的人多成為貪官，卻有著其突出的社會特殊性。

相傳在過了南嶺之後，將要到廣州的時候有一個稱作石門的地方。這裡有一處泉水名叫「貪泉」。其水甘甜無比，但是前往上任的官員只要喝了此水，到任上肯定會剝削百姓，中飽私囊，成為貪官。於是有人說，正因為廣州石門有了這「貪泉」，到廣東上任的官員才多成為貪官。

不過這些都是講不出任何道理的無稽之談。早就有人親自嘗試以實際行動破除了這種神乎其神的傳說。據載，「貪泉」之說早在晉朝就已傳播。當時有個叫吳隱之的清廉之吏被派往廣州任刺史。他偏不信邪，飽飲「貪泉」之水，並留詩云：「古人云此水，一歃懷千金。試使夷齊飲，終當不易心。」到任之後，吳隱之清廉如舊，並從嚴治理，嚴懲不法商人和受賄屬吏，使得廣州一片清平，深得百姓和朝廷讚譽。

其實，吳隱之在詩裡說得非常正確，一個人是否成為貪官，關鍵在於他的品德，而並非什麼「貪泉」之水。到廣州上任的官員之所以容易成為貪官，還與廣州地方文化背景有關。

考據史實，可知這裡處於海上絲綢之路的東方起始點，早在秦代就已成為中國南部重要的對外貿易口岸。形成城鎮之後，就有更多海外寶貨在這裡聚散，財富總量和貿易利潤非常可觀。對於地方官員來說，這是唾手可得的一塊肥肉極易引起他們的貪欲。如果沾手這些財富，就成了名副其實的貪官。

那麼，為什麼到唐代廣東官吏貪污成風，情況更為嚴重呢？這又與唐代中國南海貿易的發展和廣州地方吏治的變化有密切關係。大致從南北朝時期開始，由於南朝政權難以通過西北陸路與西域聯繫，從而致力於發展海上絲綢之路，由此促進了南海交通和貿易的繁榮。到隋代，基於南海往來商人增多，他們所崇拜的南海神香火鼎盛，於是隋文帝在廣州東郊立廟，將南海神崇拜提升為國家祭祀。再到唐代特別是玄宗時期，海上絲綢之路超越陸路而成為中西交往互動的主要動脈，促使廣東一帶的對外貿易更加興盛無比。這時候，國家可以從廣東輕易獲取巨額財富，財政在很大程度上仰賴對這裡貿易的收費，於是唐玄宗加封南海神為「廣利王」，人們也盛稱廣州為「金山珠海，天子南庫」。同時為加强對這塊肥沃之地的監控，朝廷在廣州設置「市舶使」一職，專門管理這一帶的對外貿易和納貢抽稅。這一職務實在誘惑太大。最初任命宦官來做，結果宦官呂太一從中飽私囊發展為勢力膨脹，竟然釀成一起皇帝家奴起而對抗皇帝的鬧劇。後來改由廣州刺史或嶺南節度使兼任，但是這些官員也經受不住財富誘惑，個個成為貪官。《舊唐書》記載：「南海有蠻舶之利，珍貨輻湊。舊帥作法興利以致富，凡為南海者，靡不捆載而還。」很典型地概括了這一貪欲成風的現象。（劉

永連）

【知識鏈】

中國是從何時開始管理海關的？

市舶使是唐代使職官員的一種，代表皇帝專門監管沿海市舶貿易。唐代海上市舶貿易以廣州為重心，因而市舶使主要設在廣州，某些時期由廣州都督、刺史或嶺南節度使兼任。其職責為：檢查出入海港的中外船舶，徵收外來海商船稅和商品貿易各稅，替朝廷抽取進貢的上等或珍奇貨物等。可以說，這是中國海關管理的最初萌芽。

那麼，市舶使是什麼時候開始設立的呢？學界對此有不同觀點。

一般認為，市舶使最早設立是在唐玄宗時期。《舊唐書》卷八《玄宗紀上》開元二年十二月條載：「時右威衛中郎將周慶立為安南市舶使，與波斯僧廣造奇巧，將以進內。監選使、殿中侍御史柳澤上書諫，上嘉納之。」《新唐書》卷一一二《柳澤傳》也記述：「開元中，轉殿中侍御史，監嶺南選。時市舶使、右威衛中郎將周慶立造奇器以進，澤上書曰……書奏，玄宗稱善。」這裡明確指出，中郎將周慶立也擔任著市舶使一職，可以說開元二年亦即西元七一四年肯定已經設立了這一官職，但不能說明這是最早。

另據《唐會要》卷六十六《少府監》條云：「（高宗）顯慶六年二月十六日敕：『南中有諸國舶，宜令所司，每年四月以前，預支應須市物，委本道長史，舶到十日內，依數交付價值。市了，任百姓交易。其官市物，送少府監簡擇進內。』」因而有學者認為市舶使在高宗顯慶六年（六六一）就已經設立了。其實，儘管文中提及「所司」，亦即與市舶相關的管理機構，但沒有明確是後來的市舶使屬銜還是早期兼理此事的廣州都督府，因而不能確定市舶使已經設立。如果嚴格一點判定，市舶使的設立肯定是在初唐到盛唐階段，最遲也是在開元二年。（劉永連）

【十三】開啓宮廷任意門

96 唐朝國號怎麼來的？

一國創制首先是要立國號，而立國號是件嚴肅的大事，必須交代。那麼，唐朝的國號是怎麼來的？為什麼號稱「唐」呢？

有人會說，唐朝得號於爵位名，這確實沒錯。唐朝的開國之君李淵（五六六—六三五）是十六國時期西涼王李暠的後代。他的祖父李虎是北周的開國功臣，「八柱國」之一。據《舊唐書・高祖紀》載，李虎死後被「追封唐國公」，並由李淵的父親李昞世襲其爵位。西元隋文帝開皇二年（五八二）李昞死去，李淵襲唐國公位。隋朝末年，李淵感到楊家大勢已去，於是起兵太原攻占長安，假意擁戴隋煬帝的孫子楊侑為傀儡皇帝，並授意楊侑將自己進封唐王。西元六一八年，隋煬帝被宇文化及縊殺於揚州，李淵便正式稱帝，年號武德，定都長

安，以唐為國號。

但是如果細究起來，李淵稱「唐」還有一層更深的含義。「唐」最早是陶唐氏的簡稱。陶唐氏是遠古時期一個部落的名稱，居住在平陽一帶（現今山西臨汾），首領是堯，因此稱為「唐堯」。周成王時滅了唐堯，封其弟叔虞稱為唐叔虞。叔虞傳子燮父，改「唐」為「晉」，延用至今。後來不管「唐」及「唐國」有幾處，其封地、轄境都在今山西境內。唐堯雖早在周朝已經滅亡，但文化的傳承是有繼承性的。比如「李」這個姓氏得於皋陶，皋陶是堯時執掌刑獄的「大理」，子孫相襲，代為理官，以官為姓，故稱「理氏」。後來「理氏」子孫因避紂王之害逃到伊侯之墟，吃木子得以保全性命，遂改「理」為「李」。可見李姓與「唐」也有著密切的聯繫。就李淵而言，隨煬帝大業十二年（六一六）他出任太原留守，負責鎮壓山西一帶的起義軍。次年時機成熟，他就在太原起兵，而後據有天下。可以說，李氏起家於太原——這個古老的「唐」地。得到天下後，他命國號為「唐」，其實蘊含著深刻的紀念意義。

（劉永連）

【知識鏈】

古代歷朝是怎樣選取國號的？

中國歷史悠久，朝代繁多，各個朝代建立國號也出自不同的原因和理由。考查從夏至清十八個主要王朝，可見選取國號出於以下兩種因素者居多：

一是得自地名。如夏最早居於夏地，殷商始祖契曾經受封於商而盤庚又遷於殷，周起於周原，遼因契丹先居於遼水，宋則建都於開封這個古稱為「宋」的地區。不過這裡面又分兩種情況，一種是以部族起源、始祖起家之地為號，如夏、商、周、唐、遼等國；另一種是以國都所在地區為號，如殷、宋等國。

二是得自爵號。如劉邦曾被項羽封為漢王，故以漢為國號；曹丕則因父親受漢獻帝封為「魏公」、「魏王」而建國號「魏」。其他如吳、晉、隋、夏、明等也是這一類情況，而唐也內含這一類因素。不過這類因素裡也分建國者繼承先王名號和沿用自己爵號兩種細節，前者有曹魏、晉、隋、明等，後者有西漢等。

此外，有些朝代以先前部族名號為國號，如夏，也有人說它源於大夏部落；秦，則奠基於秦部落的發展壯大。有些朝代則是繼承了同姓、同地王朝的國號，如東漢、蜀漢以及後漢、北漢、南漢等劉姓王朝。非常有趣的是，劉淵本屬匈奴，但也要沿襲劉漢正統，稱國號「漢」。三國孫吳，因為其所居之地上古稱「吳」，所以沿襲「吳」號。還有些王朝的國號另有特殊含義。如女真人完顏部稱國號「金」，一是因為女真人的興起地是「按出虎水」（今阿什河），意思為「金水」，其地多產金；二是因為金乃女真人的特產，相對於鐵而言不變不壞，表達了阿骨打消滅遼朝的決心；三是因為女真人的金子顏色發白，符合他們崇尚白色的習俗，有利於統一族群。蒙古孛兒只斤氏建國號「元」，得之於《易經》「大哉乾元，萬物資始」的文義。而「明」字國號與國姓「朱」字相通，也受明教影響，寓意光明之世。女真人愛新覺羅氏原襲稱「金」，後改國號「清」，則有以防金被火（明朝既稱光明，以火為運）剋，而要以水剋火的讖緯之意。（劉永連）

97 唐朝皇帝為什麼被稱為「天可汗」？

可汗，又稱大汗，亦可簡稱為汗，是古代北亞遊牧民族柔然、突厥、吐谷渾、鐵勒回紇、高昌回鶻、契丹、蒙古等民族對其最高首領的敬稱。可汗作為一國之主的稱號最早始於西元四〇二年，柔然首領社侖統一漠北自稱。唐杜佑說，可汗「猶言皇帝」。唐朝太宗皇帝時，西北諸蕃尊稱其為「天可汗」，以後對唐朝其他皇帝都沿用這一稱呼。那麼，唐朝皇帝為什麼被稱為「天可汗」呢？

據新舊兩《唐書‧突厥傳》記載，在唐朝建立初期，突厥趁中原國力不強，連年侵擾，掠奪人口和土地，甚至曾經長驅直入關中地區，迫使京都長安實行戒嚴。六二六年，唐太宗剛繼位，東突厥頡利、突利兩可汗又率兵十萬直逼長安。後雖簽訂「便橋之盟」，但唐太宗認為突厥反復無常，決心徹底剷除，於是加緊軍事訓練，積極備戰。六二九年，東突厥兩可汗之間矛盾激戰起來，突利可汗請求唐朝出兵援助，於是唐朝派大將李靖和李勣出兵討伐，穿越陰山長途奔襲，直搗頡利可汗大營，一舉擊潰突厥主力，頡利也被俘獲。經此一役，唐太宗把突厥從地圖上抹去，大唐軍功盛極一時，國威遠播四方。

這個時候，北方各少數民族看到大唐帝國的威望，也懾於唐軍勢不可擋的兵勢，於是在回紇酋長率領下前來長安，借大唐獻俘慶典之際推戴唐太宗為各族共同的最高領袖。據《新唐書‧突厥傳》及《資治通鑑》、《唐會要》、《冊府元龜》等史料記載，當時各族酋長紛紛上言曰：「願得天至尊為奴等天可汗，子子孫孫願為天可汗奴，死無所恨。」太宗當時問：「我身為大唐天子，亦可行使可汗事乎？」諸蕃君長異口同聲表示肯定，並歡呼萬歲，頂禮膜拜。朝廷大臣們也對此表示肯定，當時議論說：「外俗以可汗為尊，不誤『天子』二字含義。今稱陛下為天可汗，令外俗知可汗以上又有天可汗，自然益加畏服。」因而從此開始，唐朝皇帝針對邊疆諸蕃行文就用「皇帝天可汗」的稱號。

各族首領擁戴唐朝皇帝為「天可汗」，意味著中原周邊衆多民族和外藩政權歸屬於大唐管理。它們與唐中央政權構成宗藩關係，平時戰和必須聽從唐朝皇帝調停和處置，並且有義務派兵跟隨唐軍征伐；各政權大小首領都被封為都督、刺史等官，可汗則多封為「歸義王」之類的頭銜；如果哪裡有新可汗要當政，都必須經過唐朝皇帝允許和冊封。太宗以後，唐朝國勢繼續發展，版圖日益廣闊，邊疆各地政權乃至中亞昭武九姓、西亞波斯等國，都曾以「天可汗」尊稱和侍奉唐朝皇帝。這樣「天可汗」作為唐朝皇帝的稱號便沿襲下來。（劉永連）

【知識鏈】

藏族首領為什麼稱唐朝皇帝為舅舅？

唐玄宗時，藏王尺帶珠丹上表說：「外甥是先皇帝舅宿親，又蒙降金城公主，遂合同為一家，天下百姓普遍皆安樂。」藏王為什麼自稱為外甥，把唐朝皇帝稱為舅舅呢？這就要從著名的文成公主入藏說起了。

唐朝初期，在中國西南邊境建立起了一個強大的奴隸制政權，其首領為松贊干布，首府設在拉薩。六三四年，為了同日益強大的唐朝建立起更親密的關係，松贊干布遣使至唐，唐遣使回訪，松贊干布請求聯姻。唐太宗接受他的請求，將宗室女文成公主嫁給他。文成公主出嫁西藏，是一件十分盛大的事。唐太宗十分重視，他不僅給文成公主準備了豐富的嫁妝，而且準備了各種詩集、經史，還有生產上的技術書，上百種醫藥書，天文曆法等書籍以及各種作物種子。除此之外，還帶了許多掌握各種技術的工匠和一個樂隊。吐蕃王松贊干布，為了迎接文成公主的到來，特地命人仿照唐朝的建築，修了一座宮殿——大昭寺。至今在布達拉宮裡面還有松贊干布與文成公主的塑像，以及他們結婚時的洞房遺址。唐高宗即位後，封松贊干布為「駙馬都尉」、「西海郡王」。以後歷代藏王多自認為是唐朝皇帝的外甥，尊稱唐朝皇帝為舅舅。（徐樂帥）

98 「東宮」之主究竟是娘娘還是太子？

「東宮」一詞經常出現在小說戲劇裡，並且往往與娘娘聯繫在一起，動輒就說「東宮娘娘」、「西宮娘娘」。

但從歷代正史資料來看，「東宮」向來是太子所居之地，有時也指太子與所謂娘娘並無任何聯繫。例如，唐初發生內部牴觸，分成東宮和齊王府勢力組成的政治派系，號稱「宮府集團」，其中所謂東宮就是指太子李建成。那麼，為何太子及其所居之處號稱「東宮」呢？

據《唐兩京城坊考》描述，宮廷分為三個部分：中間主體部分稱「太極宮」，其前半部分是皇帝處理政務的場所，後半部分是皇帝及後妃生活起居之處；太極宮左右各有一塊狹長城區拱衛，西部城區稱「掖庭宮」，多居宦官雜役，並設太倉；東部城區即稱「東宮」，是太子日常起居的地方。這種居住習慣早在秦漢以前就已經確立了。《詩經・衛風・碩人》：「東宮之妹，邢侯之姨。」毛亨傳：「東宮，齊太子也。」孔穎達疏：「太子居東宮，因以東宮表太子。」因此有時候就稱太子為東宮。太子府的屬官就稱為東宮官。

但史料中也有其他說法。《春秋公羊傳》僖公二十年載：「西宮者何？小寢也。小寢則曷為謂之西宮？有西宮則有東宮矣。魯子曰：以有西宮亦知諸侯之有三宮也。」注：「夫人居中宮，少在前，右媵居西宮，左媵居東宮，少在後。」此處之媵，指妾即王侯之嬪妃。在夏、商、周三代各個諸侯都有妻有妾。按照禮制，他們的正房夫人居住在中宮，位置較為靠前，右媵住在西面，其住的地方稱為西宮，左媵也住西面，只是位置稍微靠後，但她住的地方就被叫做東宮。再據《漢書・劉向傳》云：「依東宮之尊，假甥舅之親，以為威重。」其注云：「師古曰：東宮，太后所居也。」在漢代時，太后住在長樂宮，長樂宮位於未央宮的

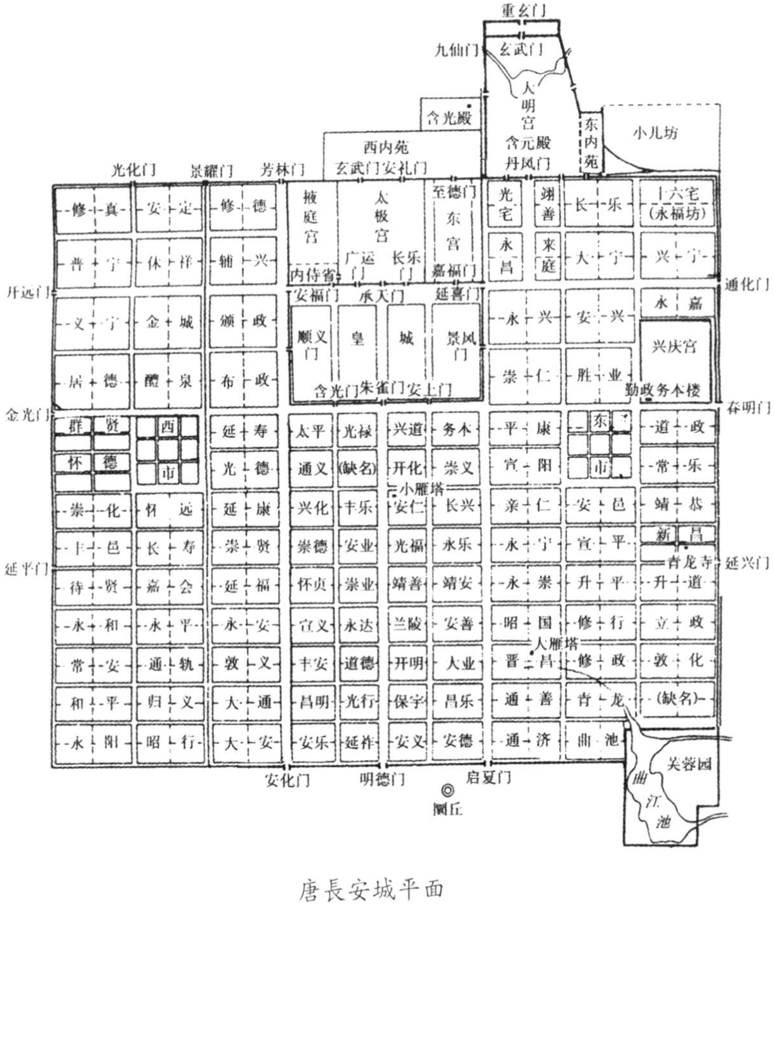
重玄门
九仙门
玄武门
大明宫
含光殿
含元殿
丹凤门
东内苑
小儿坊
西内苑
玄武门
安礼门
光化门
景耀门
芳林门
修真
安定
修德
掖庭宫
太极宫
至德门
东宫
光宅
翊善
长乐
十六宅
(永福坊)
普宁
休祥
辅兴
广运门
长乐门
内侍省
嘉福门
永昌
来庭
大宁
兴宁
开远门
安福门
承天门
延喜门
通化门
义宁
金城
颁政
顺义门
皇城
景风门
永兴
安兴
永嘉
兴庆宫
居德
醴泉
布政
含光门
朱雀门
安上门
崇仁
胜业
勤政务本楼
金光门
春明门
群贤
西市
延寿
太平
光禄
兴道
务本
平康
东市
道政
怀德
光德
通义
(缺名)
开化
崇义
宣阳
常乐
小雁塔
崇化
怀远
延康
兴化
丰乐
安仁
长兴
亲仁
安邑
靖恭
丰邑
长寿
崇贤
崇德
安业
光福
永乐
永宁
宣平
新昌
延平门
青龙寺
延兴门
待贤
嘉会
延福
怀贞
崇业
靖善
靖安
永崇
升平
升道
永和
永平
永安
宣义
永达
兰陵
安善
昭国
修行
立政
大雁塔
常安
通轨
敦义
丰安
道德
开明
大业
晋昌
修政
敦化
和平
归义
大通
昌明
光行
保宁
昌乐
通善
青龙
(缺名)
永阳
昭行
大安
安乐
延祚
安义
安德
通济
曲池
芙蓉园
曲江池
安化门
明德门
启夏门
圜丘

唐長安城平面

東面，因而又稱太后為東宮。但這也是很罕見的事情，在各個朝代並不都這樣稱呼太后。戲劇裡面「東宮娘娘」就是指皇帝的左右貴妃，以上諸說與此有些類似，很可能就是這種說法的史料依據。（劉永連）

【知識鏈】

唐朝宮廷的飲食起居

在唐代，皇帝制度達到成熟，宮廷之中的飲食起居都有成套禮儀和規矩。

宮中有專門掌管御膳的機構尚食局，屬殿中省，設置奉御、直長、主食、主膳和食醫等官，由宦官擔任。作為技術官主食有十六人，而主膳多達八百四十人。同時後宮宮闈中還專設尚食、司膳、典膳、掌膳等官。他們負責日常把飯菜食品從採購食料到灶台料理，再到分別食類，向各殿分發等各項工作，一定要把飲食準時、安全地送到皇帝和后妃們的眼前。宮中非常講究飲食的豐富、新鮮、衛生及養生作用，不但天下山珍海味可以隨時供應，而且食醫們會根據氣候節令搭配食譜，調配各種合適的食品出來。

平時皇帝居住在太極宮，這裡位居宮城正中，外側有郭城從東、南、西三面環抱，猶如衆星拱月，襯托出皇帝高高在上、與衆不同的地位。太極宮中的太極殿是皇帝處理日常政務的場所；稍北有兩儀殿是皇帝休息和接見大臣的地方；向南正對宮城正南一門——承天門，門前橫街寬廣，是一個開闊的廣場，可以聚集萬人之眾，因而就成為皇帝舉行朝賀、慶典和接見外使、百姓的地點。宮城後半部分稱作寢宮，是皇帝日常娛樂、寢宿之處。內設諸多宮院，各居后妃以服侍皇帝。該處管理最嚴，侍衛守護，黃門監督，臣民不得無故入內，即使百官應召入宮也要詳細記錄下其姓名、官爵、年貌等，並驗證牌符，以防假冒。寢宮往後出玄武門是皇家禁苑，這裡可不像北京故宮裡的御花園那麼狹小，而是綿延百里，極盡山水園林之美，是皇帝和后妃們休閒娛樂的洞天福地。（劉永連）

99 唐朝步兵靠什麼對抗遊牧騎兵？

在農耕民族建立的中原王朝與邊疆的遊牧民族政權發生戰爭時，儘管中原軍隊往往占有人數上的巨大優勢，卻往往在戰爭中處於劣勢。原因無他，中原軍隊一般以步兵為主，對陣以騎兵為主的遊牧民族軍隊，在軍隊的機動性、衝擊性等方面有著先天的劣勢，這種劣勢往往是靠人數優勢難以彌補的。而唐王朝在前期對遊牧民族的戰爭中能夠屢屢取得勝利，除了唐王朝本身也有一支强大的騎兵外，還因為當時擁有步兵對抗騎兵的利器——陌刀。

陌刀是唐朝特有的兵器，長擊短接皆可適用，刀形似劍，雙開刃，前鋒略寬，連柄可長一丈，重十五斤，兼有近戰刀和槍的功能，為古代特有的斬馬劍。陌刀是作為軍隊重要的戰爭物資裝備，嚴禁民間私造和私藏。

陌刀兵號稱唐朝最富攻擊性的獨特兵種，但因其要求的苛刻和挑剔，訓練和配備一個陌刀兵的成本和週期不會比一名騎兵少，以唐朝舉國之力，也只在天下四大都護府之一安西大都護府，才有軍級的編制。唐軍步兵的陌刀如牆推進戰術，創造了盛唐時期輝煌的戰爭歷史，也創造了陌刀的神話，特別是在對抗安息、大食等國的那些輕甲甚至無甲的沙漠輕騎兵的戰鬥中有特效，一刀斬去，基本是人斷馬斷的。陌刀軍的參戰，在任何可查詢的戰例中都是有關鍵性的影響，陌刀軍作為戰鬥序列中單獨的作戰力量在唐軍的征戰中立下了汗馬功勞。陌刀是漢民族與善騎射的遊牧族戰爭中改變自己馬少不精的劣勢、發揮步兵多優勢的關鍵兵器。但由於使用陌刀的成本過高，到了積貧積弱的宋代，陌刀就退出了戰爭的舞臺。

（徐樂帥）

【知識鏈】

唐王朝靠什麼很快滅掉了當時強大的東突厥？

唐王朝之所以能夠在立國之後，很短的時間內就滅掉了當時亞洲大陸上的霸主東突厥，在很大程度上是因為唐人向突厥人學習，用輕騎兵取代重騎兵的結果。

中國古代自十六國至隋代，一直以「甲騎具裝」即人馬都披鎧甲的重騎兵為軍隊的主力，至唐初卻變為以人披鎧甲、馬不披甲的輕騎兵為主力。這是因為自十六國至隋代，當時的戰爭往往是中原諸政權之間的戰爭，步兵往往是戰場上的主力，而防護力强、機動力差的重騎兵是對付步兵的利器。到了唐代，隨著中國再度完成統一，戰爭開始轉化為唐王朝與周邊諸遊牧民族的戰爭，而重裝騎兵在對付遊牧民族的輕騎兵過程中其機動性差的缺陷充分暴露，隨著戰爭實踐的發展，尤其是與突厥等遊牧民族的戰爭，人們逐漸認知到對騎兵來說，機動性比防護力更重要。隋唐之際，在軍事思想方面出現了一些新的變化，重視機動的思想代替了重視防護的思想。唐初名將李靖强調指出，「戰貴其速」。

由於戰爭實踐需要輕騎兵充當戰場上的主力，唐朝軍隊開始以輕騎兵代替甲騎具裝作為軍隊機動力量的主力。起初是增加了軍隊中輕騎兵的比例，減少了具裝騎兵，後來逐漸以輕騎兵基本取代了具裝騎兵。唐初輕騎兵在編成、裝備、訓練、戰略、戰術等方面都深受突厥的影響。唐高祖李淵早在太原起兵之前，就曾全面模仿突厥輕騎兵的模式，訓練其軍隊，並收到了很好的效果。李淵認為輕騎兵「見利即前，知難便走，風馳電卷，不恒其陣」，行動迅速是突厥騎兵經常取勝的重要原因，而中原軍隊的特點恰好與之相反，於是「簡使能騎射者二千餘人」，以突厥的方式加以訓練，「飲食居止，一同突厥」。「突厥每見帝兵，咸謂以其所為，疑其部落」。後與突厥交戰，「縱兵擊而大破之」，致使「突厥喪膽，深服帝之能兵，收其所部，不敢南入」。此後，精銳的輕騎兵在唐王朝平定天下的過程中發揮了重大作用，如李世民本人就是一個非常善於帶領輕騎兵作戰的將領。李靖等人在擊滅東突厥等戰爭中也充分發揮了輕騎兵的威力。實際上，李靖滅東突厥的決定性之戰就是利用三千輕騎突襲突厥可汗大帳，活捉了東突厥的最高統治者頡利可汗，從而使得東突厥滅亡，這也算得上是以其人之道還治其人之身了。（徐樂帥）

100 李唐皇族有什麼遺傳病？

「風疾」是中古時期人們常患的一種病，尤其是在皇族和社會上層，「風疾」曾經肆虐一時。從史書記載患有「風疾」的人所表現出的症狀看，這是一種非常複雜的疾病。按照黃仁宇、王永平等多位學者的觀點，「風疾」指的應該是高血壓或者與此相關的心腦血管疾病，患者常會出現頭痛眩暈、抽搐、痙攣、肢體顫抖、痲木、蠕動、口眼歪斜、言語不利、步履不穩，甚至突然暈厥、不省人事、半身不遂等症狀。而情志不遂、飲食無節、恣酒縱欲等都應該是引起風疾的原因。

在唐代的皇帝中，文獻明確記載患有「風疾」的先後有唐高祖、唐太宗、唐高宗、唐順宗、唐穆宗、唐文宗、唐宣宗七位皇帝。其中，唐高祖是第一個死於「風疾」的唐代皇帝。據《資治通鑒》卷一九四記載：「上皇自去秋得風疾，庚子，崩於垂拱殿。」一九八卷又有唐太宗「得風疾，苦京師盛暑」的記載。唐高宗更是年輕時就開始染上風疾，據《資治通鑒》卷二〇〇記載：「上初苦風，頭重，目不能視。」此後好像就沒有好轉過。其後的順宗、穆宗、文宗、宣宗更是達到了因風疾或失語、或癱瘓的程度。唐代後期皇帝身體的孱弱加劇了權臣的跋扈和宦官的專權，對唐代政局的發展也不可避免地產生了嚴重的影響。在這七位皇帝當中，高祖、太宗、高宗為祖孫三代，順宗與穆宗、宣宗為祖孫關係，穆宗與宣宗為兄弟關係，與文宗是父子關係。他們之間的血緣關係如此密切，又得了同一類型的疾病，因此遺傳的可能性是極大的。（王曉麗）

【知識鏈】

唐代皇帝多迷戀金丹的真正原因是什麼？

在歷代皇帝的養生方法當中，唐代的皇帝似乎對金丹服餌養生術特別迷戀。根據中國歷史學者王永平先生的研究，唐代皇帝對金丹服餌養生術的迷戀在很大程度上源於唐代皇室中「風疾」的多發。緩解病痛，尋求治病養生的辦法，很可能是唐代皇帝迷戀金丹服餌養生術的一個重要原因。

風疾是中古時期在社會上層肆虐一時的疾病，唐代的皇帝中更有多人患有風疾，因此，這一時期的很多醫生都專門研究治療「風疾」的辦法。據《舊唐書•方伎傳》記載，常州人許胤宗在南朝陳，「時柳太后病風不言，名醫治皆不愈，脈益沉而噤」，胤宗「乃造黃蓍防風湯數十斛，置於床下，氣如煙霧，其夜便得語」。洛州人張文仲「尤善療風疾。其後則天令文仲集當時名醫共撰療風氣諸方，仍令麟台監王方慶監其修撰。文仲奏曰：風有一百二十四種，氣有八十種，大抵醫藥雖同，人性各異，庸醫不達藥之性使，冬夏失節，因此殺人。唯腳氣頭風上氣，常須服藥不絕，自餘則隨其發動，臨時消息之，但有風氣之人，春末夏初及秋暮，要得通泄，即不困劇」。由此看來，唐代人對「風疾」的治療已經積累了一定的經驗。然而，對於唐代皇室中相繼頻繁出現的「風疾」病症，似乎當時的醫生們都束手無策。

在醫治無望的情況下，唐代七位患有風疾的皇帝當中，有五位皇帝迷戀上了金丹服餌術。另外兩位皇帝唐高祖和唐順宗都是因為發病比較急，還沒來得及講究養生，沒有機會接觸丹藥就已經去世了。實際上，太宗、高宗、穆宗、文宗、宣宗在即位之初，無一例外地對神仙方術之說不屑一顧，並且穆宗、文宗和宣宗都曾對妖言亂政的方士採取過十分強硬的措施。但是，在病痛的折磨下，他們最後又都歸向金丹服餌術。當然，金丹並沒有解除他們的病痛，甚至還在某種程度上加速了他們的死亡。其中，唐太宗曾兩次服食金石，而最後一次外國方士所進的丹藥直接導致了他的死亡。穆宗、文宗和宣宗也都是在多次服食金丹後加重病情而喪生的。雖然如此，在當時的醫療環境中，借助於金丹來緩解病毒的願望應該是無可厚非的。（王曉麗）

101 太子洗馬和馬有關係嗎?

太子貴為儲君,身邊侍奉之人幾乎可擬大內,什麼職務都有。其中有「太子洗馬」一職,頗能引人遐想:它和馬有關係嗎?這個官到底是幹什麼的呢?

應該說,太子洗馬一職在早期確實與馬有關,不過並非從事洗馬的粗活。早在秦代時該職就已設立最早為太子太傅、少傅的屬官。太子洗馬、也就是「太子先馬」、「太子前馬」、意思是在太子馬前驅馳,是太子的侍從官,職位如同謁者,是太子出行時的前導。

晉以後太子洗馬的職務發生了變化,變為專掌東宮圖書的屬官。梁、陳時該職屬於太子手下的經典局,到了隋唐時改屬東宮司經局。此時的太子洗馬在司經局中設有兩人,官職是從五品下,主要掌管四庫圖書的繕寫和編輯之類的工作。顯然這時候太子洗馬已經與馬沒有任何關係了。

太子洗馬,官位雖然不高,職責也有所變化,但是自秦至清都一直存在。儘管人微言輕,但畢竟是太子心腹,有時也可以在政局中起到一定作用。例如唐代著名的「諫臣」魏徵就曾做過隱太子李建成的太子洗馬,並為他出謀畫策。(劉永連)

【知識鏈】

太子東宮裡為什麼要配備龐雜的官僚體系？

太子號稱「儲君」，是未來的皇帝，地位僅次於在位的皇帝，其文化素質和政治才能關係到王朝的興衰和皇位的傳承，因此歷朝歷代對太子的成長和發展尤為重視，為其配備一系列屬官，又稱東宮屬官。

東宮屬官基本上是仿照朝中百官的結構體系來設置的。首先，為了從各個方面確保太子自小就受到良好而又全面的教育，使其成為才、學、識、德均足以君臨天下的皇儲，早在夏、商、周三代，就仿照皇帝身邊高層顧問團的結構形式，為東宮設置了太子太師、太子太傅、太子太保和太子少師、太子少傅、太子少保，合稱「太子三師」、「太子三少」或「東宮六傅」，多選德高望重、聲譽卓著的朝中重臣擔任，具體負責訓育和教導太子。《唐六典》規定，作為六傅之首，「太子三師，以道德輔教太子者也」，皇太子每天的「動靜起居，言語視聽」，都必須向三師彙報，遵守三師的教導。

其次，由於太子在某些特殊時期如皇帝親征、皇位懸虛等情況下，要代替皇帝管攝朝政，稱為「太子監國」，這樣就必須保證太子可以隨時運轉行政機構。而東宮屬官往往是其登基後實施朝政的組織基礎，必須具備中央政府的基本機制。為此，東宮仿照三省六部設立太子詹事府和左右春坊等機構。太子詹事府模仿尚書省組織，設置太子詹事、少詹事各一人，專掌東宮諸機構的政令，府內仿照六部諸司設丞、主簿、錄事、司直等官員。左、右春坊相當於中書、門下二省，分別設置左、右庶子和太子中允、太子舍人各二人，以署理宣傳令言、規諫駁議等諸多政事。

再者，還設有家令、率更和僕侍等三侍，制比大內諸司、監，掌管東宮日常後勤雜事。同時，東宮還配備十率府武官，負責東宮的儀仗、警衛、巡視等工作。龐雜的東宮屬官體系是太子模仿皇帝掌理朝政的象徵，强化了太子特殊的崇高地位。同時還顯示出皇帝有意識地特許並提供太子接觸百官的機會（歷代規矩一般不允許親王、后妃等接觸百官和干預朝政），以便為其即位親政積蓄必不可少的經驗和力量。（劉永連）

歷史任意門01

老師來不及教的101個唐朝趣史

作　　者　劉永連等
責任編輯　翁紫舫
行銷企畫　翁紫舫
副總編輯　劉憶韶
總 編 輯　席　芬
社　　長　郭重興
發行人兼出版總監　曾大福
出　　版　自由之丘文創事業／遠足文化事業股份有限公司
發　　行　遠足文化事業股份有限公司
23141 新北市新店區民權路 108-2 號 9 樓
電話：(02) 2218 1417　傳真：(02) 8667 1065
劃撥帳號：19504465　戶名：遠足文化事業股份有限公司

封面設計　黃暐鵬
內頁排版　黃雅藍
封面繪圖　許芳菁
印　　製　卡樂彩色製版印刷有限公司
法律顧問　華陽法律事務所　蘇文生律師
定　　價　320 元
初版一刷　2015 年 12 月
初版四刷　2016 年 11 月

ISBN 978-986-92045-6-9
Printed in Taiwan

國家圖書館出版品預行編目資料

老師來不及教的 101 個唐朝趣史 / 劉永連等著 . -- 初版 . -- 新北市 : 自由之丘文創 , 遠足文化 , 2015.12
面；　公分 . --（歷史任意門 ; 1）
ISBN 978-986-92045-6-9（平裝）
1. 文化史　2. 唐史　3. 問題集
634.022　　　104024987